民事诉讼法
修改条文
理解与适用

徐 卉 ◎ 著

MINSHI SUSONGFA XIUGAI TIAOWEN
LIJIE YU SHIYONG

中国法制出版社

CHINA LEGAL PUBLISHING HOUSE

前　言

2023 年 9 月 1 日，第十四届全国人民代表大会常务委员会第五次会议通过了《全国人民代表大会常务委员会关于修改〈中华人民共和国民事诉讼法〉的决定》，这是我国民事诉讼法第五次修改，修改后的民事诉讼法将于 2024 年 1 月 1 日起实施。

本次修改，共对民事诉讼法作出 26 处调整，其中，新增条文 15 条，修改条文 13 条，第十五章新增一节"指定遗产管理人案件"，第二十五章章名修改为"送达、调查取证、期间"。本次修改主要涉及以下三个方面内容。

一、完善对于虚假诉讼的规制

本次民事诉讼法的重要修改内容之一，是完善了虚假诉讼的认定规则，进一步明确了虚假诉讼侵害法益的范围，增加对单方虚假诉讼的规制，丰富了虚假诉讼在民事诉讼法上的类型。本次修改对虚假诉讼类型化规制的完善，不仅与虚假诉讼相关的法律和司法解释实现了规则上的衔接统一，而且使民事诉讼法对于虚假诉讼的法律规制更为全面，更好维护了司法秩序与司法权威，更好保障了国家利益、社会公共利益及他人合法权益。

二、新增指定遗产管理人案件特别程序

遗产管理人是民法典建立的一项新制度，民法典继承编对遗产管理人的确定、职责、法律责任等作出规定，以确保被继承人的遗产能够得到妥善管理，从而更好地维护继承人、债权人等权益人的利益。为与民法典规定的遗产管理人制度保持衔接，本次民事诉讼法修改在第十五章"特别程序"中增设专节规定指定遗产管理人案件的适用程序和规范，与民法典相衔接，回应司法实践需求，为指定遗产管理人案件提供明确的程序指引，保障遗产管理人制度功能的充分发挥。

三、重点修改民事诉讼法"涉外民事诉讼程序的特别规定"一编

我国现行民事诉讼法是 1991 年第七届全国人民代表大会第四次会

议通过的，曾经历了 2007 年、2012 年、2017 年、2021 年四次修正，在保护当事人诉讼权利、保障人民法院公正、高效审理民事纠纷方面发挥了重要作用，但之前的历次修正均未对涉外民事诉讼程序相关内容作出实质性修改。

随着经济社会的不断发展与高水平对外开放的不断推进，近年来人民法院审理的涉外民事纠纷数量快速攀升，中国司法的国际公信力和影响力持续提升。然而，原有的涉外民事诉讼程序在功能定位和制度规则等方面已难以满足公正、高效、便捷解决涉外民事纠纷及维护国家主权、安全、发展利益的需要。党的二十大报告强调"坚持高水平对外开放，加快构建以国内大循环为主体、国内国际双循环相互促进的新发展格局"。为深入贯彻党的二十大精神，贯彻落实党中央关于统筹推进国内法治和涉外法治的决策部署，本次民事诉讼法修改在全面总结涉外民商事审判实践经验基础上，重点对民事诉讼法中"涉外民事诉讼程序的特别规定"一编的内容进行了修改完善。修改内容涉及涉外民事诉讼程序的管辖、送达、域外取证、司法协助及完善外国法院生效判决、裁定承认与执行的基本规则等。对于平等保护中外当事人合法权益，营造市场化、法治化、国际化一流营商环境，维护国家主权、安全、发展利益，推进国家治理体系和治理能力现代化具有重要意义。①

笔者研究民事诉讼法已近 30 年，作为国内较早在涉外民事诉讼领域开展深入研究的学者，担任美国法律研究会和国际统一私法协会"跨国民事诉讼原则与规则"国际顾问，并积极参与了本次民事诉讼法修改的研讨。现将我就本次民事诉讼法修改的学习和理解与读者一起分享，通过条文释义与案例评注的方式，对民事诉讼法修改的相关条文进行阐释说明。由于时间和水平有限，本书疏漏之处，敬请读者批评指正。

中国社会科学院法学研究所诉讼法研究室主任、研究员
中国社会科学院大学法学院教授、博士生导师

徐 卉
2023 年 11 月 24 日

---

① 《我国民事诉讼法完成修改，将更好保障当事人的诉讼权利和合法权益》，载《人民法院报》2023 年 9 月 2 日。

目　录

Contents

第四十条 【一审审判组织】① 人民法院审理第一审民事案件，由审判员、人民陪审员共同组成合议庭或者由审判员组成合议庭。合议庭的成员人数，必须是单数。

适用简易程序审理的民事案件，由审判员一人独任审理。基层人民法院审理的基本事实清楚、权利义务关系明确的第一审民事案件，可以由审判员一人适用普通程序独任审理。

人民陪审员在参加审判活动时，除法律另有规定外，与审判员有同等的权利义务。

【条文主旨】

本条是关于一审审判组织的规定。

【条文理解】

本条对原民事诉讼法第四十条作出修改。本条的修改一是将原条文中的"陪审员"统一改为"人民陪审员"，与《中华人民共和国人民陪审员法》的规范表述相一致；二是将第三款原条文中"陪审员在执行陪审职务时"，修改为"人民陪审员在参加审判活动时，除法律另有规定外"，与《中华人民共和国人民陪审员法》第二条第二款的表述相统一，在表述上更加科学和规范。

【适用指南】

根据《中华人民共和国人民陪审员法》第二条第二款的规定，人民陪审员依法参加人民法院的审判活动，除法律另有规定外，同法官有同等权利。陪审制度作为审判机关吸收法官以外的社会公众参与案件审判的制度，存在不同的形态。在英美法系中，陪审团与法官有着明确的职责分工。陪审团的责任在于对案件事实的审理和认定，法官的职责是

---

① 条文主旨为编者所加，下同。

在陪审团认定的案件事实基础上，对案件如何适用法律作出决定。在大陆法系中，陪审人员与法官共同组成合议庭，陪审人员既参与案件事实的审理和认定的过程，也参与案件的法律适用过程。这种形态的陪审制度，被称为参审制。我国的人民陪审制度，实行的是参审制。人民陪审员法第二条第二款的表述更加明确规范，本条的修改属于为与其他法律保持一致性而作的修改。

【关联规范】

《中华人民共和国人民陪审员法》第二条。

人民陪审员依法参加人民法院的审判活动的范围
——涉农买卖合同纠纷案①

案情简介

本案原告张某甲、张某乙、胡某某三人均系新疆维吾尔自治区沙雅县某园艺场的果农，种植约 70 亩梨园。2019 年 4 月，三名原告为增加果树母梨挂果率，前往被告处购买农药，被告法定代表人李某及销售人员向原告推荐"氟硅唑"药剂，但原告喷施后发现梨树基本没有坐果，甚至大量减产。原告遂委托某农业科技公司进行鉴定，该机构于 2019 年 5 月出具的鉴定意见认为香梨没有坐果与喷施"氟硅唑"药剂有因果关系，造成经济损失合计 30 万余元。原告诉至法院，要求被告赔偿经济损失，退还并以三倍价格赔偿原告购买农药款。沙雅县人民法院从具有林果业种植经营经验的人民陪审员名单中随机抽取一名人民陪审员，与两名法官组成合议庭审理本案。法院经审理认为，原告单方委托鉴定机构作出的鉴定意见不具有客观性，经查该机构亦无农药药害的鉴定资质，判决驳回原告诉讼请求。

本案事实问题争议焦点为原告梨园造成损失的原因是否因被告销售

---

① 参见《人民陪审员参审十大典型案例》，载最高人民法院网站，https://www.court.gov.cn/zixun-xiangqing-374791.html，最后访问时间：2023 年 11 月 1 日。

的"氟硅唑"药剂造成，双方对药剂的产品质量均无异议。参加本案审理的人民陪审员具有30余年经营管理梨园的经验，在事实认定方面发挥了积极作用。一是协助厘清审理思路。人民陪审员认真阅卷、了解案情，为法官讲解种植业领域生产管理的专业知识，结合多年种植管理果园的丰富经验提出，梨树结果分大小年，但气候变化、土壤水肥、授粉树的数量及培植情况、日常管理等因素都会对母梨坐果及梨树产量起到决定性作用。为增加母梨坐果数量，果农一般要根据实际情况合理配比药剂喷洒，否则会对梨树开花结果造成影响。人民陪审员提出，为确定实际损失，应当到梨园现场调取客观证据。二是发挥优势深度参审。本案审理过程中，为准确认定事实，人民陪审员积极参与实地调查取证，赴现场详细了解原告喷洒药剂的具体配比、喷洒时间、喷洒方法、梨园管理、授粉树栽植等情况，实地查看了喷洒药剂的周边其他梨树，具体判断该药剂对周边梨树的影响。经调查确认，周边果农使用该药剂并未对产量造成直接影响，案涉梨园梨树栽植授粉树较少、授粉树分布不合理等因素，都是导致减产的重要原因。合议庭评议时，人民陪审员根据调查取证的证据情况，与法官共同对鉴定意见作出认定，独立发表意见，行使表决权。

案例评析

本案中，人民陪审员不仅参与庭审，而且积极参与实地调查取证，在参加庭前会议中，人民陪审员向法官详细介绍了20世纪90年代的专利研发环境等情况；庭审阶段，人民陪审员认真听取双方意见，围绕争议焦点对双方展开有针对性的发问；合议时，对于事实问题提出自己的考察和看法。

"三农"问题是关系国计民生的根本性问题。人民法院在审理涉农案件时，既要维护农民合法利益，又要注重营商环境的保护。本案人民陪审员参审积极性高，借助自身职业经历和丰富的生活经验，深入细致分析案情，为法官把握案情脉络、查清案件事实提供了有益帮助，有力弥补了法官在种植业生产管理方面专业知识的不足。同时，本案法官充分尊重人民陪审员行使履职权利，促进人民陪审员深度参审，既维护了当事人的合法权益，又取得了较好的案件审理效果。①

> **第四十七条　【回避的对象、条件和方式】**审判人员有下列情形之一的，应当自行回避，当事人有权用口头或者书面方式申请他们回避：
>
> （一）是本案当事人或者当事人、诉讼代理人近亲属的；
>
> （二）与本案有利害关系的；
>
> （三）与本案当事人、诉讼代理人有其他关系，可能影响对案件公正审理的。
>
> 审判人员接受当事人、诉讼代理人请客送礼，或者违反规定会见当事人、诉讼代理人的，当事人有权要求他们回避。
>
> 审判人员有前款规定的行为的，应当依法追究法律责任。
>
> 前三款规定，适用于法官助理、书记员、司法技术人员、翻译人员、鉴定人、勘验人。

【条文主旨】

本条是关于回避的适用情形和适用对象的规定。

【条文理解】

本条对原民事诉讼法第四十七条作出修改，第四款在适用回避的人员中增加了法官助理和司法技术人员。

2018 年修订的人民法院组织法和 2019 年修订的法官法增加了关于法官助理的规定，明确了法官助理的工作职责是在法官指导下负责审查

---

① 参见《人民陪审员参审十大典型案例》，载最高人民法院网站，https://www.court.gov.cn/zixun-xiangqing-374791.html，最后访问时间：2023 年 11 月 1 日。

案件材料、草拟法律文书等审判辅助事务。同时规定，人民法院应当加强法官助理队伍建设，为法官遴选储备人才。作为法院人员分类管理制度改革创设出的新型审判辅助人员，法官助理不仅在法院审理工作中发挥着重要作用，包括组织庭前调解、证据交换、参与庭审、草拟法律文书等，而且法官助理扮演着"预备法官"的角色、承担着作为法官"蓄水池"的功能。但关于法官助理的回避一直缺少相应的法律规定，这不利于保障司法公正。本次修改民事诉讼法扩大了回避的适用对象，对法官助理的回避作出了明确规定。

基于同样的理据，修改的民事诉讼法将司法技术人员纳入回避的适用对象。2018年修订的人民法院组织法第五十一条对法院设立司法技术人员作出了明确规定。同样作为审判辅助人员，司法技术人员是因其具备相关专业技能和知识而向法院审判工作提供专业技术支持和服务，如在知识产权案件诉讼活动中，技术调查官就案件所涉技术问题提出技术调查意见。此前关于司法技术人员的回避，仅见于最高人民法院发布的一些司法解释中，其效力层级较低且范围有限，如《最高人民法院关于技术调查官参与知识产权案件诉讼活动的若干规定》（法释〔2019〕2号）第四条规定，技术调查官的回避应参照适用刑事诉讼法、民事诉讼法、行政诉讼法等有关其他人员回避的规定。本次修订，明确将司法技术人员纳入回避规则的适用范围，填补了回避制度中存在的空缺，充分保障诉讼当事人的合法权益和诉讼公正。

【适用指南】

适用本条规定，人民法院应当依法告知当事人有权申请回避，并告知其合议庭组成人员、独任审判员、法官助理、书记员、司法技术人员等人员的名单。法官助理和司法技术人员的回避，由审判长或独任审判员决定。

需要注意的是，根据现行《最高人民法院关于适用〈中华人民共和国民事诉讼法〉的解释》（以下简称《民诉法解释》）第三百二十三条第二项的规定，应当回避的审判人员未回避的，属于严重违反法定程序，是二审裁判时发回重审的法定理由。该条司法解释的适用范围限定为审判人员。关于审判人员，《民诉法解释》第四十八条规定，审判人员包括参与本案审理的人民法院院长、副院长、审判委员会委员、庭长、副庭长、审判员和人民陪审员。由于法官助理和司法技术人员属于审判辅助人员，故对于一审程序中，法官助理、司法技术人员应当回避而未回避，当然属于违反法定程序的情形，但不属于严重违反法定程序，不构成法定发回重审的理由。

【关联规范】

《中华人民共和国法官法》第六十七条；

《中华人民共和国人民法院组织法》第五十一条；

《最高人民法院关于技术调查官参与知识产权案件诉讼活动的若干规定》第一条、第二条、第六条、第九条、第十二条；

《最高人民法院关于审判人员在诉讼活动中执行回避制度若干问题的规定》；

《最高人民法院、最高人民检察院、公安部等关于进一步规范司法人员与当事人、律师特殊关系人、中介组织接触交往行为的若干规定》第四条至第八条；

《人民法院工作人员处分条例》第三十条；

《关于对配偶父母子女从事律师职业的法院领导干部和审判执行人员实行任职回避的规定》。

第一百一十五条　【虚假诉讼、调解的规制】当事人之间恶意串通，企图通过诉讼、调解等方式侵害国家利益、社会公共利益或者他人合法权益的，人民法院应当驳回其请求，并根据情节轻重予以罚款、拘留；构成犯罪的，依法追究刑事责任。

当事人单方捏造民事案件基本事实，向人民法院提起诉讼，企图侵害国家利益、社会公共利益或者他人合法权益的，适用前款规定。

【条文主旨】

本条是关于对虚假诉讼、调解规制的规定。

【条文理解】

本条对原民事诉讼法第一百一十五条作出修改，将第一款中的"侵害他人合法权益"修改为"侵害国家利益、社会公共利益或者他人合法权益"，同时增加一款作为第二款，对单方虚假诉讼的规制作出明确规定。

实践中，虚假诉讼、调解行为侵害民事主体合法权益，严重扰乱司法秩序，损害司法公信力和司法权威，人民群众反映强烈，迫切需要从立法上进行严格规制。党的十八届四中全会通过的《中共中央关于全面推进依法治国若干重大问题的决定》提出，加大对虚假诉讼、恶意诉讼、无理缠诉行为的惩治力度。

虚假诉讼可分为"双方串通型"和"单方欺诈型"两种，本条第一款是规制"双方串通型"虚假诉讼、调解的规定，第二款是规制"单方欺诈型"虚假诉讼的规定。

关于虚假诉讼、虚假调解，本次修改在构成要件在原有的"侵害他人合法权益"中增加了侵害"国家利益、社会公共利益"的规定。从立法主旨来看，对于虚假诉讼、调解的规制，不仅在于保护他人合法权益，而且旨在防止当事人滥用诉权，保护司法秩序，维护司法公信力和司法权威，其保护的法益包含了国家利益、社会公共利益和他人合法权益。因此，《民诉法解释》第一百九十条第一款规定，民事诉讼法第一百一十五条规定的他人合法权益，包括案外人的合法权益、国家利益、社会公共利益。《最高人民法院关于深入开展虚假诉讼整治工作的意见》第二条也有相关规定，故司法实践中，对于当事人之间恶意串通，企图通过诉讼、调解等方式侵害国家利益、社会公共利益的行为，一直是被纳入虚假诉讼、调解的规制适用。本次修改，则明确将侵害国家利益、社会公共利益作为虚假诉讼、调解的构成要件予以规定，弥补了原规定的不足。

本条第二款作为本次修改的新增条文，规定对于单方虚假诉讼，应与当事人恶意串通形成的虚假诉讼适用同样的法律规制，即人民法院应当驳回其请求，并根据情节轻重予以罚款、拘留；构成犯罪的，依法追究刑事责任。2012年民事诉讼法修改，新增了对"双方串通型"虚假诉讼予以司法处罚的规定，并未涉及单方虚假诉讼。但从司法实践看，除当事人之间恶意串通形成的虚假诉讼外，还存在当事人单方捏造民事案件基本事实，向人民法院提起诉讼，企图侵害国家利益、社会公共利益或者他人合法权益的情形，同样需要对此加以规制，以实现民事诉讼领域对于虚假诉讼更为全面的规范。刑法修正案（九）增设了虚假诉讼罪，将以捏造的事实提起民事诉讼、妨害司法秩序或者严重侵害他人合法权益的行为纳入刑事处罚范围。由于刑法第三百零七条之一、《最高人民法院、最高人民检察院关于办理虚假诉讼刑事案件适用法律若干问题的解释》第一条等规定的虚假诉讼罪，均涵盖了"双方串通型"和"单方欺诈型"这两种虚假诉讼，本次民事诉讼法修改，在系统总结司法实践经验的基础上，对于单方捏造民事案件基本事实形成的虚假诉讼，明确其应与当事人恶意串通形成的虚假诉讼适用同样的法律规则，本次修改不仅填补了民事诉讼法在这方面存在的空白，而且有利于民事诉讼法与刑法的规则衔接，对虚假诉讼建构起完整的民事、刑事司法规制体系。

【适用指南】

本次修改明确了单方虚假诉讼情形，突出了虚假诉讼的本质特征，准确界定了虚假诉讼的外延，实现了虚假诉讼刑事案件与民事案件的程序衔接。

就民事诉讼而言，单方当事人虚假陈述、伪造证据的虚假诉讼行为实际上已经实质性地破坏了双方当事人的两造平等对抗的结构，实质性地违背了当事人平等原则，同时也违反了民事诉讼诚信原则，通过单方捏造民事案件基本事实、向法院提起诉讼的方式，使对方当事人陷入不利的诉讼境地。而刑法中关于虚假诉讼犯罪的规定，仅限于"无中生有型"行为，即凭空捏造根本不存在的民事法律关系和因该民事法律关系产生民事纠纷的情形，且仅将具有严重社会危害性的行为纳入刑罚打击范围，其外延要小于民事诉讼法所规制的虚假诉讼。

对于当事人单方捏造民事案件基本事实，向人民法院提起诉讼，企图侵害国家利益、社会公共利益或者他人合法权益的单方虚假诉讼行为，这里的提起诉讼除了指通常提起民事案件普通一审程序以外，还应包括提起第三人撤销之诉和执行异议之诉；特别程序、督促程序、公示催告程序；原告增加诉讼请求，被告提出反诉，有独立请求权的第三人提出与本案有关的诉讼请求；审判监督程序；企业破产程序；执行程序。这里的执行程序，包括申请执行仲裁裁决和公证债权文书、在执行过程中对执行标的提出异议和申请参与执行财产分配等情形。

民事诉讼当事人实施虚假诉讼，除驳回诉讼请求外，法院还应根据情节轻重予以罚款、拘留。对于构成犯罪的，在将相关犯罪线索移送公安机关之前，人民法院应当及时采取罚款、拘留等强制措施，以确保及时落实虚假诉讼行为人的法律责任，充分体现民事诉讼法规定的司法强制措施对其他潜在虚假诉讼行为人的一般预防作用。[①] 根据《关于进一步加强虚假诉讼犯罪惩治工作的意见》的规定，对于故意制造、参与虚假诉讼犯罪活动的民事诉讼当事人和其他诉讼参与人，人民法院应当加大罚款、拘留等对妨害民事诉讼的强制措施的适用力度。对于虚假诉讼，除了适用民事诉讼法第一百一十五条进行规制以外，根据《最高人民法院关于防范和制裁虚假诉讼的指导意见》第十二条的规定，虚假诉讼侵害他人民事权益的，虚假诉讼参与人应当承担赔偿责任。虚假诉讼行为人承担民事责任并不影响法院依据刑法的规定对其判处刑罚，但法院已经依照民事诉讼法的规定给予的罚款、拘留，应依法折抵相应刑罚，即罚款应当折抵相应罚金，拘留应当折抵有期徒刑或者拘役的相应刑期。建立对虚假诉讼完整的民事与刑事规制体系，对于有效威慑不法行为人、保护受害人合法权益都具有积极意义。

【关联规范】

《中华人民共和国刑法》第三百零七条之一；

《最高人民法院关于防范和制裁虚假诉讼的指导意见》；

《最高人民法院关于深入开展虚假诉讼整治工作的意见》第二条；

---

① 滕伟、叶邵生、丁成飞、李加玺：《〈关于进一步加强虚假诉讼犯罪惩治工作的意见〉的理解与适用》，载《人民司法·应用》2021年第22期。

《最高人民法院关于在民事诉讼中防范与惩治虚假诉讼工作指引（一）》；

《关于进一步加强虚假诉讼犯罪惩治工作的意见》；

《最高人民法院、最高人民检察院关于办理虚假诉讼刑事案件适用法律若干问题的解释》。

案例评析

隐瞒民间借贷债务已经全部清偿的事实
提起民事诉讼构成虚假诉讼
——周某诉甲公司归还欠款案①

案情简介

2011 年 10 月至 2012 年 1 月，原告周某与甲公司先后签订三份借款合同，合同载明周某共向该公司出借 1600 万元，实际仅向甲公司支付500 万元借款本金。甲公司已经偿还借款合同项下的全部本金，并支付了超出法定利率上限的利息。周某仍以甲公司负责人出具的对账单、催款回执等为依据向某区人民法院提起民事诉讼，主张甲公司归还前述借款合同项下的全部本金及利息。针对甲公司关于借款本息已实际清偿完毕的抗辩及相关举证，周某称该公司归还的是其他借款。周某在法庭上的虚假陈述和其提交的对账单、催款回执等证据，导致人民法院作出错误判决。经再审法院查明，周某系职业放贷人，曾使用暴力、胁迫方式向甲公司催收高利贷非法债务，并非法拘禁甲公司负责人。甲公司负责人在被拘禁期间被迫在前述对账单、催款回执上签字。

最终，人民法院依法判决驳回周某的诉讼请求，对周某处以罚款，并将相关犯罪线索移交侦查机关。

案例评析

本案中，周某在民事诉讼过程中多次作虚假陈述，虚构基本案件事实，刻意隐瞒案涉借款系高息放贷产生的非法债务且甲公司实际已清偿

---

① 《人民法院整治虚假诉讼典型案例》，载最高人民法院网站，https：//www.court.gov.cn/zixun/xiangqing/330811.html，最后访问时间：2023 年 11 月 3 日。

借款本金及合法利息的事实，向人民法院提起诉讼，要求甲公司履行已经消灭的债务，属于典型的"以捏造的事实提起民事诉讼"，应认定为单方虚假诉讼。

民间借贷关系中，出借人为牟取暴利，往往利用借款人急于用款的心理迫使其接受远高于法定民间借贷利率保护上限的高额利息约定，在借款人已经实际清偿完借款本金及依法应予保护的利息后，仍通过诉讼方式向借款人主张偿还借款本息。针对借款人已经清偿完借款本息的抗辩及举证，出借人往往伪称借款人主张的还款系归还其他借款，导致案件审理难度进一步加大。因此，在民间借贷案件中，人民法院要高度重视对职业放贷人的审查和甄别，同时要重点审查借贷关系真实性、本金借贷数额和利息保护范围等问题。对丁出借人隐瞒债务已经全部清偿的事实又向人民法院提起民事诉讼的行为，应依法予以处罚，涉嫌犯罪的应及时将线索依法移送侦查机关，务必防范职业放贷人等通过虚假诉讼获取非法高额收益。①

> **第一百三十条　【管辖权异议、应诉管辖】**人民法院受理案件后，当事人对管辖权有异议的，应当在提交答辩状期间提出。人民法院对当事人提出的异议，应当审查。异议成立的，裁定将案件移送有管辖权的人民法院；异议不成立的，裁定驳回。
>
> 当事人未提出管辖异议，并应诉答辩或者提出反诉的，视为受诉人民法院有管辖权，但违反级别管辖和专属管辖规定的除外。

【条文主旨】

本条是关于管辖权异议和应诉管辖的规定。

---

① 《人民法院整治虚假诉讼典型案例》，载最高人民法院网站，https://www.court.gov.cn/zixun/xiangqing/330811.html，最后访问时间：2023 年 11 月 3 日。

【条文理解】

本条对原民事诉讼法第一百三十条第二款作了修改，在"应诉答辩"之外增加了"或者提出反诉"的行为，扩大了默示协议管辖的适用范围。

【适用指南】

关于应诉管辖，《民诉法解释》第二百二十三条第二款规定，当事人未提出管辖异议，就案件实体内容进行答辩、陈述或者反诉的，可以认定为民事诉讼法第一百三十条第二款规定的应诉答辩。因此，自《民诉法解释》实施以来，在司法实践中，关于应诉答辩的适用实际上一直都包括了当事人提出反诉的行为。本次修改，明确将提出反诉纳入应诉管辖的立法规定中，使得规范的内容更加完整、周延。

【关联规范】

《中华人民共和国民事诉讼法》第五十四条、第一百四十四条；

《最高人民法院关于适用〈中华人民共和国民事诉讼法〉的解释》第二百二十三条、第二百三十三条。

> **第一百四十条　【宣布开庭】**开庭审理前，书记员应当查明当事人和其他诉讼参与人是否到庭，宣布法庭纪律。
>
> 开庭审理时，由审判长或者独任审判员核对当事人，宣布案由，宣布审判人员、法官助理、书记员等的名单，告知当事人有关的诉讼权利义务，询问当事人是否提出回避申请。

【条文主旨】

本条是关于开庭审理时宣布开庭的规定。

【条文理解】

本条对原民事诉讼法第一百四十条作出修改，在第二款中增加了开庭审理时宣布法官助理等人名单的规定。这一修改主要是完善了庭审告知的内容，其中增加的"等"的表述，应包含参与开庭审理的司法技术人员。本条修改的理由与第四十七条相同。

【关联规范】

《中华人民共和国民事诉讼法》第四十七条。

> **第一百八十四条 【特别程序的适用范围】** 人民法院审理选民资格案件、宣告失踪或者宣告死亡案件、指定遗产管理人案件、认定公民无民事行为能力或者限制民事行为能力案件、认定财产无主案件、确认调解协议案件和实现担保物权案件，适用本章规定。本章没有规定的，适用本法和其他法律的有关规定。

【条文主旨】

本条是关于特别程序适用范围的规定。

【条文理解】

本次修改，扩大了特别程序的适用范围，增加了指定遗产管理人案件。作为第十五章特别程序的第四节，指定遗产管理人案件涉及本次修改新增的第一百九十四条至第一百九十七条的规定，这是本次修改的一个重要内容，确立了遗产管理人制度在民事诉讼中应适用的程序规则。

遗产管理人，是指对于被继承人遗留的个人合法财产进行保存和管理的主体。遗产管理人是民法典建立的一项新制度，民法典第一千一百四十五条至第一千一百四十九条规定了遗产管理人的制度框架，包括遗产管理人的选任、职责、民事责任和权利。其中，民法典第一千一百四十六条规定，对遗产管理人的确定有争议的，利害关系人可以向人民法院申请指定遗产管理人。自 2021 年 1 月 1 日民法典实施以来，司法实践中已出现较多申请指定遗产管理人案件，然而，现行法律对此类案件的适用程序没有明确的规定，仅在最高人民法院根据民法典的规定对民事案件案由作相应修改后颁布的《民事案件案由规定》（法〔2020〕347 号）"第十部分 非讼程序案件案由"中新增加了第二级案由"指定遗产管理人案件"，并在其项下列出了第三级案由"申请指定遗产管理人"，但关于此类案件的管辖、申请要件、审查裁判等都缺乏相应的规定，导致实践中法官在处理指定遗产管理人案件中主观性过强，各地法院的适用规则缺乏一致性。因此，本次民事诉讼法修改增设专节明确规定了指定遗产管理人案件的适用程序和规范，与民法典相衔接，为指定遗产管理人案件提供明确的程序指引，保障遗产管理人制度的有效实施。

人民法院审理本条规定的案件，在法律适用方面首先应适用民事诉讼法关于特别程序的规定，特别程序没有规定时，适用民事诉讼法和其他法律的有关规定。

【适用指南】

指定遗产管理人作为本次修改增设的适用特别程序案件，其性质属于非讼程序。非讼程序具有快捷、低廉等优点；目前，非讼程序已不再局限于单纯的事务性宣告、确认，而扩张至具有一定对抗性、纷争性的事件，因此，大多数国家都适用非讼程序处理指定遗产管理人等与遗产管理相关事务及纷争，以平衡遗产清算所涉多方主体的利益，并充分发挥司法在预防纠纷和对私法领域进行监管的功能。

"非争讼性"是非讼程序的特点，也是非讼程序区别于诉讼程序的根本特征。由于不存在利害关系相对立的双方当事人，在指定遗产管理人案件中，只有申请人一方当事人，没有对应的另一方当事人，适用特别程序只是通过法院判决指定遗产管理人，并不解决当事人之间的民事纠纷。根据民事诉讼法第一百八十六条的规定，法院在适用特别程序审理案件过程中，发现本案属于民事权益争议的，应当裁定终结非讼程序，并告知利害关系人另行起诉。

我国民事诉讼法规定适用特别程序审理的案件均由基层法院审理和裁判，中级以上的法院不能适用特别程序。并且，适用特别程序的审判组织简单。根据民事诉讼法的规定，除选民资格案件或者重大疑难的非讼案件由审判员组成合议庭进行审理外，其他案件均由审判员一人独任审理。适用特别程序审理的案件审结期限为三十日，应当在立案之日起三十日内或者公告期满后三十日内审结。有特殊情况需要延长的，由本院院长批准。但选民资格案件必须在选举日前审结。适用特别程序审理的案件实行一审终审制，法院作出的判决一经送达即发生法律效力，当事人不得提起上诉。同时，非讼案件的纠错程序特殊，根据《民诉法解释》第三百七十二条第一款的规定，适用特别程序作出的判决、裁定，当事人、利害关系人认为有错误的，可以向作出该判决、裁定的人民法院提出异议。人民法院经审查，异议成立或者部分成立的，作出新的判决、裁定撤销或者改变原判决、裁定；异议不成立的，裁定驳回。根据《诉讼费用交纳办法》第八条第一项的规定，依照民事诉讼法规定的特别程序审理的案件，不交纳案件受理费。因此，指定遗产管理人案件的申请人免交案件受理费，只需交纳实际支出的费用，如公告、鉴定等所需要的费用。

【关联规范】

《中华人民共和国民事诉讼法》第一百八十五条至第一百八十七条；

《最高人民法院关于适用〈中华人民共和国民事诉讼法〉的解释》第三百七十二条；

《诉讼费用交纳办法》第八条。

> **第一百九十四条 【指定遗产管理人的管辖】** 对遗产管理人的确定有争议，利害关系人申请指定遗产管理人的，向被继承人死亡时住所地或者主要遗产所在地基层人民法院提出。

申请书应当写明被继承人死亡的时间、申请事由和具体请求，并附有被继承人死亡的相关证据。

【条文主旨】

本条是关于指定遗产管理人案件管辖与申请的规定。

【条文理解】

本条是新增规定，本条的立法目的在于确定指定遗产管理人案件管辖与申请的程序规则。根据本条规定，指定遗产管理人案件的管辖法院为被继承人死亡时住所地或主要遗产所在地基层法院，即在对确定遗产管理人存在争议时，应由利害关系人向被继承人死亡时住所地或主要遗产所在地基层法院提出申请，由法院指定遗产管理人。被继承人死亡时住所地法院与主要遗产所在地法院，可能是同一个基层法院，也可能是两个以上不同的法院。根据民事诉讼法第三十六条的规定，两个以上人民法院都有管辖权的诉讼，利害关系人可以向其中一个人民法院提出申请，利害关系人向两个以上管辖法院提出申请的，应由最先立案的人民法院管辖。

本条所规定的利害关系人，包括继承人、受遗赠人、扶养人、遗嘱信托人、处理丧葬事宜的亲友以及与被继承人具有债权债务关系等法律关系的人，此外，除上述私法意义上的利害关系人以外，民政部门和村民委员会也可以属于利害关系人。根据民法典第一千一百四十五条规定，在没有继承人或受遗赠人或者继承人均放弃继承的情形下，民政部门或村民委员会是法定遗产管理人。据此，民政部门或村民委员会可以依职权或依申请担任遗产管理人，民政部门或村民委员会可能会因其行使管理遗产的权利而与他人发生争议，民政部门或村民委员会亦可作为利害关系人向管辖法院提出指定遗产管理人申请。

根据本条规定，申请指定遗产管理人，必须采取书面形式向法院提交申请书，申请书中应写明被继承人的死亡时间、申请事由和具体请求，如申请法院指定某人或某几个人或者民政部门或村民委员会担任被继承人的遗产管理人，并应提供被继承人死亡的相关证据，如医疗机构签发的《居民死亡医学证明（推断）书》、公安司法部门出具的死亡证明、殡葬机构出具的遗体火化证明等。同时申请人应提供其作为利害关系人的相关证明文件，如债权合同、抵押合同、遗赠协议等，公民个人申请的，应当出示居民身份证；法人和其他组织申请的，应当提交营业执照、组织机构代码副本和法定代表人或主要负责人身份证明；民政部门或村民委员会申请的，应提供相关的机构证明文件。

指定遗产管理人案件作为特别程序，应当适用民事诉讼法第一百八十四条至第一百八十七条关于特别程序的一般规定，即指定遗产管理人案件应实行一审终审，审限为立案之日起或者公告期满后三十日，有特殊情况需要延长的，由本院院长批准。

【适用指南】

结合关于遗产管理人的法律及司法解释规定和司法实践情况，本条在适用中应当注意以下问题。

一、关于确有争议的理解

指定遗产管理人案件的适用前提是基于"对遗产管理人的确定有争议"，因此利害关系人有必要向管辖法院提出申请，请求法院指定遗产管理人。这里的"争议"应作广义理解，包括积极争议和消极争议两种形态，即多人争当遗产管理人或无人担任遗产管理人的情形，如继承人拒绝推选遗产管理人也不愿意共同担任遗产管理人且没有遗嘱执行人的情形，以及没有继承人或继承人均放弃继承，被继承人生前住所地的民政部门或者村民委员会作为法定遗产管理人怠于行使权利等情形，或者民政部门或村民委员会，并不能确定其是否符合适用担任遗产管理人的法律规定情形，因此需要通过法院查明而提出申请。

从争议类型上看，此种争议既可能是单独的争议，也可能是在继承纠纷诉讼中发生的争议。其适用情形包括：

1. 对已产生的遗产管理人有争议的。包括对遗嘱指定的遗嘱执行人，或者继承人之间推选的遗产管理人，或者担任遗产管理人的民政部门或村民委员会有争议的。

2. 对迟迟不能产生遗产管理人有争议的。主要包括：没有遗嘱执行人，继承人推选不出遗产管理人，又不愿共同担任遗产管理人的；继承人不放弃继承，又都不愿意担任遗产管理人的；没有继承人或者继承人均放弃继承的，民政部门或村民委员会不愿担任遗产管理人，或者不同民政部门、村民委员会之间对担任遗产管理人有异议的。①

二、关于管辖法院的确定

指定遗产管理人案件由被继承人死亡时住所地或主要遗产所在地基层法院管辖，主要是为了便于人民法院查明被继承人、继承人和遗产的有关情况，有利于人民法院对案件作出正确的处理。关于被继承人死亡时住所地的确定，应适用民法典第二十五条的规定，自然人以户籍登记或者其他有效身份登记记载的居所为住所；经常居所与住所不一致的，经常居所视为住所。据此，被继承人死亡时能确定经常居住地的，以该经常居住地为其死亡时住所地，不能确定经常居住地的，以其户籍地为死亡时住所地。

关于主要遗产所在地，应当根据不同的情况确定，如遗产中既有动产也有不动产的，一般以不动产所在地作为主要遗产地；遗产均为动产，应以价值高的动产所在地为主要遗产所在地；被继承人有多个遗产，且各遗产价值相差不大或无法直接判断时，在司法实践中，法院可要求当事人进行预估，立案法官只需对当事人主张的财产价值进行初步审查，并按当事人主张的遗产价值确定主要遗产所在地。对于影响管辖的相关主要遗产价值，如当事人的主张明显高于或低于实际价值，实际中依实际价值确定管辖。主要遗产价值无法判断或相差不大的，则各主要遗产所在地基层法院均有管辖权。

三、关于指定遗产管理人案件单独适用问题

自 2021 年 1 月 1 日民法典实施以来，司法实践中已有较多适用民法典指定遗产管理人的案件，但囿于现行民事诉讼法并未规定相应的非讼程序，因此在处理指定遗产管理人案件上，不同法院在程序适用方面均存在较大差异。从目前的司法实践看，法院在适用民法典第一千一百四十五条、第一千一百四十六条指定遗产管理人时，有相当多的案件是发生在继承或遗赠纠纷的诉讼过程中，案由多为遗嘱继承纠纷、遗赠纠

---

① 江必新、夏道虎主编：《中华人民共和国民法典重点条文实务详解》，人民法院出版社 2020 年版，第 1177 页。

纷或者遗产管理纠纷等，由于在此类纠纷的争讼过程中涉及遗产管理人争议问题，因此，有的法院即根据案件具体情形，或者指定全体继承人共同担任遗产管理人，或者指定某几个继承人担任遗产管理人，或者因继承人均放弃继承，指定民政部门或村委会担任遗产管理人；此外，在执行程序中也存在因被执行人死亡，经由法院指定遗产管理人后变更、追加遗产管理人为被执行人的情形；但也有一些法院在诉讼过程中针对上述情形则采取驳回起诉或者驳回诉讼请求的做法，要求当事人单独提出申请指定遗产管理人。

在本次民事诉讼法修改后，指定遗产管理人案件的单独适用问题应予统一，即在关于继承、遗赠或者遗产管理纠纷的诉讼过程中，如涉及对遗产管理人的确定有争议的，法院应要求利害关系人提出申请指定遗产管理人案件，并根据民事诉讼法第一百五十三条第　款第五项"本案必须以另一案的审理结果为依据，而另一案尚未审结的"规定裁定中止诉讼。同理，在执行程序中，作为被执行人的自然人死亡或被宣告死亡，需变更、追加该自然人的遗产管理人但对确定遗产管理人有争议的，法院应裁定中止执行，待利害关系人申请指定遗产管理人案件审结并确定遗产管理人后，变更、追加遗产管理人为被执行人，再恢复执行，明确其在遗产范围内承担责任。当然，在此必须明确的是，单独适用指定遗产管理人案件的前提是"对遗产管理人的确定有争议"，对于在诉讼或执行过程中，当事人能够协商确定遗产管理人的，自然无须再通过指定遗产管理人案件这一专门的特别程序予以确定，以实现诉讼经济、避免给当事人增加讼累。

【关联规范】

《中华人民共和国民法典》第二十五条、第一千一百四十五条至第一千一百四十九条；

《中华人民共和国民事诉讼法》第三十六条、第一百八十四条。

孤寡老人照料者作为利害关系人提出指定遗产管理人申请

——顾氏三兄弟申请指定遗产管理人案①

案情简介

杨碧某与杨启某系姐弟关系。二人父母先于二人去世，二人均未婚、无配偶，无其他兄弟姐妹。杨碧某于 2014 年 6 月 8 日死亡，杨启某于 2021 年 1 月 30 日死亡。二人生前居住在甲市乙镇的房屋内，该房屋土地使用权和房屋所有权登记在杨碧某名下。顾凤某是本案申请人顾氏三兄弟顾某 1、顾某 2、顾某 3 的祖母，顾凤某系杨启某的乳母。杨启某为听障人士，在杨碧某死亡后，政府相关单位协调安排杨启某生活时，杨启某选择由顾氏三兄弟照顾其晚年生活。

因杨启某生活不能自理，顾氏三兄弟对其进行日常照顾，并雇用护工照料。2017 年 9 月 24 日，杨启某因病住院治疗，经诊断为"脑梗、高血压病、肺炎"，并于 2017 年 10 月 15 日转至康复医院住院治疗，直至 2021 年 1 月 30 日死亡。在康复医院治疗期间，顾氏三兄弟定期对其进行探望，住院期间的护工费、伙食费、医疗费等均由顾某 1 负责处理。杨启某死亡后，其丧葬事宜由顾氏三兄弟共同处理。后顾某 1 向其所在社区申请，将杨碧某、杨启某及其父母的骨灰盒一并安葬在所在社区的集体塔灵内。每逢祭祖纪念日，顾氏三兄弟按照当地风俗进行祭拜。

申请人顾某 1、顾某 2、顾某 3 诉称，因杨启某死亡后无继承人，鉴于三申请人与其生前居住的房产有利害关系，根据民法典第一千一百四十五条规定，申请法院依法指定甲市民政局为杨启某的遗产管理人。

被申请人甲市民政局称，对三申请人主张的事实无异议，但对杨碧某、杨启某生前的生活居住、遗产状态不了解，两位老人更多由其生前住所地的居民委员会在帮忙照顾，故甲市乙镇社区居民委员会担任遗产管理人更为合适。

本案审理过程中，法院向杨碧某、杨启某生前所在的社区居民委

① 江苏省太仓市人民法院（2022）苏 0585 民特 32 号民事判决书。

会调查，该居民委员会认可三申请人所述事实，并表示三申请人系杨启某和杨碧某指定的照顾二人的人员，且三申请人也对两位老人尽到了照顾义务。法院经审理认为，杨碧某死亡后，其无第一顺序继承人，杨启某作为第二顺序继承人，有权继承包括案涉房屋在内的遗产。依据民法典第二百三十条的规定，因继承取得物权的，自继承开始时发生效力。因此，杨启某通过继承已取得杨碧某名下包括案涉房屋在内相应遗产的物权。现杨启某于2021年1月30日死亡，其无继承人，符合民法典第一千一百四十五条、第一千一百四十六条所界定的申请指定遗产管理人的情形。三申请人虽然与杨启某无血亲和姻亲关系，没有赡养杨启某的法定义务，但基于祖辈与杨启某的特定关系，三申请人与杨启某在生活中联系紧密，在杨启某生前对其扶养较多，在杨启某去世后，三申请人负责其全部丧葬事宜，并按照风俗祭祖，符合中华民族赡养老人、扶残救济的传统美德，这也是社会主义良好道德风尚的具体体现，应予鼓励。因此，准予三申请人作为利害关系人申请指定遗产管理人，有利于弘扬社会主义核心价值观。

法院判决认为，鉴于民政部门承担社会救济、社会福利事业、社区服务等工作，比较了解辖区内公民的家庭关系、财产状况等，有能力担任遗产管理人，故对三申请人申请指定杨启某生前住所地的民政部门作为遗产管理人，依法予以支持。

案例评析

本案主要涉及指定遗产管理人案件申请人的适格问题。本案中，被继承人死亡后，没有继承人，顾氏三兄弟是被继承人生前的主要照料人。根据民法典第一千一百三十一条的规定，继承人以外的对被继承人扶养较多的人，可以分给适当的遗产。该条规定基于权利义务相一致的原则，赋予继承人以外的对被继承人扶养较多的人酌情分得遗产的权利。本案中，三位申请人并非杨启某的继承人，但在杨启某生前对其在生活上扶助较多，在日常生活和医疗等方面极尽照顾。法院经调查查明，杨启某选择三申请人照顾其晚年生活，三申请人亦尽心照料、陪伴杨启某多年，给予其精神上的慰藉，直至杨启某病故，使其得以安享晚年。三申请人对杨启某进行了事实上的扶养，尽到的扶养义务较多，符合民法典第一千一百三十一条规定的"可以分给适当的遗产"的情形，因此三申请人有权作为利害关系人申请指定遗产管理人。

民法典设定遗产管理人制度，旨在保障遗产的安全性和相关民事主体的合法利益。在无法确定遗产管理人的情况下，遗产存在毁损、灭失、侵占等风险，继承人、受遗赠人、遗产债权人等利害关系人的权益可能受到损害。根据民法典第一千一百四十五条的规定，被继承人死亡后，没有继承人或者继承人均放弃继承的，应由被继承人生前住所地的民政部门或者村民委员会担任遗产管理人。但本案中，当地民政部门认为其对被继承人生前的生活居住、遗产状态不了解，并且被继承人更多是由其生前住所地的居民委员会在帮忙照顾，因而主张应由被继承人生前所在社区居民委员会担任遗产管理人更为合适。此种情形符合申请指定遗产管理人案件的适用前提，即对遗产管理人的确定存在争议。因此，正如本案审理法院在判决中指出的，本案中的杨启某无法定继承人、受遗赠人和遗产债权人，如不允许三申请人申请指定遗产管理人，不利于遗产的保存、管理和处理。鉴于民政部门承担的职责，在法律有明确规定的情况下，民政部门不应以缺乏条件为由拒绝担任遗产管理人。

> **第一百九十五条 【遗产管理人的指定原则】**人民法院受理申请后，应当审查核实，并按照有利于遗产管理的原则，判决指定遗产管理人。

【条文主旨】

本条是关于遗产管理人指定原则的规定。

【条文理解】

本条是新增规定，本条立法的目的在于确定指定遗产管理人案件的判决原则。根据本条规定，法院在受理指定遗产管理人的申请后，应当对申请事项进行审查核实，包括被继承人死亡及遗产的情况，申请人作为利害关系人是否适格，没有继承人或者继承人均放弃继承的情况等，在全面了解关于遗产管理人的争议情况后，按照有利于遗产管理的原则，判决指定遗产管理人。

民法典设立遗产管理人制度的目的是有效保护遗产，旨在通过遗产管理人这一专门主体对遗产进行管理，达到保护遗产完整、安全，保障继承人和债权人的合法权益不受侵害。民法典第一千一百四十五条规定了遗产管理人的选任范围，包括遗嘱执行人、继承人、民政部门或者村民委员会。因此，法院在审理指定遗产管理人案件时，必须按照有利于遗产管理的原则，从最有利于遗产的保护、管理、债权债务清理的角度出发，根据案件的具体情况，在这些主体中指定能够妥善保管遗产、有效维护遗产价值、尽责履职的自然人或机构担任遗产管理人。具体需要考虑的情形包括：被继承人是否订立遗嘱，遗嘱是否附有义务；主要遗产实际被占有、使用、收益的情况；是否有侵害遗产的情况；债权人利益是否能够得到保护；其人格品行是否能够保证其尽到合理的注意义务等。指定的遗产管理人可以是一人，也可以是多人。① 如果是多个遗嘱执行人因为担任遗产管理人有争议，则可以指定一名或者数名遗嘱执行人为遗产管理人；如果是遗嘱执行人与继承人之间因遗产管理有纠纷，则可以在遗嘱执行人与继承人之间选择一人或者数人担任遗产管理人；如果是继承人之间因遗产管理人的确定发生纠纷，则应当在继承人之间指定合适的遗产管理人；如果是被继承人生前住所地的民政部门或者村民委员会之间因遗产管理人的确定发生纠纷，则需要在两者之间确定合适的机构担任遗产管理人。②

关于指定机构担任遗产管理人的，根据民法典第一千一百四十五条的规定，仅适用于没有继承人或继承人均放弃继承的情形，由被继承人生前住所地的民政部门或者村民委员会担任遗产管理人。具体而言，被继承人是城镇居民的，应指定被继承人住所地的民政部门担任遗产管理人，被继承人是农村村民的，指定被继承人住所地的村民委员会担任遗产管理人。被继承人生前住所地，应是其生前最后的户籍所在地，户籍所在地与经常居住地不一致的，以最后的经常居住地为其住所地。指定民政部门或村民委员会担任遗产管理人，与遗产是动产还是不动产无

---

① 江必新、夏道虎主编：《中华人民共和国民法典重点条文实务详解》，人民法院出版社 2020 年版，第 1177～1178 页。

② 石宏主编：《〈中华人民共和国民法典〉释解与适用·婚姻家庭编继承编》，人民法院出版社 2020 年版，第 231～232 页。

关，亦与主要遗产所在地无关。关于遗产的类型或所在地只与确定指定遗产管理人案件的管辖法院有关，而与遗产管理人的确定无关。

此外，根据民法典继承编司法解释，继承人可以在遗产处理前或者诉讼进行中对放弃继承反悔。但遗产管理人的指定一经完成，不因放弃继承的反悔而无效。

【适用指南】

指定遗产管理人案件属于非讼程序，非讼程序的审理采取职权进行原则，法院对于程序的推进以及程序事项的处理，应当持积极干预态度，充分地发挥职权裁量的作用。同时由于指定遗产管理人案件处理的是家事事件，更加强调适用职权探知主义。为减少当事人的诉累，尽快确定适当的遗产管理人，在审理过程中，除当事人提供必要的证据材料外，法院应当依职权调查证据和对案件审理具有重要意义的事实。法院在审查案件时，可以询问申请人、被申请人、利害关系人等了解相关情况。同时，根据大陆法系国家及地区遵循的非讼程序保障的"最低限度要求"，法院必须听取可能受到裁判影响的关系人对于判决基础资料的意见，并应当告知关系人有关的事实，包括申请方主张的内容、提供的书证、法院依职权调查的证据及第三方提供的有关案件信息、法院的裁判等，[①] 以确保被继承人的遗产能够得到妥善管理、顺利分割，保障继承人和债权人的合法权益不受侵害。

从审理方式上看，非讼程序以书面主义为原则，同时辅之以口头主义，作为书面审理的补充。这主要是基于案件的性质特点决定的，非讼程序不以对立的当事人为案件构成的主体性要素，这样的案件特征使得法官在审理非讼案件时主要不是听取双方当事人的陈述与辩论，而是侧重于一方当事人提出的申请及相关的书面材料，依照实体法的相关要求和必要的程序要件及法院的调查，作出相应的裁判。因此非讼程序一般采取书面审理方式，实行不公开审判的原则，这样做不仅符合非讼案件审理上的特点及要求，而且对于实现程序的经济、高效也大有裨益。

由于非讼案件是利害关系人在没有民事权益争议的情况下，请求法

---

① 郝振江：《〈民事诉讼法〉修订重要问题研究》，载《华东政法大学学报》2012年第4期。

院确认某种事实和权利是否存在的案件，因此，如果在指定遗产管理人案件中涉及复杂的实质性争议问题，则不能适用特别程序继续审理。如被继承人有多份遗嘱且继承人对列明的遗嘱执行人存在异议时，遗嘱效力争议作为实质性争议不应在非讼程序中一并处理。一旦法官经审查认为需先行处理实质性争议才能指定遗产管理人，则应裁定驳回申请，并告知申请人转至诉讼程序解决，如直接提起法定继承纠纷或被继承人债务清偿纠纷等。实践中，可能存在继承人对遗嘱效力有争议，但认可遗嘱载明的遗嘱执行人的情形，此时基于继承人的一致推选，法院可指定该遗嘱执行人为遗产管理人，但此种认可不等同于对遗嘱效力的认可，有关遗嘱的效力问题仍有待确认。

从救济方式上看，非讼程序的救济方式也与诉讼程序不同。非讼案件的审理程序，都没有设置上诉审，这是因案件的非讼性质决定的。法院判决是依申请人的申请作出，没有必要再设置上诉程序。如果法院对适用特别程序处理的案件解决错了，利害关系人可以通过申请的方式，要求法院撤销原判决，作出新判决，从而获得相应的救济，因此，无需通过设置上诉程序来解决。故，对于法院作出的指定遗产管理人判决，利害关系人如认为存在错误的，根据《民诉法解释》第三百七十二条第一款的规定，可以向作出该判决的人民法院提出异议。人民法院经审查，异议成立或者部分成立的，作出新的判决撤销或者改变原判决；异议不成立的，裁定驳回。

【关联规范】

《中华人民共和国民法典》第一千一百四十五条。

按照有利于遗产管理的原则指定遗产管理人

——欧某士申请指定遗产管理人案①

案情简介

厦门市某处房屋原业主为魏姜氏（19世纪生人）。魏姜氏育有三女一子，该四支继承人各自向下已经延嗣到第五代，但其中儿子一支无任何可查信息，幼女一支散落海外情况不明，仅长女和次女两支部分继承人居住在境内。因继承人无法穷尽查明，长女和次女两支继承人曾历经两代、长达十年的继承诉讼，仍未能顺利实现继承析产。民法典实施后，长女一支继承人以欧某士为代表提出，可由生活在境内的可查明信息的两支继承人共同管理祖宅；次女一支继承人则提出，遗产房屋不具有共同管理的条件，应由现实际居住在境内且别无住处的次女一支继承人中的陈某萍和陈某芬担任遗产管理人。

法院裁判认为，魏姜氏遗产的多名继承人目前下落不明、信息不明，遗产房屋将在较长时间内不能明确所有权人，其管养维护责任可能长期无法得到有效落实，确有必要在析产分割条件成就前尽快依法确定管理责任人。而魏姜氏生前未留有遗嘱，未指定其遗嘱执行人或遗产管理人，在案各继承人之间就遗产管理问题又分歧巨大、未能协商达成一致意见，故当秉承最有利于遗产保护、管理、债权债务清理的原则，在综合考虑被继承人内心意愿、各继承人与被继承人亲疏远近关系、各继承人管理保护遗产的能力水平等方面因素，确定案涉遗产房屋的合适管理人。次女魏某燕一支在魏姜氏生前尽到主要赡养义务，与产权人关系较为亲近，且历代长期居住在遗产房屋内并曾主持危房改造，与遗产房屋有更深的历史情感联系，对周边人居环境更为熟悉，更有实际能力履行管养维护职责，更有能力清理遗产上可能存在的债权债务；长女魏某静一支可查后人现均居住漳州市，客观上无法对房屋尽到充分、周到的管养维护责任。故，由魏某静一支继承人跨市管理案涉遗产房屋暂不具备客观条件；魏某燕一支继承人能够协商支持由陈某萍、陈某芬共同管

---

① 参见《人民法院贯彻实施民法典典型案例（第一批）》，载最高人民法院网站，https://www.court.gov.cn/zixun-xiangqing-347181.html，最后访问时间：2023年11月1日。

理案涉遗产房屋，符合遗产效用最大化原则。因此判决指定陈某萍、陈某芬为魏姜氏房屋的遗产管理人。

案例评析

本案凸显了指定遗产管理人的制度价值与功能。本案所涉遗产，属于我国著名侨乡的历史风貌建筑，不仅具有较高的经济价值，更是历史文化和艺术风貌的体现。但也正是因其历史悠久和经济价值较高，导致相关的遗产继承纠纷长期得不到解决。该案所涉侨乡房产，因年代久远、继承人散落海外使得析产确权困难，历经两代人长达十年的继承诉讼，仍无法顺利实现继承析产。由此造成建筑长期无人管理，房屋得不到相应的修缮维护，不仅无法实现其特有的经济价值和文化遗产的传承，而且更增加了解决遗产继承纠纷的难度。在侨乡，有着不少与本案相似的情形，由于析产确权困难，导致房屋管养维护责任长期处于搁置或争议状态的窘境，不少历史风貌建筑因此而残破贬损。

建立遗产管理人制度是以遗产管理为核心，保障遗产的妥善处理，同时兼顾继承人、债权人等遗产权利人的利益。本案中，从继承开始到遗产分割之间相隔的时间旷日持久，在此期间，遗产可能处于无人管理的状态，在这种情形下，唯有通过指定遗产管理人程序，才能脱离陷入僵局的继承纠纷。法院从最有利于遗产管理的角度出发，指定专人担当遗产管理人，由专门主体秉持公正、诚信的原则，对遗产进行有效管理，使遗产实现保值增值，特别是对于需要及时处置或采取保护措施的遗产，避免因管理不善造成遗产价值贬损，达到妥善管理和保护遗产，维护遗产安全和完整，对于保障继承人和债权人的合法权益不受侵害、实现遗产公平分配、保障交易安全都具有重要意义。

本案中，审理法院按照有利于遗产管理的原则，在可查明的继承人中创造性地引入管养房屋方案"竞标"方式，让具有管养维护遗产房屋优势条件的部分继承人担任遗产管理人，不仅妥善解决了涉侨祖宅的管养维护问题，而且充分彰显了民法典创设的遗产管理人制度物尽其用的价值追求，有效保护了侨乡的历史建筑。

继承人放弃继承的也可被指定为遗产管理人
——安建某申请指定遗产管理人案①

案情简介

本案申请人安建某与张连某、于景某民间借贷纠纷一案在天津市红桥区人民法院审理。在诉讼过程中，张连某死亡，留有坐落于天津市区的房屋及银行存款等遗产。于景某与张连某系夫妻关系，张甲系张连某的女儿。因此，安建某向法院申请指定于景某和张甲为张连某的遗产管理人。被申请人于景某和张甲称，自愿放弃张连某的遗产继承权且不担任遗产管理人，张连某的所有遗产二人均放弃。

法院经审理查明：本案申请人安建某作为原告诉被告张连某、于景某民间借贷合同纠纷，于2020年6月4日在天津市红桥区人民法院立案，案件审理中，天津市红桥区人民法院作出裁定，查封或冻结张连某、于景某名下价值1980000元的财产。依据该裁定，查封了于景某名下的房屋；查封期限自2020年7月9日至2023年7月8日。2020年8月26日天津市红桥区人民法院做出一审判决，原告安建某对该判决不服，提出上诉。2021年4月12日张连某病故，2021年7月2日天津市第一中级人民法院作出裁定，撤销红桥区法院的一审判决并将案件发回重审，于景某、张甲被列为被上诉人。在本案的庭审中，被申请人于景某、张甲称，不担任张连某的遗产管理人，自愿放弃张连某的所有遗产。

法院判决认为，被申请人于景某虽主张放弃遗产继承，不担任张连某的遗产管理人，但申请人与于景某之间存在诉讼，其名下与张连某夫妻关系存续期间的房屋被查封、冻结，该房屋属于夫妻共同财产，部分系张连某遗产，即使于景某放弃继承权，对张连某的遗产亦应负有管理责任，因此法院判决指定于景某为张连某的遗产管理人。

---

① 天津市南开区人民法院（2021）津0104民特327号民事判决书。

案例评析

民法典第一千一百四十五条针对遗嘱继承和法定继承两种不同的继承方式，规定了遗产管理人的选任范围和顺序。法院在审理指定遗产管理人案件中，应在遗嘱执行人、继承人、民政部门或者村民委员会这一遗产管理人的选任范围内，根据案件具体情况，按照有利于遗产管理的原则指定遗产管理人。需要注意的是，在对第一千一百四十五条的适用上，民法典规定了民政部门或者村民委员会作为机构担任遗产管理人的适用前提，即在没有继承人或者继承人均放弃继承的情况下，为避免遗产因处于无人管理的状态而遭受破坏或价值贬损，由机构担任遗产管理人，以保护遗产安全和利害关系人的利益，但民法典并未规定放弃继承的继承人不能担任遗产管理人。担任遗产管理人是法律上的一种资格，在法定继承中，继承人均具有担任遗产管理人的资格，该资格并不因放弃继承而丧失。

本案中，审理法院考虑到被申请人于景某与继承人系夫妻关系，之前二审发回重审正在审理中的民间借贷案下查封、冻结的房产属于张连某和于景某的夫妻共同财产，尽管于景某已放弃继承，但显然于景某对继承人的遗产，包括房屋等财产更加熟悉了解，对于继承人与其债权人之间的债权债务关系也更加清楚，因此，由于景某作为张连某的遗产管理人，管理继承人的生前遗产，能更加妥善地处理遗产、解决遗产争议、维护债权人的合法权益。至于申请人提出张甲也担任遗产管理人的主张，因张甲为继承人的女儿，对于作为张连某和于景某夫妻共同财产的遗产，其了解程度和能够用于管理遗产的时间、精力都不如于景某，因此从有利于遗产管理的原则出发，法院作出仅指定于景某一人为遗产管理人的判决，是符合法律规定且适当的。

> **第一百九十六条　【遗产管理人的变更】**被指定的遗产管理人死亡、终止、丧失民事行为能力或者存在其他无法继续履行遗产管理职责情形的，人民法院可以根据利害关系人或者本人的申请另行指定遗产管理人。

【条文主旨】

本条是关于遗产管理人的变更的规定。

【条文理解】

本条是新增规定，本条立法的目的在于确定遗产管理人的变更的条件、申请的主体和程序。根据本条规定，在发生指定遗产管理人已无法继续履职的情形时，包括遗产管理人死亡、终止、丧失民事行为能力或者存在其他无法继续履行遗产管理职责情形的，经利害关系人或者遗产管理人本人向法院提出申请，法院可另行指定遗产管理人。

设置遗产管理人的目的是妥善管理和保护遗产，如果遗产管理人无法履行管理职责，那么就应当变更遗产管理人，另行指定合适的管理人承担遗产管理职责，以维护遗产价值和遗产权利人合法权益。遗产管理人必须具备完全的民事行为能力，遗产管理人在履职过程中死亡或丧失民事行为能力的，或者作为遗产管理人的机构终止的，即丧失履职能力，当然不能继续担任遗产管理人；或者当存在其他阻碍遗产管理人履职情形的，如自然人因健康原因、旅居国外、外界侵害等致使其不能继续履行遗产管理职责的，均应适用本条规定。在申请主体上，既可以由利害关系人提出申请，也可以在遗产管理人没有丧失行为能力的情况下，自行向人民法院提起申请，而不必经过其他利害关系人同意，由法院按照有利于遗产管理的原则另行指定遗产管理人。

【适用指南】

关于遗产管理人变更的具体程序适用，本条未作更明细的规定。在此可以参考《民诉法解释》关于失踪人财产代管人的变更规范，利害关系人或者遗产管理人本人申请变更遗产管理人时，应提交书面申请并说明理由，申请理由成立的，另行指定遗产管理人；申请理由不成立的，裁定驳回申请。另行指定遗产管理人的，变更后的遗产管理人有权要求原遗产管理人及时移交有关遗产并报告遗产管理情况，从而保证前后遗产管理人的衔接，使遗产管理人制度的运行更加顺畅。

本条规定在适用中应注意，变更遗产管理人规定针对的是适用指定遗产管理人案件判决确定的遗产管理人，对于非由法院指定的遗产管理人，如遗嘱继承中的遗嘱执行人作为遗产管理人，或者继承人自行推选或共同担任的遗产管理人，或者民政部门或村民委员会在被继承人没有继承人或者继承人均放弃继承的情形中直接担任遗产管理人的，均不适用本条规定。对于非由法院指定的遗产管理人的变更，可以允许遗产管理人辞职，继而由继承人协商另行推选或者由利害关系人向法院申请指定遗产管理人，但民政部门和村民委员会作为遗产管理人的，不可辞职，在发生终止或无法继续履行遗产管理职责情形的，应适用《中华人民共和国民事诉讼法》特别程序规定的指定遗产管理人案件，由法院指定遗产管理人。

【关联规范】

《中华人民共和国民法典》第一千一百四十五条。

> **第一百九十七条　【遗产管理人的另行指定】**遗产管理人违反遗产管理职责，严重侵害继承人、受遗赠人或者债权人合法权益的，人民法院可以根据利害关系人的申请，撤销其遗产管理人资格，并依法指定新的遗产管理人。

【条文主旨】

本条是关于撤销并指定新的遗产管理人的规定。

【条文理解】

本条是新增规定，本条立法的目的在于确定撤销遗产管理人资格并指定新的遗产管理人的条件、申请的主体和程序。民法典设立遗产管理人制度旨在维护遗产价值、保护遗产权利人的合法权益。遗产管理人不是为了自己的利益进行遗产管理活动，而是通过管理被继承人的遗产来保障遗产的完整性和安全性，对遗产实施公平有序的分配使遗产上的各项权利得以实现。民法典第一千一百四十七条明确规定了遗产管理人的职责，包括：（1）清理遗产并制作遗产清单；（2）向继承人报告遗产情况；（3）采取必要措施防止遗产毁损、灭失；（4）处理被继承人的债权债务；（5）按照遗嘱或者依照法律规定分割遗产；（6）实施与管理遗产有关的其他必要行为。同时，民法典第一千一百四十八条规定，遗产管理人未依法履行职责，因故意或者重大过失造成继承人、受遗赠人、债权人损害的，应当承担民事责任。民法典从实体上对遗产管理人的职责及其未尽职责的民事责任作了明确规定，本条规定则明确了对于违反职责的指定遗产管理人予以撤销和重新指定的程序规范。

根据本条规定，针对指定遗产管理人违反遗产管理职责，严重侵害继承人、受遗赠人或者债权人合法权益的，利害关系人可以向法院提出申请，要求撤销该遗产管理人并指定新的遗产管理人。法院应当就申请所主张的指定遗产管理人严重侵害继承人、受遗赠人或者债权人合法权益等内容进行审查，申请审查过程中可以询问申请人、遗产管理人和其他利害关系人，必要时法院可以依职权调查相关事实。法院经审查认为申请成立的，撤销其遗产管理人资格，并依法指定新的遗产管理人。

【适用指南】

与民事诉讼法第一百九十六条遗产管理人的变更规定的适用一样，本条在适用中应注意，本条规定针对的是指定遗产管理人案件判决确定的遗产管理人，对于非由法院指定的遗产管理人，无论是遗嘱继承中的遗嘱执行人作为遗产管理人，还是继承人推选或共同担任的遗产管理人，或者民政部门或村民委员会直接担任遗产管理人的，均不适用本条规定。对于非由法院指定的遗产管理人的撤销，仍应基于对遗产管理人的确定有争议，由利害关系人向法院提起申请，适用指定遗产管理人案件，经法院审理后判决指定遗产管理人。

指定遗产管理人应当按照民法典第一千一百四十七条的规定公正履行职责，遗产管理人有隐匿、侵吞、非法处置遗产的，或者因故意、重大过失而造成遗产灭失或减损的，无正当理由拒绝清算财产、编制遗产清单，或者遗产清单出现重大疏漏，不按照遗嘱或者法律规定分割遗产，违法处理被继承人的债权债务等，都属于严重侵害继承人、受遗赠人或者债权人合法权益的行为，利害关系人有权向法院申请撤销其遗产管理人资格并指定新的遗产管理人。

遗产管理人在履行遗产管理职责过程中，可以将全部或部分事务委托给相关专业人士或第三方机构处理，费用可从被继承人财产中拨付，同时给予第三人或机构必要并合理的报酬，受委托人在从事委托事项过程中侵害继承人、受遗赠人或者债权人合法权益的，其行为后果归属于作为委托人的遗产管理人，同样应适用本条规定。

民法典第一千一百四十八条规定了遗产管理人未尽职责的民事责任，该民事责任的性质为侵权责任。对于未尽职责的指定遗产管理人，利害关系人除了通过非讼程序申请法院撤销其遗产管理人资格外，还可以以原指定的遗产管理人为被告起诉，通过诉讼程序要求被撤销的遗产管理人承担民事责任。法院按照普通程序进行审理，案由为遗产管理纠纷。①

【关联规范】

《中华人民共和国民法典》第一千一百四十七条、第一千一百四十八条。

第二百七十六条 【特殊地域管辖】因涉外民事纠纷，对在中华人民共和国领域内没有住所的被告提起除身份关系以外的诉讼，如果合同签订地、合同履行地、诉讼标的物所在地、可供扣押财产所在地、侵权行为地、代表机构住所地位于中华人民共和国领域内的，可以由合同签订地、合同履行地、诉讼标的物所在地、可供扣押财产所在地、侵权行为地、代表机构住所地人民法院管辖。

除前款规定外，涉外民事纠纷与中华人民共和国存在其他适当联系的，可以由人民法院管辖。

---

① 遗产管理纠纷包含遗产管理人的选任纠纷、遗产管理人履行义务纠纷、遗产管理人损害赔偿纠纷等。

【条文主旨】

本条是关于涉外民事诉讼特殊地域管辖的规定。

【条文理解】

特殊地域管辖，是对普通地域管辖所作的补充性特别规定，也是对属地管辖权原则的具体化。

对于涉外民事诉讼中的普通管辖，我国民事诉讼法没有专门规定。根据民事诉讼法第二百七十条的规定，对于涉外民事诉讼特别程序的规定中没有规定的，适用民事诉讼法的其他有关规定，据此，涉外民事诉讼的普通管辖，应该遵循民事诉讼法的有关规定，即，以被告住所地国法院为管辖法院。也就是说，只要涉外民事诉讼中的被告人在我国境内有住所，不论其国籍如何，我国人民法院均有管辖权。如果被告的住所地与其经常居住地不一致，只要经常居住地在中国境内，中国法院也有管辖权。

而对于在我国领域内没有住所的被告，因涉外民事纠纷提起的诉讼，除当事人约定协议管辖以外，都适用特殊地域管辖即本条规定以确定案件的管辖法院。

根据本条规定，在一方当事人在我国领域内没有住所的情况下，对于以该当事人为被告提起的诉讼，以下列五种连接因素作为行使管辖的根据：

1. 以行为地作为连接因素行使管辖权，即合同在我国签订或履行、侵权行为发生或者其损害结果发生在我国领域内；

2. 以诉讼标的物所在地作为连接因素行使管辖权，即双方当事人争讼的财产在我国领域内；

3. 以被告可供扣押的财产所在地作为连接因素行使管辖权，即被告有财产在我国领域内可供扣押，以便于判决的执行；

4. 被告在我国领域内设有代表机构，以机构所在地作为连接因素行使管辖权；

5. 争议与中华人民共和国存在其他适当联系的，可以由中华人民共和国人民法院管辖。

需要注意的是，本条规定的修改，扩大了特殊地域管辖的适用范围。将适用特殊地域管辖的案件种类由原来的"合同纠纷或者其他财产权益纠纷"扩大到了"除身份关系以外的"涉外民事纠纷，即除了婚姻、收养、亲子关系诉讼以外的民事纠纷，包括了涉外人身权、人格权纠纷。同时，本次修改增设了"适当联系地"管辖法院的规定。所谓"适当联系"，系在具体案件中根据诉讼与我国法院所在地之间存在一定联系的连结点来判断，如当事人的原住所地、讼争财产所在地等。根据本条规定，争议与中国只要存在适当联系，即可由中国法院管辖，这为中国法院受理更多的与中国存在联系的涉外民事案件奠定了法律基础。

【适用指南】

侵权行为地作为确定涉外民事诉讼特殊地域管辖的根据之一，这里关于"侵权行为地"的解释应适用《民诉法解释》第二十四条的规定，即侵权行为地包括侵权行为实施地、侵权结果发生地。关于信息网络侵权，《民诉法解释》第二十五条规定，信息网络侵权行为实施地包括实施被诉侵权行为的计算机等信息设备所在地，侵权结果发生地包括被侵权人住所地。但在此需要注意的是，《民诉法解释》第二十五条规定中的"信息网络侵权行为"针对的是发生在信息网络环境下，通过信息网络实施的侵权行为，并未限于特定类型的民事权利或者权益。而自2013年1月1日施行的《最高人民法院关于审理侵害信息网络传播权民事纠纷案件适用法律若干问题的规定》①（以下简称《信网司法解释》），对侵害信息网络传播权民事纠纷案件的管辖及侵权行为地的理解等一些特殊问题作出了规定。《信网司法解释》第十五条规定：侵害信息网络传播权民事纠纷案件由侵权行为地或者被告住所地人民法院管辖。侵权行为地包括实施被诉侵权行为的网络服务器、计算机终端等设备所在地。侵权行为地和被告住所地均难以确定或者在境外的，原告发现侵权内容的计算机终端等设备所在地可以视为侵权行为地。2020年，该司法解释经过修正，但第十五条规定的内容并未修改，仍然继续施行。与《民诉法解释》第二十五条规定中的"信息网络侵权行为"不

---

① 该规定现已修改，下同。

同的是，"信息网络传播权"是《中华人民共和国著作权法》第十条第一款第十二项规定的著作权人享有的法定权利。因此，《信网司法解释》第十五条是针对侵害信息网络传播权这一特定类型侵权纠纷案件所作的专门规定，该规定对于侵害信息网络传播权纠纷的侵权行为地作了特别规定。

适当联系地管辖法院作为本次修改的新增规定，系因原民事诉讼法第二百七十二条规定的连结点覆盖面不能完全适应我国更高水平开放型经济新体制的需要而增设。应注意"适当联系"与"实际联系""最密切联系"之间的联系与区别。三者间的区别非常明显，首先，从范围上看，"适当联系"的范围最广，"最密切联系"的范围最为限缩。其次，从适用上看，适当联系是确定涉外民事诉讼特殊地域管辖的根据，实际联系适用于国内民事诉讼协议管辖制度，最密切联系原则则是国际私法的基本原则，是法官审理涉外民事争议中适用准据法的基本法律选择方法。如涉外民事关系法律适用法第四十一条规定，当事人可以协议选择合同适用的法律。当事人没有选择的，适用履行义务最能体现该合同特征的一方当事人经常居所地法律或者其他与该合同有最密切联系的法律。但三者在适用方法论上存在共通之处，都是法官结合具体案件情况，综合考虑当事人的情况及涉诉法律行为等诸多因素，基于案件具体情形具体分析确定，即"适当联系""实际联系"及"最密切联系"均属于弹性适用规范，并不存在具体明确的规则，而需要通过法官行使自由裁量权予以确定。

【关联规范】

《最高人民法院关于适用〈中华人民共和国民事诉讼法〉的解释》第五百三十一条；

《最高人民法院关于涉外民商事案件管辖若干问题的规定》；

《最高人民法院关于审理侵害信息网络传播权民事纠纷案件适用法律若干问题的规定》第十五条。

作为可供扣押财产所在地取得管辖权

——利比里亚某航运公司与巴拿马某公司 船舶碰撞损害赔偿纠纷案①

案情简介

本案原告是利比里亚某航运公司，被告为巴拿马某公司，1989年7月10日14时许，原告所属的轮船与被告所属的一艘轮船在34°22′N、123°02′E海面上发生碰撞，造成原告轮船的机舱和住舱进水沉没，该轮轮机长随船沉没，下落不明；被告轮船的首部和左舷船尾及右舷中部船体受损。在碰撞发生后，被告轮船首先到达日本，后抵达中国秦皇岛港。

1989年12月29日，原告向天津海事法院提出海事请求权保全申请，申请扣押被告所属的轮船，并要求被告提供3000000美元的银行担保。天津海事法院于1990年1月1日依法作出裁定：一、准予申请人对被申请人海事请求权保全的申请。二、自即日起扣押被申请人所属的轮船。三、责令被申请人提供通过某银行加保的3000000美元的担保。同日，天津海事法院发出扣押船舶命令，将被申请人所属的轮船在中国秦皇岛港予以扣押。

1990年1月11日，被申请人通过某保险公司天津分公司代日本住友海上火灾保险公司，向天津海事法院提供了3000000美元的担保函。次日，天津海事法院发布解除扣押船舶命令，解除了对被申请人所属轮船的扣押。

1990年2月2日，原告向天津海事法院提起诉讼称：本公司所属的轮船于1989年7月10日驶往香港途中，在海面遇被告所属轮船。当两船相距1.2海里时，被告轮船在无任何声号的情况下，突然向左转向，其船头碰撞原告轮船左舷尾部，致使原告轮船沉没和船员伤亡。被告轮船疏于了望，在临近原告轮船时，突然向左转向，违反了《1972年国际海上避碰规则》第五、七、八和十七条的规定。据此，要求被告赔

---

① 载《最高人民法院公报》1993年第3期。

偿经济损失 2917728 美元。

被告辩称：本公司所属的轮船在驶往日本黑崎港途中，在海面遇原告轮船，保向保速航行。当两船相距 0.5 海里时，发现原告轮船仍未让路，即改航向 95°行驶。此后，又见到原告轮船在未发出任何声号的情况下，突然向右大幅度转向，致使被告轮船船首碰撞原告的轮左舷，使被告轮首部严重受损。原告轮船严重疏于了望，造成两船碰撞的紧迫局面，采取避让措施过晚，违反了《1972 年国际海上避碰规则》第五、八、十六和三十四条的规定，原告应负碰撞的主要责任。并反诉要求原告赔偿 370000 美元。

案例评析

本案的原告、被告都是外国企业，发生碰撞的两艘船只都是在巴拿马共和国注册登记，其船旗国均为巴拿马共和国，碰撞发生在公海上，而当事人向中国法院起诉，基于什么根据确定天津海事法院对本案行使管辖权是一个非常重要的问题。

本案中，对于两个外国企业的轮船在公海上发生的碰撞，从属地原则和属人原则上看，都与中国法院无关。本案的碰撞发生地、碰撞船舶最先到达地以及原被告的住所地均不在我国领域。因此，看起来我国法院似乎无法对本案行使司法管辖权。

但是，本案的原告并没有向被告的碰撞船舶最先到达地——日本法院提起诉讼，也没有向被告住所地国法院提起诉讼，而是在被告所属的碰撞船舶驶抵我国的秦皇岛港后，向我国的海事法院申请诉前扣船。在天津海事法院接受申请、采取诉前扣船措施后，原告向天津海事法院提起了诉讼。据此，天津海事法院基于诉前扣船而取得本案的管辖权，即依据 1991 年民事诉讼法第二百四十三条（对应现行民事诉讼法第二百七十六条）规定的"可供扣押财产所在地"作为天津海事法院对该案行使管辖权的根据。

涉外民事诉讼的管辖一般包括普通管辖、特别管辖、专属管辖和协议管辖。从管辖根据上看，世界各国在涉外民事诉讼管辖的确定上，都要求具体案件同本国必须具有某种联系因素或连接因素。由于各国所强调的联系因素不同，因此就形成了不同的涉外民事诉讼管辖权的确定原则，归纳起来，包括属地管辖权原则、属人管辖权原则和实际控制管辖权原则三项。其中，属地管辖权原则是以当事人的住所地、居所地或事物的存在地等作为法院行使管辖权的联系因素而形成的原则；属人管辖权原则是以当事人的国籍作为连接因素而行使管辖权的原则；实际控制管辖权原则则是以法院对被告或其财产实行直接控制作为连接因素而形成的原则，如我国现行民事诉讼法第二百七十六条规定的"可供扣押财产"。在本案中，中国法院是基于实际控制管辖权原则而取得管辖权。

依据实际控制管辖权原则，可以把被告人的财产所在地或者扣押他的财产作为对被告人行使管辖权的依据，许多国家的法律都有类似的规定。德国民事诉讼法第二十三条规定，对于在德国国内无住所的人，因财产上的请求而提起的诉讼，该项财产或诉讼中请求标的位于某一法院管辖区内时，该法院有管辖权。如为债权时，以债务人的住所视为财产所在地。如该债权有担保物时，以担保所在地视为财产所在地。日本民事诉讼法也规定，对在日本没有住所或者住所不明的人，关于财产上的诉讼，可以向他有可供扣押的财产所在地的法院提起。国际公约对扣押管辖权也有规定。1952 年 5 月 10 日在布鲁塞尔签订的《关于船舶碰撞中民事管辖权若干规则的国际公约》第一条规定，关于海船与海船或者海船与内河船舶发生碰撞的案件，可向扣留过失船舶或得依法扣留的属于被告的任何其他船舶所在地的法院，或本可进行扣留，而已提供保释金或其他担保物的地点的法院提起诉讼。该条规定实际上是对通过扣船取得管辖权原则的承认，它也是当今世界各国普遍采用的习惯做法。天津海事法院通过诉前扣船，并在原告向之起诉的情况下，对本案予以管辖，是有充分依据的。

第二百七十七条　【涉外民事纠纷的协议管辖】涉外民事纠纷的当事人书面协议选择人民法院管辖的，可以由人民法院管辖。

【条文主旨】

本条是关于涉外民事诉讼协议管辖的规定。

【条文理解】

协议管辖，作为当事人在纠纷发生之前或纠纷发生之后，以书面形式协议选择管辖法院的一种制度，是当事人"意思自治"原则在涉外民事诉讼领域的体现，对于消除涉外民事诉讼管辖权冲突、增强诉讼的可预见性等具有重要意义。

在 2012 年民事诉讼法修订以前，关于涉外协议管辖的内容规定在第四编涉外民事诉讼程序的特别规定中，2012 年民事诉讼法修改，在第四编中删除了涉外协议管辖的规定，将相关内容前移至 2012 年民事诉讼法第三十四条（对应现行民事诉讼法第三十五条），对国内民事诉讼与涉外民事诉讼协议管辖制度统一规定为，合同或者其他财产权益纠纷的当事人可以书面协议选择被告住所地、合同履行地、合同签订地、原告住所地、标的物所在地等与争议有实际联系的地点的法院管辖，但不得违反本法对级别管辖和专属管辖的规定。此后，2015 年《民诉法解释》第三十条、第五百三十一条（对应 2022 年《民诉法解释》第五百二十九条）等对涉外协议管辖又作了进一步明确，改变了之前司法解释关于协议管辖不能选择两个以上法院的规定，并对有实际联系的地点略作扩展，2022 年《民诉法解释》规定："涉外合同或者其他财产权益纠纷的当事人，可以书面协议选择被告住所地、合同履行地、合同签订地、原告住所地、标的物所在地、侵权行为地等与争议有实际联系地点的外国法院管辖。根据民事诉讼法第三十四条和第二百七十三条规定，属于中华人民共和国法院专属管辖的案件，当事人不得协议选择外国法院管辖，但协议选择仲裁的除外。"本次修改在涉外民事诉讼程序的特别规定中重新规定了协议管辖制度，不仅取消了对于协议管辖在适用范围上限于"合同或者其他财产权益纠纷"的案件类型要求，而且取消了"有实际联系的地点"的要求，即不管中国与该涉外民事纠纷是否存在实际联系，我国法院都可以基于双方当事人的协议选择行使管辖权。

根据本条规定，对于所有的涉外民事纠纷，无论案件类型、无论与争议是否存在实际联系，当事人都可以协议选择中国法院管辖。本次修改不仅充分体现了对当事人意思自治原则的尊重，而且由于此前立法上关于涉外协议管辖制度的规定过于保守，不利于我国法院在国际司法竞争中的发展，本次修改顺应了建设现代化的中国涉外民事诉讼制度的内在需求。从实践基础来看，2019 年 12 月，最高人民法院发布的《最高人民法院关于人民法院为中国（上海）自由贸易试验区临港新片区建设提供司法服务和保障的意见》第四条指出，要加强新片区国际商事纠纷审判组织建设，依法对与新片区相关的跨境交易、离岸交易等国际商事交易行使司法管辖权，鼓励当事人协议选择新片区国际商事审判组织管辖。2019 年 12 月，上海市高级人民法院发布《上海法院服务保障中国（上海）自由贸易试验区临港新片区建设的实施意见》，探索受理没有连接点的国际商事案件，标志着涉外管辖协议实际联系要求的宽松化。2020 年 8 月，《深圳经济特区前海蛇口自由贸易试验片区条例》①第五十六条规定："……依法对与自贸片区相关的跨境交易、离岸交易等国际商事交易行使司法管辖权，探索受理没有连接点但是当事人约定管辖的国际商事案件。"近年间在自由贸易试验区所积累的这些实践经验，都为本次修改奠定了基础。同时，我国已于 2017 年 9 月 12 日签署了海牙《选择法院协议公约》②，签署公约后，中国目前正在积极研究加入该公约的相关问题。本次修法将协议管辖扩大适用于全部涉外民事纠纷并取消了"实际联系"要求，与《选择法院协议公约》《联合国全程或部分海上国际货物运输合同公约》等国际公约的主旨一致，充分体现了我国立法和国际通行规则的对接。

协议管辖是当事人意思自治原则的最好体现，也是解决涉外民事诉讼管辖权积极冲突最有效的方式，尤为重要的是，协议管辖有利于判决的最终执行。本次修改减少了对协议管辖的限制，扩大了协议管辖案件的适用范围，将协议管辖扩展到除专属管辖以外的全部涉外民事诉讼领域，高度尊重当事人的意思自治，充分保护当事人对于管辖法院的正当预期。

---

① 该条例现已修改。

② 《选择法院协议公约》是一项全球性的涉及民商事管辖权和判决承认与执行的国际公约，由海牙国际私法会议起草，于 2005 年 6 月通过，并于 2015 年 10 月 1 日生效。我国作为海牙会议成员国，全程参与了公约谈判并发挥积极影响。参见外交部网站，http：//www1. fmprc. gov. cn/wjb_ 673085/zzjg_ 673183/tyfls_ 674667/xwlb_ 674669/201709/t20170912_7670813. shtml，最后访问时间：2023 年 9 月 15 日。

【适用指南】

本条放宽了涉外协议管辖的限制，有助于充分发挥协议管辖制度的功能和优势。在适用中需要注意以下几方面问题。

1. 准确把握排他性协议管辖与非排他性协议管辖的适用。协议管辖在类型上可以分为排他性管辖与非排他性管辖两类。排他性协议管辖，是指当事人通过合意明确赋予被选择法院或被选择地法院专有、排他的管辖权，进而排除了其他法院的管辖权。非排他性协议管辖，是指当事人在协议中不排除其他法院管辖权的一种约定。作为与排他性协议管辖条款相对的约定，依据非排他性协议管辖，当事人可以选择将争议提交到合同所在国家以外的其他国家的法院进行解决，而非仅限于由合同所在国家的法院管辖。排他性协议管辖将争议限定在一个特定的法院或仲裁机构，非排他性协议管辖则是在充分尊重当事人意思自治基础上授予不同区域多个法院司法管辖权，该管辖权条款具有授权功能，但这种授权并不具有唯一性。非排他性协议管辖原则上将争议限制在特定的法院或仲裁机构审理，但不影响一方酌情向其他法院或仲裁机构提出请求的权利。

目前非排他性协议管辖条款已成为国际金融合同的一般条款，且多以格式条款形式出现，尤以银行、证券、信托、金融衍生品等行业金融合同文件中的格式条款居多。我国对非排他性协议管辖的法律规制，2005 年最高人民法院《第二次全国涉外商事海事审判工作会议纪要》（法发〔2005〕26 号）（以下简称《第二次涉外会议纪要》）第十二条规定："涉外商事纠纷案件的当事人协议约定外国法院对其争议享有非排他性管辖权时，可以认定该协议并没有排除其他国家有管辖权法院的管辖权。如果一方当事人向我国法院提起诉讼，我国法院依照《中华人民共和国民事诉讼法》的有关规定对案件享有管辖权的，可以受理。"该规定明确了当事人订立非排他性管辖协议选择外国法院管辖的，不影响我国法院依一方当事人的起诉受理案件并依法行使管辖权。但是，如何区分排他性协议管辖与非排他性协议管辖，并无具体规定。审判实践中，涉外管辖协议的约定多种多样，有的措辞明确，如直接使用"排他（exclusive）"或"非排他（non-exclusive）"，这类协议的性质一般无争议。但较多情况下，当事人之间的约定还有待作进一步解释，如管辖协议仅约定"由某法院管辖"或"提交某法院管辖"等，未载明管辖协议的性质，需要法官认定该条款是否属于排他性管辖约定。[①]

2. 实行排他性管辖协议的推定。2021 年 12 月 31 日，最高人民法院发布《全国法院涉外商事海事审判工作座谈会会议纪要》（以下简称《涉外审判纪要》），作为涉外审判工作的司法解释性质的文件，《涉外审判纪要》就涉外审判领域的 111 个疑难复杂问题作出了明确规定。《涉外审判纪要》第一条【排他性管辖协议的推定】规定，涉外合同或者其他财产权益纠纷的当事人签订的管辖协议明确约定由一国法院管辖，但未约定该管辖协议为非排他性管辖协议的，应推定该管辖协议为排他性管辖协议。依据该规定，只要涉外管辖协议明确约定由一国法院管辖，没有同时表明是非排他性管辖协议性质的，应推定为排他性管辖协议。

实行排他性管辖协议的推定，与相关国际公约的规定一致。海牙《选择法院协议公约》第三条第二款规定，除非当事人另有明示约定，指定某个缔约国的法院或者某个缔约国的一个或者多个特定法院选择协议应被视为排他性的。此外，欧盟《布鲁塞尔条例 I（修订版）》第二十五条亦规定了以推定方式认定管辖协议的排他性。在当事人约定不明时，国际社会普遍倾向于采取推定的方式将当事人的协议管辖推定为排他性的协议管辖。[②]

从我国司法实践看，尽管 2005 年《第二次涉外会议纪要》第十二条明确规定，管辖协议约定外国法院对争议有非排他性管辖权时，可以认定没有排除其他国家有管辖权的法院享有管辖权。但对于未明确为排他性管辖协议的，无法根据第十二条的规定确定其他法院是否有管辖权，因此在审判实践中引发较大争议。《涉外审判纪要》的出台，明确了排他性管辖协议的推定，有利于减少平行诉讼的发生。

3. 非对称管辖协议的效力认定。协议管辖除了排他性和非排他性之分以外，还存在一种特殊的混合性协议管辖，即将排他性和非排他性

---

① 最高人民法院民事审判第四庭编著：《〈全国法院涉外商事海事审判工作座谈会会议纪要〉理解与适用》，人民法院出版社 2023 年版，第 32 页。

② 最高人民法院民事审判第四庭编著：《〈全国法院涉外商事海事审判工作座谈会会议纪要〉理解与适用》，人民法院出版社 2023 年版，第 33 页。

同时纳入一个管辖约定。在该协议中，一方当事人只能向约定的法院提起诉讼，另一方当事人享有单边的选择诉讼法院的权利，既可以向协议约定的法院起诉，也可以向协议约定以外的其他法院起诉。这种特殊的混合协议被称为非对称管辖协议，又称为单边管辖协议、选择性管辖协议。这种管辖约定让一方拥有对法院的选择权，却限制另一方的起诉权，置双方当事人于明显不对等的地位，由此引发关于管辖约定合法性的司法分歧。①

非对称管辖协议作为现代商事交易发展的产物，其存在具有一定的合理性。非对称管辖协议通常出现在国际金融借贷合同中，该领域借贷双方承担的商业风险极为悬殊。资金雄厚、出借大额资金的金融机构相对信誉资信有限的借款人而言，承担了较大的违约风险。如果双方订立单纯在形式上公平的对称管辖协议，当贷款人无法履行合同时，若其在约定的法院地没有足够的资产，导致金融机构即便胜诉也无法顺利地收回贷款，判决的跨境认可和执行也面临着诸多困难。因此，非对称管辖协议有其公平的一面，它能够为面临较高风险的金融机构提供一种降低风险的机制。非对称管辖协议有利于降低交易成本，促进金融和贸易的发展。同时，非对称管辖协议本身只是保留了向原本就拥有管辖权的法院起诉的权利，并不属于缔约权的滥用。②因此，《涉外审判纪要》第二条【非对称管辖协议的效力认定】规定，涉外合同或者其他财产权益纠纷的当事人签订的管辖协议明确约定一方当事人可以从一个以上国家的法院中选择某国法院提起诉讼，而另一方当事人仅能向一个特定国家的法院提起诉讼，当事人以显失公平为由主张该管辖协议无效的，人民法院不予支持；但管辖协议涉及消费者、劳动者权益或者违反民事诉讼法专属管辖规定的除外。据此，除了特定除外情形，《涉外审判纪要》已明确认可在涉外民事领域中非对称管辖协议的效力。

4. 跨境消费者网购合同管辖协议的效力。根据《涉外审判纪要》第三条【跨境消费者网购合同管辖协议的效力】的规定，网络电商平台使用格式条款与消费者订立跨境网购合同，未采取合理方式提示消

---

① 张利民：《不对称管辖协议的合法性辨析》，载《法学》2016 年第 1 期。
② 最高人民法院民事审判第四庭编著：《〈全国法院涉外商事海事审判工作座谈会会议纪要〉理解与适用》，人民法院出版社 2023 年版，第 42～43 页。

费者注意合同中包含的管辖条款，消费者根据民法典第四百九十六条的规定主张该管辖条款不成为合同内容的，人民法院应予支持。网络电商平台虽已尽到合理提示消费者注意的义务，但该管辖条款约定在消费者住所地国以外的国家法院诉讼，不合理加重消费者寻求救济的成本，消费者根据民法典第四百九十七条的规定主张该管辖条款无效的，人民法院应予支持。此外，《最高人民法院关于审理网络消费纠纷案件适用法律若干问题的规定（一）》第一条第四项规定，电子商务经营者提供的格式条款有"排除或者限制消费者依法投诉、举报、请求调解、申请仲裁、提起诉讼的权利"内容的，人民法院应当依法认定无效。

关于"合理提示说明义务"的理解与适用，目前司法实践中存在认定标准不一的问题，对于经营者在其网站条款中通过大号、加黑、加粗字体的方式提示消费者注意，有些法院认为可以理解为已尽到合理提示说明义务，但有些法院则认为"加粗字体并不足以提请消费者合理注意"，需要通过弹窗、下单前再次确认等方式才能达到合理提示的标准。在处理跨境消费者网购合同中因格式管辖条款引发的管辖权争议时，人民法院应根据网购合同的特点和管辖协议的签订方式，针对具体案件情况进行审查。

5. 关于以书面形式订立管辖协议的要求。根据民法典第四百六十九条第二款、第三款的规定，书面形式是合同书、信件、电报、电传、传真等可以有形地表现所载内容的形式。以电子数据交换、电子邮件等方式能够有形地表现所载内容，并可以随时调取查用的数据电文，视为书面形式。近年受《选择法院协议公约》《布鲁塞尔公约》等影响，司法实践中对协议管辖的书面形式多采广义理解，当事人的诉讼管辖协议书、合同中的协议管辖条款、信件、电传、电子数据交换和电子邮件等数据电文以及视听资料等能够证明管辖协议存在的均可。

【关联规范】

《最高人民法院关于适用〈中华人民共和国民事诉讼法〉的解释》第三十条、第三十一条、第五百二十九条；

《中华人民共和国涉外民事关系法律适用法》第四十二条、第四十三条；

《中华人民共和国民法典》第四百六十九条、第四百九十六条、第四百九十七条；

《最高人民法院关于审理网络消费纠纷案件适用法律若干问题的规定（一）》第一条第四项；

《全国法院涉外商事海事审判工作座谈会会议纪要》。

> **第二百七十八条　【涉外民事纠纷的应诉管辖】**当事人未提出管辖异议，并应诉答辩或者提出反诉的，视为人民法院有管辖权。

【条文主旨】

本条是关于涉外民事诉讼应诉管辖的规定。

【条文理解】

本条是本次修法新增的条文。本条立法的目的在于确定涉外民事诉讼中应诉管辖的条件和程序后果。应诉管辖，也称默示的协议管辖或者默认管辖，是指原告起诉并被法院受理后，被告不对管辖权提出异议并应诉答辩或提出反诉，视为受诉法院对案件享有管辖权的一项管辖制度。

在2012年民事诉讼法修订以前，关于应诉管辖的内容仅规定在第四编涉外民事诉讼程序的特别规定中，2012年民事诉讼法修改，在涉外编中删除了应诉管辖的规定，在一审程序中的第一百二十七条第二款（对应现行民事诉讼法第一百三十条第二款）对应诉管辖作出规定。自此，不仅是涉外民事诉讼，而且国内民事诉讼管辖也适用应诉管辖。应诉管辖制度统一规定为，当事人未提出管辖异议，并应诉答辩的，视为受诉人民法院有管辖权，但违反级别管辖和专属管辖规定的除外。此后，《民诉法解释》第三十五条、第二百二十三条等对应诉管辖又作了进一步明确。本次修改不仅在涉外民事诉讼程序的特别规定中明确对应诉管辖作出单独规定，而且对原规定作出修改，在"应诉答辩"之外增加了"或者提出反诉"的行为，对扩大我国法院涉外案件的管辖权具有进步意义。

在性质上，应诉管辖属于推定的管辖，即根据当事人的诉讼行为进行推定，对于原告所确定的管辖法院，如果被告不向该法院提出管辖异议，并在法定期限内就原告的起诉提出了答辩或提出了反诉，就可以认为被告承认该法院是具有管辖权的法院。当事人应诉答辩，是指当事人参加诉讼后，就案件的实体问题进行答辩、陈述或者反诉。应诉管辖往往与管辖权异议制度相关联，通常情况下，被告会对其认为没有管辖权的法院提出管辖权异议。如果异议得到法院支持，则法院会拒绝行使管辖权，如果异议不成立，法院会依据有关管辖规则继续审理案件。如果不提异议，对案件的实体问题进行答辩或提出反诉，则被视为应诉管辖，法院据此享有管辖权。

【适用指南】

本条在适用中应注意以下几方面的问题：

1. 关于管辖权异议申请的适用程序要求。民事诉讼法第一百三十条第一款规定："人民法院受理案件后，当事人对管辖权有异议的，应当在提交答辩状期间提出。人民法院对当事人提出的异议，应当审查。异议成立的，裁定将案件移送有管辖权的人民法院；异议不成立的，裁定驳回。"民事诉讼法第二百七十条规定："在中华人民共和国领域内进行涉外民事诉讼，适用本编规定。本编没有规定的，适用本法其他有关规定。"因此，涉外民事诉讼中的管辖权异议程序应适用民事诉讼法的相关规定，即当事人应在提交答辩状期间从境外邮寄或提交管辖权异议申请。

根据民事诉讼法的规定，被告提交答辩状的期间是自收到原告起诉状副本之日起十五天内。被告在我国领域内没有住所的，提交答辩状的期间为三十天。如果在此期限内被告没有提出异议，并应诉答辩的应视为接受管辖，法院享有管辖权。对于被告未在提交答辩状期间提出异议，但是出庭主张异议的，应认定成立应诉管辖。① 对于当事人从境外

---

① 许尚豪：《无异议管辖制度研究》，载《法学论坛》2015 年第 1 期。

提交的管辖权异议申请，《涉外审判纪要》第九条【境外寄交管辖权异议申请的审查】明确规定，当事人从中华人民共和国领域外寄交或者托交管辖权异议申请的，应当提交其主体资格证明以及有效联系方式；未提交的，人民法院对其提出的管辖权异议不予审查。

根据《涉外审判纪要》的规定，在当事人提交管辖权异议申请时提交的相关材料不完善的情况下，人民法院对其提出的管辖权异议不予审查。之所以作此规定，主要是因实践中出现过境外管辖权异议申请人未提交其主体资格证明和联系方式，管辖权异议裁定作出后，无法联系管辖权异议申请人，导致后续文书材料送达困难，管辖权异议程序陷入送达窘境，后续普通审理程序亦无法有效进行。最高人民法院考虑到不强制要求申请人提交主体资格材料和联系方式，可能会助长当事人利用管辖权异议程序达到拖延诉讼的目的，因而要求申请人从境外提交管辖权异议申请时应一并提交主体资格证明和联系方式。[①]

2. 关于应诉答辩的内容与形式。目前在司法解释中，关于应诉答辩的内容与形式并没有明确规定。司法实践中，如只存在当事人提出管辖权异议的行为，当然不构成应诉管辖，但实践中，往往被告在提出管辖异议的同时或之后又为其他行为，如提出不方便法院抗辩、申请中止诉讼、申请延长答辩期限、申请专家证人等，关于这些行为是否构成应诉管辖，仍有待作进一步的分析认定。

对此，有学者认为，不方便法院原则存在的前提就是法院有管辖权，而以不方便法院原则为由申请中止诉讼其实就是变相地承认法院有管辖权。至于被告申请延长答辩期限的行为，也属于实质上接受了法院管辖，法院因此具有管辖权。在这方面，我国香港特别行政区的做法如下：一是构成应诉管辖的行为范围包括发出答辩状、采取步骤答辩案情实体部分或者申请任何其他主要救济，特别是申请其他救济，也可能被解释成对之前管辖权异议的放弃，构成接受法院管辖；二是保留权利必须符合形式要件的要求。[②]

3. 在涉外民事诉讼应诉管辖程序中，《民诉法解释》第二百二十三

---

① 最高人民法院民事审判第四庭编著：《〈全国法院涉外商事海事审判工作座谈会会议纪要〉理解与适用》，人民法院出版社 2023 年版，第 89~90 页。
② 郭玉军、司文：《国际民事诉讼中应诉管辖标准研究》，载《苏州大学学报（法学版）》2016 年第 3 期。

条是否适用的问题。《民诉法解释》第二百二十三条第一款规定，当事人在提交答辩状期间提出管辖异议，又针对起诉状的内容进行答辩的，人民法院应当依照民事诉讼法第一百三十条第一款的规定，对管辖异议进行审查。根据该条规定，对于当事人既提出管辖异议又进行实体答辩的，视为提出管辖异议，不因其针对起诉状进行答辩而构成应诉管辖。

就国内民事诉讼而言，司法解释作此规定旨在保护被告方当事人的权利，同时要求法院应对其是否有管辖权进行审查，以确保法院审慎行使管辖权。但在涉外民事诉讼中，当事人普遍通过提出管辖权异议以拖延诉讼程序的进行，如仍适用该规定，实际会更加助长当事人滥用管辖权异议程序的现象。从促进当事人诚信诉讼、及时推进诉讼、保障程序安定性的目的出发，不应将《民诉法解释》第二百二十三条适用于涉外民事诉讼程序中。

【关联规范】

《中华人民共和国民事诉讼法》第一百三十条、第二百八十五条；

《最高人民法院关于适用〈中华人民共和国民事诉讼法〉的解释》第二百二十三条；

《全国法院涉外商事海事审判工作座谈会会议纪要》第九条。

> **第二百七十九条　【专属管辖】** 下列民事案件，由人民法院专属管辖：
>
> （一）因在中华人民共和国领域内设立的法人或者其他组织的设立、解散、清算，以及该法人或者其他组织作出的决议的效力等纠纷提起的诉讼；
>
> （二）因与在中华人民共和国领域内审查授予的知识产权的有效性有关的纠纷提起的诉讼；
>
> （三）因在中华人民共和国领域内履行中外合资经营企业合同、中外合作经营企业合同、中外合作勘探开发自然资源合同发生纠纷提起的诉讼。

【条文主旨】

本条是关于涉外民事诉讼中国法院专属管辖的规定。

【条文理解】

涉外民事诉讼中的专属管辖，指的是特定的涉外民事案件的管辖权专属于中华人民共和国特定的法院。司法主权是主权原则的应有之义。各国基于国家利益、经济产业等政策考虑，在管辖制度设计中往往纳入对司法主权原则的价值考量，专属管辖即是如此，涉及国家重大公共利益、政治经济利益的案件通常均属于专属管辖范畴。

本条对原民事诉讼法第二百七十三条作出修改。修改前的涉外民事诉讼专属管辖制度，仅规定在中国境内履行的"三资合同"，即中外合资经营企业合同、中外合作经营企业合同和中外合作勘探开发自然资源合同属于中国法院专属管辖，其余均适用国内诉讼专属管辖制度，没有充分考虑涉外关系与内国政治、法律以及公共秩序有紧密联系的特定案件类型。在这方面，大陆法系国家通常将因国家租赁、法人破产、涉内国登记而发生的诉讼、内国国民身份关系诉讼，纳入专属管辖范围。从国际社会看，内国法院在不动产物权、知识产权、法人的成立和解散以及公共登记事项等领域行使专属管辖权已成为国际共识。

本次修改，在中国法院行使专属管辖权方面，增设了两项规定，扩大了专属管辖的范围，明确规定我国法院对因在我国领域内设立的法人或者其他组织的设立、解散、清算，以及该法人或者其他组织作出的决议的效力等纠纷提起的诉讼，和因与在我国领域内审查授予的知识产权有效性相关的纠纷提起的诉讼行使专属管辖权。其理据在于：法人或其他组织的设立、解散、清算，或其机构决定的有效、无效，是由支配该法人或其他组织的法律所决定，涉及此类纠纷的诉讼当然应由该法人或其他组织所属的国家法院专属管辖；而知识产权具有严格的地域性，知识产权依一国的法律产生，知识产权的标的（如发明、商标和商业秘密等）作为无形财产受国内法保护，其上存在特定的权利。由于知识产权的地域性，相同的标的可能被不同国家赋予相似的权利，但一个法域所赋予的权利不得影响另一个法域所授予的权利，知识产权的效力当然应由依据其法律产生的国家决定，海牙《选择法院协议公约》明确规定，将知识产权的效力交由知识产权依据其法律产生的国家有权机关。

【适用指南】

本条扩大了涉外民事诉讼中我国法院行使专属管辖权的范围。在适用中应注意，《中华人民共和国外商投资法》第三十一条规定，外商投资企业的组织形式、组织机构及其活动准则，适用《中华人民共和国公司法》《中华人民共和国合伙企业法》等法律的规定。据此，自2020年1月1日起外商投资法施行后已无新设的"三资企业"，新设外商投资企业只能以"有限责任公司""股份有限公司""合伙企业"等组织形式设立，因此本条第三项关于专属管辖的规定，所针对的只是数量有限的作为历史遗留产物的"三资企业"。

实际上，"三资企业"所涉及的主要是投资合同，从保证投资东道国对投资合同争议行使专属管辖权的角度而言，由于"三资企业"等投资合同通常都涉及土地、厂房或经营场所等不动产，并且在中国境内的"三资企业"都是中国法人，依据不动产由不动产所在地法院专属管辖及本条第一项规定，因在中华人民共和国领域内设立的法人或者非法人组织的设立、解散、清算，以及该机关作出的决议的效力等提起的诉讼由中国法院专属管辖的规定，修改后的民事诉讼法已能够充分保证中国法院对投资合同争议行使专属管辖权。

【关联规范】

《中华人民共和国民事诉讼法》第三十四条。

> **第二百八十条　【平行管辖】**当事人之间的同一纠纷，一方当事人向外国法院起诉，另一方当事人向人民法院起诉，或者一方当事人既向外国法院起诉，又向人民法院起诉，人民法院依照本法有管辖权的，可以受理。当事人订立

排他性管辖协议选择外国法院管辖且不违反本法对专属管辖的规定，不涉及中华人民共和国主权、安全或者社会公共利益的，人民法院可以裁定不予受理；已经受理的，裁定驳回起诉。

【条文主旨】

本条是关于平行管辖的规定。

【条文理解】

本条是本次民事诉讼法修改的新增条文。条文对平行管辖及其适用规则作了规定，主要明确了以下内容：

1. 平行管辖，是指对当事人之间的同一纠纷，一国法院在主张其具有管辖权的同时，并不否认外国法院对该案件的管辖权。[①] 即针对同一纠纷，我国法院和外国法院均享有管辖权的情形。平行管辖是涉外民事诉讼管辖权积极冲突的体现，在涉外民事诉讼中，普遍存在平行管辖权。理论上说，每一个不属于专属管辖权范围但又没有被排除出内国法院的管辖范围的案件，都处于平行管辖权之下。这样一来，在存在平行管辖的案件中，既有内国管辖权的存在，又未排除对外国管辖权的承认，内国法院在主张本国法院具有管辖权的同时，并不否认外国法院亦对之享有管辖权。根据司法主权原则，我国法院依据我国民事诉讼法的规定行使管辖权，不受外国法院是否已经行使管辖权的影响。

2. 平行管辖作为我国法院与外国法院间的管辖权积极冲突，是因当事人就同一纠纷在内外国法院同时或者分别提起对抗诉讼或重复诉讼这两种诉讼形态而产生的。

3. 对于当事人订立排他性管辖协议选择外国法院管辖的，本着私法领域高度尊重当事人意思自治的原则，只要不违反民事诉讼法对于专属管辖的规定，且不涉及中华人民共和国主权、安全或者社会公共利益

---

① 徐卉：《涉外民事商事诉讼管辖权冲突研究》，中国政法大学出版社 2002 年版，第 39 页。

的，我国法院可以裁定不予受理；已经受理的，裁定驳回起诉。

【适用指南】

平行管辖是涉外民事诉讼管辖权积极冲突的体现。涉外民事管辖权作为国家司法审判权的一种，无疑是国家主权的有机组成部分。根据国家主权的原则，每个主权国家都有属地管辖权和属人管辖权。依据属地管辖权，主权国家有权对在其领域内的一切人和物（包括外国人和外国人所有的物）以及在该国境内发生的一切行为行使管辖权；属人管辖权则是指国家有权管辖在国外的本国公民。国家对涉外民事案件行使管辖权是国家主权在司法领域的必然延伸和表现，因此，涉外民事案件管辖权的确定在一定程度上关系到国家主权的维护。当今世界各国在确定本国的涉外民事管辖权时，一般都趋向于扩大管辖权的范围，以便更加有效地行使管辖权。由此导致针对同一纠纷，不同国家的法院都具有管辖权，涉外民事诉讼管辖权积极冲突的情形广泛存在。

本次修改，对平行管辖作肯定性规范，既体现了我国推进涉外法治建设，全力打造国际民商事纠纷解决中心的积极举措，又体现了对涉外民事诉讼当事人程序利益的保障。涉外民事诉讼由于含有涉外的因素，对纠纷的解决关系到本法域和本法域以外的民事法律关系，所要维护的是整个国际社会的法律秩序和各国人民之间的正常交往。因此，在程序方面应当更加注重保障人们能够便利地进入法院开展诉讼。管辖权作为涉外民事诉讼程序进行的前提，在规范确立上，最重要的就是使纠纷当事人能够有充分的机会运用程序，从而有效地使诉讼和审判制度正常运行。

从外部结构上看，管辖权积极冲突体现为不同国家的法院对同一纠纷竞相主张管辖权的现象，冲突的主体是各国的有关法院。但实际上，管辖权冲突是由当事人"挑选法院"的行为而引发的。当事人之所以从事这种"挑选法院"的行为，是由于在涉外民事纠纷的解决过程中，双方当事人都有均等地选择受诉法院的机会，而对利益的追求促使当事人在行为的选择上，总是力图以最小的支出得到尽可能大的收益。鉴于各国所实行的实体法、程序法和公共政策的不同，因此，涉外民事争议的当事人在选择法院时势必会权衡在某一国家法院进行诉讼的利弊，不同的当事人往往就会选择在对自己最有利的法院进行诉讼，即使同一当事人也可能选择在多个国家的法院起诉，从而实现自身利益的最大化。

从表现形式上看，平行诉讼是平行管辖的外在表现形式，其具体体现为重复诉讼和对抗诉讼两种形式。

1. 重复诉讼。重复诉讼是指原告在一国法院起诉后，又针对同一被告就同一纠纷向系属另一法域有管辖权的法院再次起诉。

在重复诉讼中，在不同法院提起的两诉的诉讼当事人相同，而且，通常情况下，两诉的诉讼请求也相同。不过在某些场合，特别是在给付之诉中，原告也会根据同一事件提出不同的诉讼请求，比如，针对同一国际货物买卖合同纠纷，原告可能会基于合同不成立，在一诉中请求返还标的物，而在另一诉中基于合同成立，请求支付货款。此外，原告可能在一国法院依据合同关系提出诉讼请求，而在另一国法院依据侵权行为提出诉讼请求，但是，无论两诉的诉讼请求是否完全相同，二者均是同一原告依据同一纠纷事实针对同一被告提出的，这就是重复诉讼的特点。

2. 对抗诉讼。对抗诉讼是指前一个诉讼的被告依据同一纠纷事实以前一个诉讼的原告为被告向系属其他法域有管辖权的法院提起的诉讼。

与重复诉讼不同的是，对抗诉讼中的两诉双方当事人虽然相同，但是原、被告的地位发生逆转。在内国民事诉讼中，被告针对原告所提出的对抗性请求，由于存在事实上或法律上的牵连关系，因此，法院在给予救济时总是尽可能地将诉讼当事人之间的争点全面地、终局地予以解决，避免就这些争点中的任何一点进行多重诉讼。但是，在涉外民事诉讼中，由于涉外民事诉讼管辖权是由每个国家所自行决定的，国与国之间不存在相互指引、相互制约，因此前一个诉讼的被告可以通过直接向其他法院起诉的方式达到对抗原告的目的。对抗诉讼在涉外民事纠纷中屡见不鲜。譬如，在国际货物买卖合同争议中，经常可见一方当事人在一国法院提起给付之诉，而对方当事人则在另一国法院起诉，请求法院作出合同无效的宣告式判决。[①]

---

① 徐卉：《涉外民事商事诉讼管辖权冲突研究》，中国政法大学出版社 2002 年版，第 51~52 页。

重复诉讼和对抗诉讼都是针对当事人之间的同一纠纷。如果内外国法院所管辖的涉外民事案件并不相同，自然谈不上会有管辖权冲突的存在。但对于何谓当事人之间的同一纠纷，从比较法的角度看，不同国家和地区在表述及判断标准上颇有出入，在程度上亦有严格与宽泛之区分。如大陆法国家多以相同诉讼标的、相同当事人作为判断标准，英美法国家中则普遍使用相同诉因（cause of action）、相同当事人的表述，但对于诉讼标的和诉因这些概念都缺乏统一的定义和识别标准。总体来看，对于争议纠纷的同一性，目前世界各国都倾向于采用较为宽泛、弹性的判断标准，只要两诉的主要当事人相同（不要求当事人地位相同），两诉是基于相同事实而提出、目的在于解决相同争议的，都可视为同一纠纷，作为同一涉外民事案件处理。[①]

从解决涉外民事诉讼管辖权冲突的途径而言，协议管辖是一个有效的机制。在涉外民事诉讼管辖权的确定方面，考虑当事人的意思自治，兼顾当事人的自主意愿，承认协议管辖也是保护当事人利益原则的体现。因为涉外民事诉讼在本质上一般只涉及私人的或民间的交往，所以其更多地体现的是当事人私人的利益，因而几乎世界各国立法原则上都对涉外民事诉讼中当事人的协议管辖予以承认。在法院管辖权的确定上，是否充分承认协议管辖，常是衡量一个国家是否便利涉外民事诉讼的标准之一。因此，对于当事人订立排他性管辖协议选择外国法院管辖的，只要不违反我国法院的专属管辖，不涉及我国的主权、安全或者社会公共利益的，人民法院可以裁定不予受理；已经受理的，裁定驳回起诉。

【关联规范】

《中华人民共和国民事诉讼法》第三十五条、第二百七十九条；

《最高人民法院关于适用〈中华人民共和国民事诉讼法〉的解释》第五百三十一条。

[①] 徐卉：《涉外民事商事诉讼管辖权冲突研究》，中国政法大学出版社 2002 年版，第 21 页。

第二百八十一条 **【平行诉讼的处理】**人民法院依据前条规定受理案件后，当事人以外国法院已经先于人民法院受理为由，书面申请人民法院中止诉讼的，人民法院可以裁定中止诉讼，但是存在下列情形之一的除外：

（一）当事人协议选择人民法院管辖，或者纠纷属于人民法院专属管辖；

（二）由人民法院审理明显更为方便。

外国法院未采取必要措施审理案件，或者未在合理期限内审结的，依当事人的书面申请，人民法院应当恢复诉讼。

外国法院作出的发生法律效力的判决、裁定，已经被人民法院全部或者部分承认，当事人对已经获得承认的部分又向人民法院起诉的，裁定不予受理；已经受理的，裁定驳回起诉。

【条文主旨】

本条是关于平行诉讼的处理规定。

【条文理解】

本条是新增规定，本条立法的目的在于明确处理平行诉讼的程序规范。根据本条规定，当因平行管辖而在中国法院和外国法院间形成平行诉讼的，当事人可以以在外国法院的诉讼受理在先为由提出中止在中国法院诉讼的申请，人民法院经审查，理由成立的，可以作出中止诉讼的裁定。但是，如果当事人已经协议选择了中国法院管辖，或者纠纷属于中国法院专属管辖的，应驳回申请；或者，根据案件的具体情况，由中国法院审理明显更为方便的，则驳回申请，继续进行在我国法院的诉讼。即，协议管辖、专属管辖和更方便法院是中止平行诉讼规则的法定除外适用情形。

中止诉讼是在诉讼进行过程中，因某些法定情形出现，而致本案诉讼活动难以继续进行时，受诉法院裁定暂停本案诉讼程序的制度。针对平行诉讼适用中止诉讼程序，使诉讼处于暂停进行的状态，可以较为灵活地根据案件的具体情况，给当事人提供更为充分的程序保障。根据本条规定，尽管外国法院受理在先，但如外国法院并没有采取必要的措施审理案件的，或者未能在合理期限内审结案件的，则当事人可以向我国法院提出恢复诉讼的书面申请，人民法院经审查，理由成立的，应当恢复诉讼。通过中止诉讼程序协调在中外法院间的平行诉讼，不仅解决了涉外民事诉讼管辖权的积极冲突，而且根据在外国法院诉讼的进展情况决定是否恢复在我国法院的诉讼程序，可以有效避免诉讼拖延、提高诉讼效率，更有利于保障当事人的权益。

根据本条规定，对于外国法院已经作出生效裁判的案件，并且外国法院作出的生效裁判已经被我国法院全部或部分承认的，当事人就已获得承认的部分向人民法院再行起诉的，法院应当作出不予受理的裁定，已经受理的，裁定驳回起诉。

【适用指南】

平行诉讼，又称为诉讼竞合，是相同当事人就同一争议基于相同事实及相同诉讼目的同时在两个或两个以上国家的法院进行诉讼的现象。[①] 关于平行诉讼的规定，最早见诸 1992 年颁布的《最高人民法院关于适用〈中华人民共和国民事诉讼法〉若干问题的意见》[②] 第三百零六条，该条规定，中华人民共和国人民法院和外国法院都有管辖权的案件，一方当事人向外国法院起诉，而另一方当事人向中华人民共和国人民法院起诉的，人民法院可予受理。判决后，外国法院申请或者当事人请求人民法院承认和执行外国法院对本案作出的判决、裁定的，不予准许；但双方共同参加或者签订的国际条约另有规定的除外。这条规定的内容与现行《民诉法解释》第五百三十一条第一款基本完全相同，但第五百三十一条增加了一款作为第二款规定，外国法院判决、裁定已经被人民法院承认，当事人就同一争议向人民法院起诉的，人民法院不予

---

① 徐卉：《涉外民商事诉讼管辖权冲突研究》，中国政法大学出版社 2002 年版，第 163 页。

② 该司法解释已于 2015 年 2 月 4 日被《最高人民法院关于适用〈中华人民共和国民事诉讼法〉的解释》废止。

受理。从司法解释的表述上看，是一贯延续地采取了接受诉讼竞合的态度，即准许平行诉讼的进行；但是从规定所针对的类型上看，司法解释仅涉及了对抗诉讼类型的平行诉讼，对于重复诉讼类型的平行诉讼未作规定；从适用规则上看，司法解释只是不加区别地规定对于所有平行诉讼均采取准许其继续进行的方式，但对于平行诉讼发生后如何处理的规则完全未作规定，而仅就判决后的效力作出肯定内国判决效力大于外国裁判效力的规定。显然，司法解释这一过于笼统的规定，缺乏系统性、层次性的规范，不仅不利于保护我国当事人的利益，而且也使法院在面临平行诉讼问题时无所依循。

本次修改，在民事诉讼法中确立了关于处理平行诉讼的规范，并且明确规定应区分不同的情况适用不同的程序规则。

一、适用先受理法院规则

该规则要求在发生涉外民事诉讼管辖权冲突，面临平行诉讼时，后受理案件的法院拒绝行使管辖权，使案件由首先受理（the first-seized）法院审理。国际上，适用先受理法院规则解决平行诉讼最著名的范例就是欧共体1968年的《关于民商事案件管辖权及判决承认与执行的公约》（以下简称《布鲁塞尔公约》）和之后取代该公约的2000年《关于民商事管辖权及判决承认和执行的条例》（以下简称《布鲁塞尔条例》）。《布鲁塞尔公约》第二十一条和《布鲁塞尔条例》第二十七条都规定，相同当事人就同一诉因向不同成员国的法院提起诉讼，首先受理法院以外的任何其他法院在首先受理法院的管辖权确立之前，应中止诉讼。当首先受理法院的管辖权确立时，首先受理法院以外的任何其他法院应放弃管辖权，由首先受理法院审理。一些大陆法系国家，如希腊、阿根廷等国，在其民事诉讼法中也都有类似的规定，并将先受理法院规则适用于涉外民事诉讼，作为解决平行诉讼的适用规则。

实际上，我国民事诉讼法在调整国内民事诉讼的管辖权竞合中，也适用的是先受理法院规则。民事诉讼法第三十六条规定，两个以上人民法院都有管辖权的诉讼，原告可以向其中一个人民法院起诉；原告向两个以上有管辖权的人民法院起诉的，由最先立案的人民法院管辖。当然该条规定并不能适用于涉外民事纠纷程序。本次修改，明确将先受理法院规则作为解决涉外民事诉讼管辖权冲突、调整平行诉讼的基本规范，是本次修改的一大亮点。

需要注意的是，在平行诉讼中适用先受理法院规则，必须由当事人以外国法院已在先受理为由向人民法院提出中止诉讼的书面申请，即提出首先受诉法院抗辩，然后由法院对其申请进行审查后裁定是否中止诉讼。

适用先受理法院规则解决平行诉讼的优点很明显，那就是确定性和较强的可预见性。这也是在海牙管辖权项目关于平行诉讼解决方案的谈判中，以先受理规则为关键因素的较好法院方法获得了多数认可，成为谈判的基础。① 当然仅适用先受理法院规则也存在相应的问题，它会引发当事人间的诉讼竞赛（race to court），变相地将用以解决纠纷、保护权利的诉讼程序简单演变为单一的速度规则，并且如何判断哪一个法院是先受理法院则成为一个难题。对此，欧洲法院认为判断首先受诉法院的标准应以各国内国诉讼法的规定为依据。②

二、明确除外情形

关于先受理法院规则，本条规定了除外情形，即对协议管辖、专属管辖排除先受理法院规则的适用，如当事人已经协议选择我国法院管辖的，基于尊重当事人意思自治原则，显然应当由我国法院管辖；而专属管辖因其专属性和强制性，对于属于我国法院专属管辖的案件，我国法院当然行使排他性管辖权；此外，本条还规定了案件由中国法院审理明显更方便的，则我国法院不予中止诉讼，排除先受理法院规则的适用。

更方便法院与"不方便法院"实际上是一体之两面。尽管不方便法院原则源起于苏格兰，但是在 20 世纪 80 年代以前，在英国法院中对于不方便法院原则的适用更倾向于称为方便法院原则（forum conveniens），"这两种方法是从相反的方面着手，但它们自然趋于产生同样的结果"③。作为先受理法院规则的除外情形，方便法院强调的是尽管在我国法院受理案件前，外国法院已经先于我国法院受理了该案，但是基于特定的案件情节考量，由我国法院审理更为方便的，则应继续进行在

---

① 何其生：《海牙管辖权项目下平行诉讼的解决方案与启示》，载《武大国际法评论》2022 年第 5 期。

② 徐卉：《涉外民商事诉讼管辖权冲突研究》，中国政法大学出版社 2002 年版，第 225～227 页。

③ 徐卉：《涉外民商事诉讼管辖权冲突研究》，中国政法大学出版社 2002 年版，第 127 页。

我国法院的诉讼而无须考虑在外国法院的诉讼系属。关于更方便法院的考量因素，取决于法院对具体案件的分析评判，通常涉及送达、取证、诉讼、执行等方面对于法院和当事人的便利性。

三、为避免外国法院诉讼迟延而恢复诉讼

由于涉外民事案件的复杂性以及各国管辖权设置的不同，平行诉讼现象的出现是不可避免的，但是它的客观存在造成了当事人诉讼成本提高，加重了当事人的负担，造成了司法资源的浪费，导致了判决的矛盾与冲突以及承认与执行的问题。先受理法院规则因其明确性而成为解决平行诉讼的首选规则，但另一方面，也不能机械适用该规则，仅因外国法院受理在先就听任在外国法院的诉讼旷日持久地进行，这种诉讼迟延的状况极不利于当事人合法权益的保护，更加有悖于实现诉讼经济、法律效益的原则。因此，必须对先受理法院规则的适用予以微调和限制，对于受理在先的外国法院，如在受理后并未采取必要的措施推进案件审理，或者未在合理期限内审结的，则人民法院应当依当事人的书面申请，恢复诉讼。这不仅在于提高诉讼效率、保证在合理的期限内审结案件，而且有利于防止当事人滥用程序、利用平行诉讼达到拖延诉讼的目的。

四、防止冲突判决

平行诉讼是在诉讼开始阶段存在的一事两诉、双重起诉或多重诉讼等诉讼竞合状态，允许当事人就同一纠纷在不同国家分别或先后提起诉讼有其合理性和正当性，比如，被告在两个国家都有财产，但在任何一国中的财产都不足以清偿原告的全部债权，或者一国的诉讼程序可能较另一国更为迅速等。当事人提起平行诉讼的这些利益需要是对司法救济的正当需要，应当受到法律的保护。但是，当诉讼程序已经终结，外国法院已作出了生效裁判，并且该裁判已经被我国法院全部或者部分承认，那么判决的既判力要求禁止当事人就已经裁判的事项再行争执，否则就将产生冲突判决，不仅违背了法律的确定性原则、造成司法资源的浪费，而且将使诉讼成为恶意骚扰当事人的工具。因此，根据防止冲突判决规则，当事人就已经获得承认的部分再向人民法院起诉的，法院应作出不予受理的裁定，已经受理的，裁定驳回起诉。

《最高人民法院关于适用〈中华人民共和国民事诉讼法〉的解释》第五百三十条。

第二百八十二条 【不方便法院原则】人民法院受理的涉外民事案件，被告提出管辖异议，且同时有下列情形的，可以裁定驳回起诉，告知原告向更为方便的外国法院提起诉讼：

（一）案件争议的基本事实不是发生在中华人民共和国领域内，人民法院审理案件和当事人参加诉讼均明显不方便；

（二）当事人之间不存在选择人民法院管辖的协议；

（三）案件不属于人民法院专属管辖；

（四）案件不涉及中华人民共和国主权、安全或者社会公共利益；

（五）外国法院审理案件更为方便。

裁定驳回起诉后，外国法院对纠纷拒绝行使管辖权，或者未采取必要措施审理案件，或者未在合理期限内审结，当事人又向人民法院起诉的，人民法院应当受理。

【条文主旨】

本条是关于不方便法院原则的规定。

【条文理解】

本条是新增规定，本条立法的目的在于明确规定不方便法院原则适用的条件、申请的主体和程序。作为首次在立法上确立不方便法院原则，本条规定是在我国 30 多年司法实践的基础上，从科学立法的角度出发，对既有司法解释和司法实践所作的总结与完善。

不方便法院原则，是指一国法院根据其国内法或相关国际条约的规定，对涉外民事案件具有管辖权，但是，该法院认为由它对案件行使管辖权非常不方便或不公平，且存在其他较为方便审理的替代法院时，该法院可以拒绝行使管辖权。① 不方便法院原则在协调不同国家和地区涉外民事诉讼管辖权冲突方面的功能得到了相当广泛的认可，其重要功能体现在通过适用不方便法院原则，可以限制原告任意挑选法院给被告造成不便和浪费司法资源的滥用诉权行为，从而有效地协调涉外民事诉讼管辖权冲突。我国在司法实践中，法院早在 20 世纪 90 年代即以不方便法院为据拒绝对涉外民事案件行使管辖权。

根据本条规定，法院受理的涉外民事案件，被告在提出管辖异议的同时主张存在不方便法院的适用情形，经法院审查认定其主张成立的，则我国法院可以作出驳回起诉的裁定，并告知原告向更为方便的外国法院提起诉讼。

适用不方便法院原则，必须同时满足五项条件：（1）案件争议的基本事实不是发生在中华人民共和国领域内，人民法院审理案件和当事人参加诉讼均明显不方便；（2）当事人之间不存在选择人民法院管辖的协议；（3）案件不属于人民法院专属管辖；（4）案件不涉及中华人民共和国主权、安全或者社会公共利益；（5）外国法院审理案件更为方便。其中第一项条件，案件争议的基本事实不是发生在中华人民共和国领域内，这表明与案件争议相关的主要连接因素发生在域外，即排除了我国法院对案件的属地管辖，那么在对案件不具有属地管辖权且我国法院审理案件和当事人参加诉讼均明显不方便的情况下，我国法院主动对本国法院管辖权的行使进行自我抑制，不仅体现了国际礼让原则，而且能够有效避免平行诉讼的泛滥。第二、三、四项适用条件分别是排除协议管辖、专属管辖与公共秩序保留的适用，第五项条件则是确定案件由外国法院审理更为方便。法院在审查是否构成不方便法院时，是以至少存在两个对被告具有管辖权的法院为前提条件，且基于第一项条件的审查确定本国法院受理案件会给当事人带来诸多不便，并且存在审理案

---

① 徐卉：《国际民商事平行诉讼研究》，载《诉讼法论丛》第 1 卷，法律出版社 1998 年版，第 329 页。

件更为方便的外国法院，由此才能适用不方便法院原则。在关于方便与不方便因素的考量上，应根据案件具体情况作具体的分析评判，送达、证据调取、证人出庭作证、当事人参与诉讼等审判便利都是实践中通常必须考虑的因素。

根据本条规定，我国法院经审查确定案件同时满足上述五项条件而作出驳回起诉的裁定后，如果外国法院拒绝对纠纷行使管辖权，或者未采取必要措施审理案件，或者未在合理期限内审结，当事人又向人民法院起诉的，人民法院应当受理。在国内民事诉讼中，根据《民诉法解释》第二百一十二条的规定，裁定不予受理、驳回起诉的案件，原告再次起诉的，只要符合起诉条件并且不属于民事诉讼法第一百二十七条规定的特殊情形的，人民法院应予受理。在涉外民事诉讼中，不方便法院原则作为对案件有管辖权的法院出于国际礼让、公正和效率等因素的考虑后自行抑制管辖权的行使，其目的是在于使当事人间的纠纷能够在一个便利审理的外国法院得到解决，如果外国法院拒绝行使管辖权，或者虽对案件实施管辖但并未能有效推进案件审理的，当事人又向人民法院起诉的，人民法院自然应当行使管辖权受理案件，使当事人能够获得必要的司法救济、避免其诉讼两头落空。

【适用指南】

关于不方便法院原则，尽管此前在立法上未作规定，但是在司法解释和司法解释性质的文件中都有相应的表述和适用指导，如 2005 年最高人民法院发布的《第二次全国涉外商事海事审判工作会议纪要》第十一条，以及《民诉法解释》第五百三十条都对不方便法院原则作了相应的规定。但本次修改，在不方便法院原则的规范内容上，与此前司法解释的规定存在较大的不同，在适用中应特别注意以下几方面。

一、不方便法院的启动与审查程序

根据本条规定，人民法院进行不方便法院审查是基于被告提出管辖异议，法院在对管辖异议进行审查时，对不方便法院的五项适用条件作相应的审查，如同时满足该五项条件的，可以裁定驳回起诉并告知原告向更为方便的外国法院提起诉讼。即，在启动主体上，应由被告提出管辖异议而启动不方便法院审查。

关于管辖异议，民事诉讼法第一百三十条第一款规定，人民法院受理案件后，当事人对管辖权有异议的，应当在提交答辩状期间提出。人民法院对当事人提出的异议，应当审查。民事诉讼法第二百七十条规定："在中华人民共和国领域内进行涉外民事诉讼，适用本编规定。本编没有规定的，适用本法其他有关规定。"因此，涉外民事诉讼程序中的管辖权异议也应当在提交答辩状期间提出，当事人逾期提出管辖权异议的，法院不予审查。据此，被告提出不方便法院请求，也应在提交答辩状期间提出。关于涉外民事诉讼的答辩期间，民事诉讼法第二百八十五条规定："被告在中华人民共和国领域内没有住所的，人民法院应当将起诉状副本送达被告，并通知被告在收到起诉状副本后三十日内提出答辩状。被告申请延期的，是否准许，由人民法院决定。"根据该条规定，对于在我国领域内有住所的被告，应在收到起诉状副本后十五日内提出不方便法院请求；不在我国领域内居住的被告，应在收到起诉状副本后三十日内提出不方便法院请求；逾期提出的，法院不予审查。被告申请延期的，是否准许，由人民法院决定。

尽管本条并没有明确规定被告是应当在其管辖异议申请中一并提出不方便法院，即将不方便法院作为管辖异议的一项理由提出，还是单独提出不方便法院请求，但很明确的是，被告应在管辖异议期间提出管辖异议和不方便法院请求，并由法院在管辖异议审查期间进行审查，如被告在管辖异议期间未主动提出管辖异议和不方便法院请求，视为放弃并接受我国法院的管辖。

二、适用不方便法院原则的五项条件

不方便法院的适用条件是不方便法院原则中的核心内容。在这方面，最高人民法院首次作出明确指导意见的是 2005 年 12 月 26 日颁布的《第二次全国涉外商事海事审判工作会议纪要》第十一条，对不方便法院原则的适用规定了七项条件（以下简称"七条件"），此后，2015 年颁布实施的《民诉法解释》第五百三十二条（即现行民诉法解释第五百三十条），首次在司法解释中对不方便法院原则的适用规定了六项条件（以下简称"六条件"）。本次修改作为首次在立法上确立不方便法院原则，对不方便法院的适用明确规定了五项条件（以下简称"五条件"），下表中具体列明了"五条件"与之前"七条件"和"六条件"的规定对照。

不方便法院的适用条件对比

第二百八十二条 人民法院受理的涉外民事案件，被告提出管辖异议，且同时有下列情形的，可以裁定驳回起诉，告知原告向更为方便的外国法院提起诉讼：

（一）案件争议的基本事实不是发生在中华人民共和国领域内，人民法院审理案件和当事人参加诉讼均明显不方便；

（二）当事人之间不存在选择人民法院管辖的协议；

（三）案件不属于人民法院专属管辖；

（四）案件不涉及中华人民共和国主权、安全或者社会公共利益；

（五）外国法院审理案件更为方便。

裁定驳回起诉后，外国法院对纠纷拒绝行使管辖权，或者未采取必要措施审理案件，或者未在合理期限内审结，当事人又向人民法院起诉的，人民法院应当受理。

《最高人民法院关于印发〈第二次全国涉外商事海事审判工作会议纪要〉的通知》： 11. 我国法院在审理涉外商事纠纷案件过程中，如发现案件存在不方便管辖的因素，可以根据"不方便法院原则"裁定驳回原告的起诉。"不方便法院原则"的适用应符合下列条件： （1）被告提出适用"不方便法院原则"的请求，或者提出管辖异议而受诉法院认为可以考虑适用"不方便法院原则"； （2）受理案件的我国法院对案件享有管辖权； （3）当事人之间不存在选择我国法院管辖的协议； （4）案件不属于我国法院专属管辖； （5）案件不涉及我国公民、法人或者其他组织的利益； （6）案件争议发生的主要事实不在我国境内且不适用我国法律，我国法院若受理案件在认定事实和适用法律方面存在重大困难； （7）外国法院对案件享有管辖权且审理该案件更加方便。	《最高人民法院关于适用〈中华人民共和国民事诉讼法〉的解释》第五百三十条： 涉外民事案件同时符合下列情形的，人民法院可以裁定驳回原告的起诉，告知其向更方便的外国法院提起诉讼： （一）被告提出案件应由更方便外国法院管辖的请求，或者提出管辖异议； （二）当事人之间不存在选择中华人民共和国法院管辖的协议； （三）案件不属于中华人民共和国法院专属管辖； （四）案件不涉及中华人民共和国国家、公民、法人或者其他组织的利益； （五）案件争议的主要事实不是发生在中华人民共和国境内，且案件不适用中华人民共和国法律，人民法院审理案件在认定事实和适用法律方面存在重大困难； （六）外国法院对案件享有管辖权，且审理该案件更加方便。

将"五条件"与之前的"六条件""七条件"进行对比可以看出，"五条件"的规定在表述和规范性上更加科学、严谨和周延。"五条件"将原"六条件""七条件"规定中的第一项由被告提出外国法院审理案件更方便或者管辖异议的请求，直接作为适用不方便法院的前置程序要件而非审查适用条件来规定，在程序规范上更加清晰明确。从适用条件的规定顺序上，"五条件"首先明确因案件的基本事实不是发生在我国领域内，我国法院对案件不具有属地管辖权，案件由我国法院审理和当事人参加诉讼均明显不方便这一基本要件，然后排除协议管辖、专属管辖和公共秩序保留的适用，最后审查确定外国法院审理更为方便，五项要素在逻辑上构成一个完整的规范。在内容上，"五条件"删除了原"七条件"和"六条件"中最富争议的规定，即"案件不涉及中华人民共和国国家、公民、法人或者其他组织的利益"，以本条第一款第四项关于公共秩序保留的规定来取代，不仅在规范表述上更加科学，而且将在实际上促进不方便法院原则在我国涉外民事诉讼中的适用。

长期以来，在司法实践中，囿于原司法解释关于"案件不涉及中华人民共和国国家、公民、法人或者其他组织的利益"的规定，在涉外民事诉讼中，我国法院在审理过程中往往机械地套用该规定，只要案件当事人一方为我国企业、公民，法院就不作进一步的审查分析，仅以案件涉及我国当事人利益为由拒绝适用不方便法院原则的情形非常普遍，适用不方便法院的条件存在门槛过高且缺乏合理性等问题。[①] 实际上，适用不方便法院原则的重点在于对内外国法院审理案件方面的便利性和适当性进行比较，原司法解释中规定的限定条件没有能够准确理解和把握不方便法院原则的核心。对此，以公共秩序保留的规定取代原司法解释中"案件不涉及中华人民共和国国家、公民、法人或者其他组织的利益"的规定，为我国进一步扩大国际交往和国际司法互信创造条件。

在"五条件"中，删除了原"六条件"和"七条件"中关于案件不适用中华人民共和国法律的规定，这并不意味着在不方便法院适用的审查条件中不考虑应适用的法律，而是将该项因素整合在"五条件"

---

① 陈南睿：《不方便法院原则在中国法院的适用及完善——以 125 例裁判文书为视角》，载《武大国际法评论》2021 年第 2 期。

中的第一项"人民法院审理案件和当事人参加诉讼均明显不方便"进行综合审查。关于受诉法院是否属于不方便法院的审查,其中,应适用的法律是一项必须考虑的因素,但从我国和其他国家的实践来看,并非在所有的案件中,应适用的法律都是决定性的要素。通常,关于法院审理案件和当事人参加诉讼均明显不方便,都必须根据具体的案情,对各种有关的联系因素进行综合分析比较后才能确定,受诉法院所进行的不方便法院审查应当是一个对案件各方面具体情形所作的全面的综合审查,这也是本次修改在不方便法院的适用条件中并未明确列出《民诉法解释》第五百三十条第五项中"且案件不适用中华人民共和国法律"的原因。

三、被告应就不方便法院请求承担证明责任

适用不方便法院应同时满足"五条件",在此需要明确的是,应由被告对"五条件"的成立承担证明责任。即被告应提供证据证明案件争议的基本事实不是发生在我国领域内,我国法院审理案件和当事人参加诉讼均明显不方便;不存在协议选择我国法院管辖;案件不属于我国法院专属管辖;案件不涉及我国主权、安全或者社会公共利益;外国法院审理案件更加方便。

在关于这五项条件的证明中,第二、三、四项条件的证明较为明确、客观,而第一项和第五项条件的证明则需要涉及更多因素的综合分析与评判。根据不方便法院原则在司法实践中的适用来看,当事人往往需要从消极条件与积极条件、方便与不方便两方面予以证明:在我国法院诉讼明显的不方便和在外国有管辖权的法院诉讼更为方便。为此,需要被告方提供证明的主要事项包括:在争议和法院地之间是否存在真实的和密切的联系,送达是否成立,当事人的现居住地或主要经营地,取证和证人参加诉讼的方便程度,应适用的法律,当事人为诉讼而支出的费用和时间等。在被告方提供初步的证据证明本案应由更适当的外国法院审理后,原告方可能会提供相应的证据反驳被告方,表明案件在我国法院审理才更为方便。进而由法院对双方当事人的证据进行审查判断,作出裁定。

当事人的程序主体性是民事诉讼的基本特征。涉外民事诉讼主要涉及的是当事人私人之间的民商事纠纷,而作为涉外民事诉讼管辖权冲突表现形式的平行诉讼其本质主要也是当事人之间的私人利益冲突,即当事人选择在一国法院诉讼要与在另一国法院诉讼产生的利益冲突，如在不同国家的法院进行诉讼，当事人在诉讼程序保障利益上的差异、诉讼便利利益上的差异、判决执行上的差异等。所以，被告方当事人应当就自己主张的更适当管辖法院承担证明责任，原告方当事人也应在自己选择的受诉法院受到质疑时证明其正当性，而法院则对当事人提供的证据和所作的证明进行审查判断，将与案件裁判有关的公共利益和私人利益进行比较，确定是否满足不方便法院的适用条件。从我国法院以往的相关司法实践看，针对当事人提出的不方便法院请求，一些法院在事实上承担了寻找审理案件"方便法院"的工作，这种做法不仅加重了法院的司法负担，也违背了民事诉讼当事人程序主体性原则。

四、法院基于自由裁量权适用不方便法院原则

不方便法院在适用上取决于法院的自由裁量权。本国法院对涉外民事案件拒绝行使管辖权的行为出自法院自身所固有的自由裁量权，本国法院在多重利益综合分析的基础上，行使其自由裁量权从而决定是否放弃管辖权的行使。涉外民事诉讼管辖权冲突由于涉及不同法域的当事人和法院，涵盖了多重利益因素，既包括不同当事人的利益、法院利益，又包括了法院地国的公共利益和其他相关国家的利益等，而涉外民事诉讼所致力于解决的纠纷，在本质上超越了任何一个国家的司法和立法管辖权，实际上是作为任何一个国家的法律无法全面约束的一种法律关系，这势必要求充分发挥法官的积极性、创造性，法官应运用灵活的分析方法，尊重具体案件的复杂性，根据具体案件的情形，通过权衡原告和被告的权利、诉讼优势以及继续诉讼和更换诉讼地对他们各自权利和利益的影响，并考虑保持司法制度的公正性、一致性和合理性的需要，从而对管辖权冲突作出最有利于实现个案纠纷解决的决定。

在适用不方便法院原则时，内外国法院间往往是处于隐性冲突状态。在外在适用方式上，不方便法院原则体现为对某一涉外民商事案件，享有诉讼管辖权的本国法院拒绝行使其管辖权，而让其他有管辖权的外国法院对案件实行管辖。在内在结构上，本国法院拒绝行使管辖权的决定是基于司法自由裁量权，而决定的作出通常是建立在对案件与受诉法院之间联系的密切程度的判断上。不方便法院的适用体现了国际礼让的精神，反映为立法管辖权与司法管辖权的平行主义，即立法管辖权可以和司法管辖权相分离，正是这种分离保持了国际管辖权的协调，使不方便法院成为解决涉外民事诉讼管辖权冲突的一个有效途径。

不方便法院原则一方面反映了管辖权的国际协调精神，另一方面则是从诉讼经济、有效利用司法资源的角度出发，通过权衡相关的公共利益和私人利益倾向于由哪国法院管辖，从而作出明智的选择，抑制本国法院行使管辖权，限制原告任意挑选法院（forum-shopping）造成被告不便及浪费司法资源的滥用诉权行为，保护当事人的合法权益，实现个别公平正义。由此可见，为了求得诉讼的具体正义和维护各法域中的公共利益，充分发挥法官积极分析案件的自由裁量权是很有必要的。

实际上，早在20世纪90年代初期，我国法院就已经在司法实践中通过行使自由裁量权探索适用不方便法院原则。如日本和尚大仓某离婚案。[①] 该案中，日本籍和尚大仓某在上海法院起诉要求与定居日本的中国籍妻子朱某离婚，朱某系户籍在上海的中国公民。大仓某与朱某结婚后，双方在日本共同生活数月即起纠纷，大仓某欲赶朱某回中国未果，遂远道来上海法院起诉离婚，其目的是保住在日本的财产不受损失。由于此案夫妻双方婚后住所均在日本，婚姻事实以及有关夫妻财产也在日本，如果诉讼在我国进行，既不便利双方当事人的诉讼，又不利于查清夫妻关系的真实情况，更无法查明大仓某在日本的财产，难以保护当事人的合法权益。为此，上海市中级人民法院决定不行使司法管辖权，告知大仓某去日本法院起诉。结果日本法院审理后判决双方离婚，并判令大仓某给付朱某折合近10万元人民币的日币。在我国，尽管当时在司法解释及司法解释性质的文件上，没有任何关于不方便法院原则的规定，法律上并没有对法官的自由裁量权作出任何肯定性的规定，然而在司法实践中，面对涉外民事诉讼管辖权的冲突状况，我国法官为了能够作出公正合理的裁判，也不由自主地行使自由裁量权适用了不方便法院原则。

【关联规范】

《最高人民法院关于适用〈中华人民共和国民事诉讼法〉的解释》第五百三十条。

---

① 盛勇强：《涉外民事诉讼管辖权冲突的国际协调》，载《人民司法》1993年第9期。

第二百八十三条 【送达方式】人民法院对在中华人民共和国领域内没有住所的当事人送达诉讼文书，可以采用下列方式：

（一）依照受送达人所在国与中华人民共和国缔结或者共同参加的国际条约中规定的方式送达；

（二）通过外交途径送达；

（三）对具有中华人民共和国国籍的受送达人，可以委托中华人民共和国驻受送达人所在国的使领馆代为送达；

（四）向受送达人在本案中委托的诉讼代理人送达；

（五）向受送达人在中华人民共和国领域内设立的独资企业、代表机构、分支机构或者有权接受送达的业务代办人送达；

（六）受送达人为外国人、无国籍人，其在中华人民共和国领域内设立的法人或者其他组织担任法定代表人或者主要负责人，且与该法人或者其他组织为共同被告的，向该法人或者其他组织送达；

（七）受送达人为外国法人或者其他组织，其法定代表人或者主要负责人在中华人民共和国领域内的，向其法定代表人或者主要负责人送达；

（八）受送达人所在国的法律允许邮寄送达的，可以邮寄送达，自邮寄之日起满三个月，送达回证没有退回，但根据各种情况足以认定已经送达的，期间届满之日视为送达；

（九）采用能够确认受送达人收悉的电子方式送达，但是受送达人所在国法律禁止的除外；

（十）以受送达人同意的其他方式送达，但是受送达人所在国法律禁止的除外。

不能用上述方式送达的，公告送达，自发出公告之日起，经过六十日，即视为送达。

【条文主旨】

本条是关于涉外送达方式的规定。

【条文理解】

本条规定对原民事诉讼法第二百七十四条涉外送达方式的规定作了修改。主要修改体现在：

1. 根据本条规定，涉外民事诉讼的送达方式由原来的八种增加至十一种，新增了三种新的送达方式，即本条第一款第六项、第七项和第十项规定的送达方式。

2. 本条规定的第一款第四项、第五项、第九项对原民事诉讼法第二百七十四条第四项、第五项、第七项的规定作了调整。

3. 增加一款作为第二款，将原民事诉讼法第二百七十四条第八项公告送达规定为本条第二款，并将公告送达期限从三个月缩短为六十日。

根据本条规定，我国法院对在我国领域内没有住所的当事人送达诉讼文书的方式主要有以下十一种。

一、依照国际条约规定的方式送达

即按照受送达人所在国与我国签订的双边条约或共同参加的国际公约中规定的方式，向受送达人送达诉讼文书和法律文书。1965 年的《关于向国外送达民事或商事司法文书和司法外文书公约》（以下简称《海牙送达公约》），自 1992 年 1 月 1 日起对我国生效。最高人民法院、外交部与司法部联合发布了《关于执行〈关于向国外送达民事或商事司法文书和司法外文书公约〉有关程序的通知》，具体规定了运用该公约设立的机制进行文书域外送达的程序。

我国与法国、波兰、比利时、意大利等许多国家签订了司法协助条约（协定）。这些司法协助条约都明确规定，缔约双方通过各自指定的中央机关代为送达诉讼文书。我国指定的中央机关是司法部，由最高人民法院将诉讼文书交给司法部，然后由司法部转递给当事人所在国指定的中央机关送达，另外，受送达人所在国与我国缔结或者共同参加的国际条约中，对送达方式有规定的，依照国际条约规定的方式送达。

二、通过外交途径送达

如果受送达人所在国同我国没有订立双边司法协助条约，也不是《海牙送达公约》的缔约国或参加国，则通过外交途径送达。1986年最高人民法院、外交部、司法部联合发布《关于我国法院和外国法院通过外交途径相互委托送达法律文书的若干问题通知》，对通过外交途径送达的相关程序作了规定。

三、委托我国驻受送达人所在国的使领馆代为送达

对于具有我国国籍的人，可以委托我国驻受送达人所在国的使领馆代为送达。1963年《维也纳领事关系公约》承认使领馆可以向驻在国的本国当事人送达法律文书。我国于1979年参加了该公约。因此，我国驻受送达人所在国的使领馆可以接受我国司法机关的委托，向驻在国的具有我国国籍的受送达人送达法律文书。如果受送达人所在国不是该公约的成员国，但根据该国法律的规定允许我使领馆直接送达的，也可以委托我国驻该国使领馆代为送达。这种送达方式是基于双方没有订立司法协助条约，又不能通过外交途径送达而确立的。

四、向受送达人在本案中委托的诉讼代理人送达

本次修改对向委托诉讼代理人送达的适用条件作了调整，删除了原民事诉讼法中关于委托诉讼代理人必须是受送达人在授权委托书中表明"有权代其接受送达"的限定，改为受送达人"在本案中委托"的诉讼代理人，主要是针对实践中有的诉讼代理人通过在授权委托书中载明"不包括接收司法文书"以逃避送达的情形。根据修改后的规定，只要本案中受送达人的委托诉讼代理人收到诉讼文书，即视为受送达人收到诉讼文书，当事人必须接受，不得拒绝，并且可以留置送达。

五、向独资企业、代表机构、分支机构或有权接受送达的业务代办人送达

此种送达方式主要适用于受送达人是外国企业或经济组织，并与我国在经贸、海运等方面有业务往来的情形。本次修改对此种送达方式的适用情形作了调整，增加了向受送达人在我国领域内设立的独资企业送达的规定，删除了原民事诉讼法中关于分支机构应"有权接受送达"的限定，该限定条件将仅适用于业务代办人。根据修改后的规定，只要受送达人在我国设立独资企业、代表机构、分支机构的，人民法院就可以向其送达诉讼文书，对于涉诉外国企业或组织在我国未设代表机构，

但在我国有它的业务代办人，且业务代办人有权接受送达的，人民法院可以将诉讼文书送达给该业务代办人（可以留置送达）。这些规定都在一定程度上便利了法院的涉外送达，以解决"送达难"问题。

关于本条规定中的"代表机构"，通常理解为依照《外国企业常驻代表机构登记管理条例》规定，外国企业在中国境内设立的从事与该外国企业业务有关的非营利性活动的办事机构，不具有法人资格。"分支机构"是指依据我国公司法在境内经审批通过后设立的分支机构，不具有法人资格。

六、向外国人、无国籍人担任法定代表人或主要负责人的法人或者其他组织送达

这是本次修改新增的送达方式。根据本条规定，对于涉诉的外国人、无国籍人，如果其在我国领域内设立的法人或者其他组织担任法定代表人或者主要负责人，且与该法人或者其他组织为共同被告的，人民法院可以将诉讼文书向该法人或者其他组织送达。

七、向在我国领域内的外国法人或其他组织的法定代表人或者主要负责人送达

这是本次修改新增的送达方式。根据本条规定，对于涉诉的外国法人或者其他组织，如果其法定代表人或者主要负责人在中华人民共和国领域内的，则人民法院可以将诉讼文书向其法定代表人或者主要负责人送达。

八、邮寄送达

邮寄送达是指通过邮政部门将诉讼文书送交受送达人。关于邮寄送达方式的规定，本次修改在内容上未作改动，只是在顺序上由原来的第六项调整为第八项。邮寄送达简便易行，目前已为大多数国家所接受。但邮寄送达要遵守一个前提条件，即受送达人所在国的法律必须允许邮寄送达，才能使用邮寄方式送达。邮寄送达应附有送达回证，受送达人未在送达回证上签收但在邮件回执上签收的，视为送达，签收日期为送达日期。自邮寄之日起满三个月，送达回证没有退回，但根据各种情况足以认定已经送达的，期间届满之日视为送达。

九、电子送达

电子送达是一种更为简便易行的送达方式，只要不为受送达人所在国法律禁止，我国法院可通过任何能够确认受送达人收悉的电子方式向其送达诉讼文书。本次修改对原电子送达的规定作了删改，删除了原规定中"采用传真、电子邮件等"不完全列举方式表述，直接规定"采用能够确认受送达人收悉的电子方式送达"，在表述上更加凝练、明确，同时增加了但书规定作为适用电子送达的限制条件，即明确电子送达以"受送达人所在国法律禁止"为除外情形。

十、以受送达人同意的其他方式送达

这是本次修改新增的涉外送达方式。送达难是长期困扰涉外民事诉讼的痛点、难点问题，在这方面，涉外送达方式的法定限定性也在一定程度上造成涉外送达的效率低下。从诉讼效率和便利当事人的角度出发，本次修改增设了"受送达人同意的其他方式"的规定，只要受送达人所在国法律不予禁止的，我国法院可以采用受送达人同意的其他方式进行送达。增设当事人意定送达方式，体现了尊重当事人意思自治原则，通过当事人意思表示，当事人可以根据具体情况选择最便捷的送达方式，赋予受送达人同意的其他送达方式法律效力，增加了相应的送达途径，为送达方式提供了灵活性，有助于提高涉外送达的质效。

十一、公告送达

公告送达是在当事人住所和居所不明，且不能以上述方式送达时所采用的一种特殊的送达方式。公告送达由人民法院把需要送达的诉讼文书内容，刊登在国内外公开发行的报刊上，从而告知受送达人，达到向当事人送达的目的。

本次修改，将公告送达作为本条第二款单独作出规定，旨在明确公告送达不是与前述十种送达方式并列的一种送达方式，而是一种特殊送达方式，是仅在不能以本条第一款规定的所有常规送达方式送达的情形下，才允许使用的一种例外送达方式。同时，本次修改缩短了公告送达的期限，公告送达期限由原来规定的三个月改为六十日，即自法院发出公告之日起，经过六十日，即视为送达，有利于加快诉讼进度、提高效率。对在我国领域内没有住所的当事人，经公告方式送达诉讼文书后，公告期届满不应诉，法院缺席判决后，仍应当将判决书公告送达。自公告送达判决书满六十日之日起，经过三十日的上诉期，当事人没有上诉的，一审法院的判决即发生法律效力。法院一审时采取公告方式向当事人送达诉讼文书的，二审时可径行采取公告方式向其送达诉讼文书，但二审法院能够采取公告方式之外的其他方式送达的除外。

在涉外民事诉讼中，除公告送达外，我国法院可以同时采取多种送达方式向受送达人送达诉讼文书。但以最先实现送达的方式，确定送达日期。受送达人在送达诉讼文书时，未履行签收手续，但有以下情形之一的，视为送达：（1）受送达人书面向我国法院提到了送达诉讼文书的内容；（2）受送达人已经按照送达诉讼文书的内容履行；（3）其他可以视为已经送达的情形。

【适用指南】

涉外民事诉讼送达难是困扰人民法院涉外民商事审判工作的老大难问题之一，本次修改对涉外送达方式作了多方面的细化调整，有助于提升涉外司法送达的效能。在实践中，适用本条规定需要注意以下几方面。

一、关于适用向外国人或外国企业、组织的法定代表人、主要负责人替代送达的规定

即本条第一款第六项、第七项规定的送达方式，由于与之前的相关司法解释规定存在较大差异，在实践适用中应给予特别注意。

本次修改以前，根据《民诉法解释》第五百三十三条第一款规定，外国人或者外国企业、组织的代表人、主要负责人在中华人民共和国领域内的，人民法院可以向该自然人或者外国企业、组织的代表人、主要负责人送达。《最高人民法院关于涉外民事或商事案件司法文书送达问题若干规定》（2020年修正）（以下简称《涉外送达规定》）第三条规定，作为受送达人的自然人或者企业、其他组织的法定代表人、主要负责人在中华人民共和国领域内的，人民法院可以向该自然人或者法定代表人、主要负责人送达。《涉外审判纪要》第十二条【外国自然人的境内送达】规定，人民法院对外国自然人采用下列方式送达，能够确认受送达人收悉的，为有效送达：（一）向其在境内设立的外商独资企业转交送达；（二）向其在境内担任法定代表人、公司董事、监事和高级管理人员的企业转交送达；（三）向其同住成年家属转交送达；（四）通过能够确认受送达人收悉的其他方式送达。本条第一款第六项、第七项规定部分采纳了《民诉法解释》第五百三十三条、《涉外送达规定》第三条和《涉外审判纪要》第十二条的内容，但在适用条件上对前述

各项规定都作了明确的限缩，需要特别注意。

此前的司法解释和司法解释性质文件的规定，属于穿透法人、非法人组织面纱，向受送达人以外的其他主体进行送达，对相关自然人与法人或非法人组织之间实行替代送达。其逻辑是，外国自然人担任我国境内公司的法定代表人或主要负责人，意味着其与境内公司的经营管理存在密切关系，进而推定认为其与境内公司之间存在密切的日常联系，故而通过向该法人或其他组织送达，可以实现转交送达的功能。但是，送达并不只是一个程序性辅助事项，送达在程序公正中具有不可替代的重要作用，未有效送达的法律后果是程序无效。依照前述司法解释规定方式送达的，实际上，接受司法文书的自然人或企业、组织并不是受送达人本身，而只是代为转交司法文书，这种替代送达存在着一定程度上的正当性缺失。因此本条第一款第六项规定中，对于向在我国境内的法人、组织送达并由其转交给担任该法人、组织的法定代表人或主要负责人的作为受送达人的外国人、无国籍人，必须是在该自然人与该法人、组织为共同被告的情形下，否则不得以对法人、组织的送达替代了对自然人的送达。

另外，关于本条第一款第七项规定，对于受送达人为外国法人或其他组织，其法定代表人或主要负责人出现在我国领域内的，可以通过向该自然人进行替代送达，这主要是基于法人、组织的法定代表人或主要负责人与法人、组织存在密切联系的合理推定，由自然人将司法文书转交给该法人、组织具有合理性和正当性。根据《民诉法解释》第五百三十三条第二款的规定，外国企业、组织的主要负责人包括该企业、组织的董事、监事、高级管理人员等。

在此需要明确的是，自 2024 年 1 月 1 日，本次修改后的民事诉讼法实施后，上述司法解释及司法解释性质的文件中关于涉外送达规定与本条规定相抵触的，都不再适用。

二、关于留置送达

留置送达，是指在受送达人拒绝接收诉讼文书时，送达人依法将诉讼文书留在受送达人的住所即视为送达的一种送达方式。在诉讼实践中，有些受送达人为规避诉讼，往往借故拒绝签收诉讼文书，从而使诉讼程序无法正常进行。针对这种情况，民事诉讼法专门规定了留置送达这种强制性的送达方式。《民诉法解释》第一百三十条第一款规定，向法人或者其他组织送达诉讼文书，应当由法人的法定代表人、该组织的主要负责人或者办公室、收发室、值班室等负责收件的人签收或者盖章，拒绝签收或者盖章的，适用留置送达。留置送达与直接送达具有同等的法律效力。

在涉外送达中，针对实践中受送达人故意拒绝签收法律文书的现象，《涉外送达规定》第十二条规定，人民法院向受送达人在我国领域内的法定代表人、主要负责人、诉讼代理人、代表机构以及有权接受送达的分支机构、业务代办人送达司法文书，可以适用留置送达的方式。[①] 需要注意，在对受送达人在我国领域内设立的独资企业、代表机构、分支机构适用留置送达时，应当是在向这些机构有权签收相关司法文书的人员送达被拒绝接受时，人民法院才能适用留置送达。

同时需要注意的是，留置送达是在直接送达被拒绝时适用，而对于本条第一款第六项、第七项规定的送达方式，由于其并非直接送达，而属于替代送达，因此不能对第六项、第七项规定的转交人进行留置送达。

三、关于邮寄送达的适用

邮寄送达是我国法院使用最为广泛的送达方式，但涉外民事诉讼中邮寄送达的使用比例远低于境内邮寄送达，主要是因为实践中，人民法院无法掌握各国及地区法律是否允许邮寄送达的情况。根据最高人民法院民事审判第四庭关于《涉外审判纪要》规定所作的阐释，关于对外邮寄送达应注意以下几点：（1）审查是否有证据表明受送达人所在国不允许邮寄送达，例如，查询海牙国际私法会议有关《海牙送达公约》成员的情况。声明保留邮寄送达的《海牙送达公约》成员包括阿根廷、奥地利、巴西、保加利亚、克罗地亚、捷克、埃及、德国、希腊、匈牙利、印度、日本、韩国、科威特、立陶宛、马耳他、马绍尔群岛、墨西哥、摩纳哥、黑山、尼加拉瓜、挪威、波兰、摩尔多瓦、俄罗斯、圣马力诺、塞尔维亚、斯洛伐克、斯里兰卡、瑞士、马其顿、土耳其、乌克兰、委内瑞拉等以及我国。对于保留使用邮寄送达方式的国家，不能采用邮寄送达的方式将司法文书直接邮寄给住所地在该些国家领域内的受

---

① 2002 年 6 月 11 日，《最高人民法院关于向外国公司送达司法文书能否向其驻华代表机构送达并适用留置送达问题的批复》中明确：人民法院向外国公司的驻华代表机构送达诉讼文书时，可以适用留置送达的方式。

送达人。(2) 阿尔巴尼亚、安道尔、安提瓜和巴布达、亚美尼亚、巴哈马、巴巴多斯、白俄罗斯、比利时、伯利兹、波黑、博茨瓦纳、加拿大、哥伦比亚、哥斯达黎加、塞浦路斯、丹麦、爱沙尼亚、芬兰、法国、冰岛、爱尔兰、意大利、哈萨克斯坦、卢森堡、马拉维、摩洛哥、荷兰、巴基斯坦、葡萄牙、罗马尼亚、圣文森特和格林纳丁斯、塞舌尔、西班牙、瑞典、突尼斯、英国、美国等未对邮寄送达作出保留,并且不要求互惠。因此,可以推定这些国家和地区允许邮寄送达。(3) 部分国家则对邮寄送达持有条件的保留态度,比如要求特定邮寄方式等,如澳大利亚、拉脱维亚、斯洛文尼亚、越南等国,其中,越南和澳大利亚要求通过挂号信方式邮寄送达并附有收讫回执,拉脱维亚和斯洛文尼亚则除了要满足上述条件还需要被送达的司法文件以受送达国本国文字(即拉脱维亚语或斯洛文尼亚语)书写或附有译本,邮寄送达时应注意符合这些国家的特定要求。(4) 至于非《海牙送达公约》成员,如果没有相反证据证明其法律不允许邮寄送达的,从便利诉讼、提高效率的角度,可推定该国接受邮寄送达方式。[①]

四、适用电子送达应注意的事项

本条关于电子送达的规定中,明确电子送达以"受送达人所在国法律禁止"为除外情形。通常认为,电子送达是邮寄送达的延伸,因此《涉外审判纪要》第十一条第二款明确规定,受送达人所在国系《海牙送达公约》成员国,并在公约项下声明反对邮寄方式送达的,应推定其不允许电子送达方式,人民法院不能采用电子送达方式。对未作《海牙送达公约》项下的邮寄保留,亦未明确禁止电子送达的国家,则在不违反我国缔结或参加的国际条约相关义务的情况下,可以选择电子送达方式。

在涉外电子送达中,由于居住在我国领域外的受送达人选择使用电子信息媒介的偏好与境内有所不同,因此,本条关于电子送达规定中的"采用能够确认受送达人收悉的电子方式",需根据具体受送达地域、受送达人及具体案情进行判断。判断电子送达是否成功,可从以下几方面综合考量:一是受送达人的电子邮箱地址是否是其能够收悉的电子邮

[①] 最高人民法院民事审判第四庭编著:《〈全国法院涉外商事海事审判工作座谈会会议纪要〉理解与适用》,人民法院出版社 2023 年版,第 94~95 页。

箱地址。包括其承认能够收到的邮箱地址、其在诉讼中认可的邮箱地址、其在官方网站公示的邮箱地址、其曾经在与另一方当事人往来交流中使用的邮箱地址等。此点应由当事人提供证据证明。二是是否明确告知受送达人在收到邮件后及时予以回复，并告知其人民法院的联系方式。应当在电子送达司法文书的同时明确告知受送达人在合理的期限内进行答复，并应当告知其人民法院的联系方式，方便其与人民法院取得联系。三是收件人在回复时是否明确表明其为受送达人。由于电子送达的虚拟性，人民法院无法判断实际阅读到电子邮件的是否为受送达人。因此，在上述两项判断均为肯定的前提下，当收件人明确回复其并非受送达人的，视为未送达成功；当收件人予以回复，未对其为受送达人提出异议的，视为送达成功。四是即使收件人未回复，但受送达人实际以提交答辩状、提出管辖权异议等行为表明其已收悉诉讼文书的，仍可认定确已收悉。①

五、关于公告送达

公告送达是法律上的拟制送达，是在受送达人下落不明或者用其他方法无法送达时使用的一种特殊送达方式。涉外公告送达有严格的适用条件，是在不能通过本条第一款规定的十种送达方式进行送达的，才可以适用公告送达。

涉外送达需要公告送达的，应当在《人民法院报》或省级以上对外公开发行的报纸上和受案法院公告栏内同时刊登公告。

关于人民法院拟采取公告送达方式，在何种情形下可以视为之前已适用邮寄送达方式而无法送达的，《涉外审判纪要》第十条规定，人民法院向在中华人民共和国领域内没有住所的受送达人邮寄送达司法文书，如邮件被退回，且注明原因为"该地址查无此人""该地址无人居住"等情形的，视为不能用邮寄方式送达。根据最高人民法院对该条规定的阐释，实践中，法院向境外邮寄司法文书被退件的原因分为"查无此人""无人居住""拒收""不到收"四种情况。其中，被以"查无此人"为由退件的，说明该地址并非受送达人能够成功收取邮件的有效地址，在这种情形下，应当视为不能用邮寄方式送达，可以适用

---

① 最高人民法院民事审判第四庭编著：《〈全国法院涉外商事海事审判工作座谈会会议纪要〉理解与适用》，人民法院出版社 2023 年版，第 104 页。

公告方式送达。至于"无人居住",是指地址真实但该地址的物业处于空置状态,受送达人因此未能真正接收到司法文书,并且送达地址线索就此中断。如果原告无法提供其他送达地址,可以在邮件被退回时考虑采用公告方式送达。但除了以"查无此人""无人居住"为由退件的情形以外,如果是因为拒绝接收、不明原因被退件的情况下,则不能视为通过邮寄送达无法送达的情形。此时仍应通过民事诉讼法规定的其他法定送达途径进行送达,如未能成功送达时,方可进行公告送达。例如,(2020)最高法知民申 6 号案中,原审法院邮寄送达回单未显示签收,仅手写标注"电话无接听",后予以公告送达。最高人民法院认为,原审法院通过邮寄送达被退回后,未采取法律规定的其他送达方式,直接公告送达前述应诉材料及供票,违反了民事诉讼法关于公告送达的规定,构成违反法定程序并裁定指令再审。①

【关联规范】

《最高人民法院关于适用〈中华人民共和国民事诉讼法〉的解释》第五百三十二条至第五百三十五条;

《最高人民法院关于涉外民事或商事案件司法文书送达问题若干规定》;

《全国法院涉外商事海事审判工作座谈会会议纪要》第十条至第十四条。

> **第二百八十四条 【域外调查取证】**当事人申请人民法院调查收集的证据位于中华人民共和国领域外,人民法院可以依照证据所在国与中华人民共和国缔结或者共同参加的国际条约中规定的方式,或者通过外交途径调查收集。
>
> 在所在国法律不禁止的情况下,人民法院可以采用下列方式调查收集:

---

① 最高人民法院民事审判第四庭编著:《〈全国法院涉外商事海事审判工作座谈会会议纪要〉理解与适用》,人民法院出版社 2023 年版,第 93~94 页。

（一）对具有中华人民共和国国籍的当事人、证人，可以委托中华人民共和国驻当事人、证人所在国的使领馆代为取证；

（二）经双方当事人同意，通过即时通讯工具取证；

（三）以双方当事人同意的其他方式取证。

【条文主旨】

本条是关于涉外民事诉讼域外调查取证的规定。

【条文理解】

本条是新增规定，本条立法的目的在于确定域外调查取证的条件、方式和程序。

在涉外民事诉讼中，由于案件的涉外因素，因此往往需要进行域外调查取证，包括询问当事人、证人，进行鉴定和司法勘验，以及收集书证和视听资料等。这些调查取证活动及所适用的证据规范大多是通过国际公约或者我国与外国缔结的条约予以规范调整的，与单纯的国内民事诉讼证据的调查收集有很大区别。

根据本条规定，当事人申请人民法院调查收集的证据位于我国领域外的，法院可以依照证据所在国与我国缔结或者共同参加的国际条约中规定的方式，或者通过外交途径调查收集。

我国于 1997 年加入《关于从国外调取民事或商事证据的公约》（以下简称《海牙取证公约》），该公约规定，每一缔约国的司法机关可以根据该国的法律规定，通过提出请求书的方式，请求另一缔约国主管机关调取有关民商事司法程序所需要的证据。请求仍然需要通过每一缔约国应指定一个中央机关负责接收来自另一缔约国司法机关的请求书，并将其转交给执行请求的主管机关。请求书应直接送交执行国中央机关，无需通过该国任何其他机关转交。并且，我国同外国签订的多项双边民商事司法协助条约均规定了调查取证的司法合作。

除依照条约规定的方式或者通过外交途径调查取证外，本条第二款还规定了三种域外调查取证方式，具体包括驻外使领馆代为取证、通过即时通讯工具取证和意定方式取证三种。

根据本条规定，在涉外民事诉讼中，在所在国法律不禁止的情况下，对在国外居住的中国籍当事人或证人，人民法院可以委托我国驻该国使领馆代为取证。使领馆代为取证的方式只能对具有中国国籍的当事人、证人适用，不能对外国人、无国籍的当事人、证人适用。但是如双方当事人同意，在所在国法律不禁止的情况下，人民法院可以通过即时通讯工具进行取证，如通过在线视频方式作证，并且也可以采用双方当事人同意的其他方式取证。本条第二款第三项的规定作为兜底条款，确立了当事人意定取证，即在所在国法律不禁止的情况下，人民法院可以以双方当事人同意的其他方式取证。

【适用指南】

本条作为新增规定，首次在立法上对涉外民事诉讼中的域外调查取证制度作了明确规定，旨在回应并解决人民法院域外取证规范不明、效率低下的问题。

关于依照国际条约中规定的方式取证，根据《海牙送达公约》和《海牙取证公约》的规定，中央机关（我国指定司法部）的职责是接收外国司法机关的请求书，并将其转交给执行请求的主管机关（最高人民法院），上述公约没有规定中央机关有向外国转递国内法院提出的司法协助请求的职能。我国加入《海牙取证公约》后，司法部相关部门认为，司法部不应承担转递我国法院依据《海牙取证公约》向外国提出的调查取证请求。因此，我国法院依据《海牙取证公约》向外国提出的调查取证请求一直由最高人民法院直接对外转递。2003年最高人民法院指定北京市、上海市、广东省、浙江省和江苏省高级人民法院试点依据《海牙送达公约》和《海牙取证公约》直接向外国中央机关提出和转递本辖区各级人民法院提出的司法协助请求。从上述五省市国际司法协助简化程序试点工作的成效看，明显地缩短了送达周期，提高了效率。同时由于试点的开展，加强了国际司法协助工作的主动性、规范性，提高了管理水平。① 2013 年 4 月发布了《最高人民法院关于依据国际公约和双边司法协助条约办理民商事案件司法文书送达和调查取证司法协助请求的规定》及《最高人民法院关于依据国际公约和双边司法协助条约办理民商事案件司法文书送达和调查取证司法协助请求的规定实施细则（试行）》，实施细则第三条规定，人民法院应当根据便捷、高效的原则，优先依据海牙取证公约提出民商事案件调查取证请求。根据该司法解释的规定，司法文书送达和调查取证的具体执行，应当由各级人民法院中负责相关案件司法文书送达和调查取证的部门负责。在条件成熟后，逐步过渡到由各高级人民法院直接对外提出和转递司法协助请求。②

依照《海牙取证公约》，请求书应载明：（1）请求执行的机关和被请求执行的机关；（2）诉讼当事人的姓名和地址，及其代理人的姓名和地址；（3）需要调取的证据的性质，及有义的一切必要资料；（4）需要调取的证据或需履行的其他司法行为；必要时，请求书还应特别载明：（5）需询问的人的姓名和地址；（6）需向被询问人提出的问题或者对需询问的事项的说明；（7）需检查的文书或者其他财产，包括不动产或动产；（8）证据需经宣誓或者确认的任何要求，以及应使用的任何特殊格式；（9）需采用的特殊方式或者程序。如果中央机关认为请求书不符合本公约的规定，应立即通知向其送交请求书的请求国机关，指明对该请求书的异议。

执行请求书的司法机关应当适用其本国法规定的方式和程序。但是，该机关应采纳请求机关提出的采用特殊方式或者程序的请求，除非其与执行国国内法相抵触，或者因其国内惯例和程序，或者存在实际困难而不可能执行。在执行请求时，被请求机关可以采取适当的强制措施。

在请求书的执行过程中，有拒绝作证的特权或者义务的有关人员，可以拒绝提供证据，如果根据执行国法律，或者根据请求国法律有权拒

---

① 参见《最高人民法院办公厅关于指定北京市、上海市、广东省、浙江省、江苏省高级人民法院依据海牙送达公约和海牙取证公约直接向外国中央机关提出和转递司法协助请求和相关材料的通知》。

② 曾朝晖：《〈关于依据国际公约和双边司法协助条约办理民商事案件司法文书送达和调查取证司法协助请求的规定〉的理解与适用》，载《人民司法·应用》2013 年第 13 期。

绝作证，并且该项特权或者义务已在请求书中列明，或者应被请求机关的要求，已经请求机关另行确认。

另外，我国对《海牙取证公约》的第二章《外交官员、领事代表和特派员取证》，几乎全部作了保留，但是唯独第十五条属于例外。[①]根据该条规定，在民事或者商事案件中，我国的外交官员或者领事代表在另一缔约国境内其执行职务的区域内，可以向具有中华人民共和国国籍的当事人在不采取强制措施的情况下调取证据，以协助在我国法院中正在进行的诉讼。

在本次修改以前，对于与我国既没有《海牙取证公约》关系，也未与我国签订含有民事司法协助内容的双边司法协助条约的国家，我国法院只能在互惠基础上通过外交途径进行民事案件调查取证。修改后，根据本条规定，只要在所在国法律不禁止的情况下，人民法院可以委托驻外使领馆对具有中华人民共和国国籍的当事人、证人代为取证；并且，经双方当事人同意，可以通过即时通讯工具以及双方当事人同意的其他方式取证。本条规定不仅大大拓宽了我国法院域外调查取证的途径，提高了涉外民事诉讼域外取证的效率，而且在取证程序上突出了尊重当事人意志、便利当事人的程序机制。目前我国法院的信息化建设已取得了很大进步，绝大多数法院都配备了音频、视频等设备，已经具备利用视频、音频等进行域外调查取证的物质基础。关于电子取证的实施，2020年修改的《关于内地与澳门特别行政区法院就民商事案件相互委托送达司法文书和调取证据的安排》新增了对证人、鉴定人通过视频、音频方式作证的相关规定，对于电子传递及网络司法协助平台上的证据效力等内容作了规定，笔者认为在某种意义上可以为司法实践中本条规定的实施提供借鉴。

【关联规范】

《最高人民法院关于依据国际公约和双边司法协助条约办理民商事案件司法文书送达和调查取证司法协助请求的规定》；

---

① 参见《关于从国外调取民事或商事证据的公约》，载中华人民共和国条约数据库，http://treaty.mfa.gov.cn/tykfiles/20180718/1531876068334.pdf，最后访问时间：2023年11月1日。

《最高人民法院办公厅关于指定北京市、上海市、广东省、浙江省、江苏省高级人民法院依据海牙送达公约和海牙取证公约直接向外国中央机关提出和转递司法协助请求和相关材料的通知》。

第二百九十七条 【申请外国法院承认和执行】人民法院作出的发生法律效力的判决、裁定，如果被执行人或者其财产不在中华人民共和国领域内，当事人请求执行的，可以由当事人直接向有管辖权的外国法院申请承认和执行，也可以由人民法院依照中华人民共和国缔结或者参加的国际条约的规定，或者按照互惠原则，请求外国法院承认和执行。

在中华人民共和国领域内依法作出的发生法律效力的仲裁裁决，当事人请求执行的，如果被执行人或者其财产不在中华人民共和国领域内，当事人可以直接向有管辖权的外国法院申请承认和执行。

【条文主旨】

本条是关于向外国法院申请承认和执行的规定。

【条文理解】

本条对原民事诉讼法第二百八十七条第二款作出修改，主要修改了以下两个方面：

1. 将原规定中的"中华人民共和国涉外仲裁机构"作出的发生法律效力的仲裁裁决，改为"在中华人民共和国领域内依法"作出的发生法律效力的仲裁裁决。

2. 将原规定中"应当由当事人"直接向有管辖权的外国法院申请承认和执行，改为"当事人可以"直接向有管辖权的外国法院申请承认和执行。

关于第一处修改，删除了"中华人民共和国涉外仲裁机构"这一已无存在意义的表述，以"在中华人民共和国领域内"依法作出的仲裁裁决取而代之，体现了我国在立法上对于仲裁裁决籍属认定标准的改变，采用以我国域内与域外的区分确定承认与执行仲裁裁决的依据。

原民事诉讼法第二百八十七条系我国第一部民事诉讼法即 1991 年民事诉讼法的第二百六十六条，虽然民事诉讼法历经多次修改，但该条规定自 1991 年颁布以来从未修改。该条规定中的"涉外仲裁机构"实际上是 1994 年仲裁法颁布以前我国仲裁机构的一种特定分类。在 1991 年民事诉讼法颁行时，我国实行的是仿效苏联建立起来的行政仲裁制度，仲裁机构普遍附设于行政机关内部——如 20 世纪 80 年代以来在全国各级工商行政管理部门内都设有经济合同仲裁委员会，在各级科委内设有技术合同仲裁委员会。而所谓"涉外仲裁机构"指的是专门处理涉外仲裁案件的仲裁机构，具体就是 1954 年成立的中国国际经济贸易委员会（CIETAC）和 1958 年成立的中国海事仲裁委员会（CMAC）这两个仲裁机构，其他仲裁机构都是内设于各行政机关的国内行政仲裁机构。[①] 1994 年仲裁法的制定就是为了结束行政仲裁，建立起与国际通常做法接轨的民间性仲裁，因此，自 1995 年仲裁法实施后，原有的行政仲裁机构全部撤销，而按照仲裁法的规定重新组建的仲裁机构，已不存在国内仲裁机构与涉外仲裁机构这种二分类型，我国所有的仲裁机构均可以受理涉外案件。1996 年国务院办公厅发布的《关于贯彻实施〈中华人民共和国仲裁法〉需要明确的几个问题的通知》（国办发〔1996〕22 号）中明确指出：涉外仲裁案件的当事人可以选择负责受理国内仲裁案件的新组建的仲裁委员会仲裁。因此，自 1995 年仲裁法实施后，以涉外和国内来区分仲裁机构已缺乏实际意义了。无论是在法律规定还是司法实践中，都已经无需再作如此分类，"涉外仲裁机构"这一表述不仅早已不合时宜，而且业已丧失了存在的意义。

根据国际上通行的规范，近年来我国在实践中，已逐步采纳以仲裁地为标准确定仲裁裁决籍属，目前仲裁法也处于修改过程中，从征求意见稿到修订草案，均明确采用以我国域内与域外的区分确定承认与执行仲裁裁决的依据，因此，本条规定的修改摒弃了"涉外仲裁机构"与

---

① 汪永清：《重新组建仲裁机构的若干问题》，载国务院法制局研究室编：《重新组建仲裁机构手册》，中国法制出版社 1995 年版，第 55 页；郭晓文：《〈仲裁法〉与我国仲裁制度的完善》，载《中外法学》1995 年第 3 期。

"国外仲裁机构"之分，改为以地域作为仲裁裁决国籍的判断标准。

关于第二处修改，将"应当由当事人直接向有管辖权的外国法院申请承认和执行"改为"当事人可以直接向有管辖权的外国法院申请承认和执行"，"应当"改为"可以"，是将强制性规范修改为任意性规范。"应当"作为一种强制性规范的表述，通常被理解为是一种义务，而"可以"则属于一种任意性规范的表述，"可以"通常被理解为"权利"。仲裁裁决作出后，是否到法院申请承认与执行，实际上是当事人的权利而非义务，这样的修改凸显了对当事人意志的高度尊重，同时也更加符合法理规范。

【适用指南】

如前所述，涉外仲裁机构实际上是一个特定历史时期的产物，自1995 年仲裁法实施后，我国不再以专门的仲裁机构受理涉外仲裁案件，以仲裁机构界定是否属于涉外仲裁已没有意义。坚持地域标准，根据仲裁裁决作出的地点确定仲裁裁决的国籍，这样做不仅有利于仲裁裁决作出地国家对仲裁的监督，也有利于避免因坚持不同的判断标准所导致的外国仲裁机构在本国作出的仲裁裁决被本国认为是外国仲裁裁决而又不被该外国认为是其本国裁决的后果产生。[1]

根据修改后的规定，境外仲裁机构以我国内地为仲裁地作出的仲裁裁决，应当视为我国内地的涉外仲裁裁决。当事人向仲裁地中级人民法院申请撤销仲裁裁决的，人民法院应当根据仲裁法第七十条的规定进行审查；当事人申请执行的，应根据民事诉讼法第二百九十一条的规定进行审查。

我国仲裁裁决在外国的承认和执行主要有如下三种情况：（1）我国仲裁裁决在《纽约公约》缔约国执行。当事人可根据该公约的规定，向有关缔约国法院或者其他执行机关申请执行。缔约国法院接到申请后，应当按公约的规定给予承认和执行。（2）我国仲裁裁决在虽非《纽约公约》缔约国但同中国有双边条约或者协定的国家执行。在这种情况下，当事人根据双边条约或者协定，向该外国法院和执行机关申请执行，这

---

[1] 高晓力：《司法应依仲裁地而非仲裁机构所在地确定仲裁裁决籍属》，载《人民司法·案例》2017 年第 20 期。

些国家的有关机构应根据有关条约和协定予以执行。（3）我国仲裁裁决在既非《纽约公约》缔约国又没有与中国签订条约或者协定的国家执行。在这种情况下，当事人可向这些国家或地区的有关机构要求协助和执行，也可向有管辖权的法院起诉，经法院作出判决后予以执行。

【关联规范】

《最高人民法院关于适用〈中华人民共和国民事诉讼法〉的解释》第五百四十八条；

《全国法院涉外商事海事审判工作座谈会会议纪要》第一百条。

案例评析

明确外国仲裁机构在中国作出的裁决为涉外仲裁裁决
——M 国某工业有限公司申请承认和执行外国仲裁裁决案①

案情简介

广东某贸易公司为买方，M 国某工业有限公司（以下简称 M 国公司）为卖方，双方在广州签订《合同》及《补充协议》，《合同》第 16条争议解决方式约定："凡因本合同引起的或与本合同有关的任何争议，双方应通过友好协商解决。如果协商不能解决，应提交国际商会仲裁委员会根据国际惯例在项目所在地进行仲裁。该仲裁委员会作出的裁决是终局性的，对双方均有约束力。除仲裁委员会另有规定外，仲裁费用由败诉一方负担。仲裁语言为中、英双语。"该仲裁条款中所称的"项目"系《补充协议》第 3 条所列明的"广州某污水处理厂四期工程"，地点在中国广州。后因合同履行发生争议，M 国公司向国际商会国际仲裁院秘书处提起仲裁申请。该院独任仲裁员在广州作出《终局裁决》。后 M 国公司向广州市中级人民法院申请承认和执行前述仲裁裁决。

广州市中级人民法院审查认为，案涉裁决系外国仲裁机构在我国内

---

① 参见《最高法发布第三批涉"一带一路"建设典型案例》，载最高人民法院网站，https：//www.court.gov.cn/zixun-xiangqing-347711.html，最后访问时间：2023 年 11 月 1 日。

地作出的仲裁裁决，可以视为我国涉外仲裁裁决。被申请人不履行裁决的，M 国公司可以参照民事诉讼法关于执行涉外仲裁裁决的规定向被申请人住所地或财产所在地的中级人民法院申请执行。M 国公司依据《纽约公约》或《关于内地与香港特别行政区相互执行仲裁裁决的安排》申请承认和执行仲裁裁决，法律依据显属错误，故裁定终结审查。M 国公司可依法另行提起执行申请。

案例评析

本案经报核至最高人民法院同意，首次明确了境外仲裁机构在我国内地作出的仲裁裁决籍属的认定规则，将该类裁决视为我国内地的涉外仲裁裁决，因此裁决的当事人可以直接向有管辖权的中国法院申请根据民事诉讼法执行裁决。确认该类裁决能够在我国内地直接申请执行，有利于提升我国仲裁制度的国际化水平，树立了"仲裁友好型"的司法形象，对于我国仲裁业务的对外开放及仲裁国际化发展具有里程碑意义。[1]

> **第二百九十八条　【外国申请承认和执行】**外国法院作出的发生法律效力的判决、裁定，需要人民法院承认和执行的，可以由当事人直接向有管辖权的中级人民法院申请承认和执行，也可以由外国法院依照该国与中华人民共和国缔结或者参加的国际条约的规定，或者按照互惠原则，请求人民法院承认和执行。

【条文主旨】

本条是关于申请承认和执行外国法院裁判的规定。

【条文理解】

本条对原民事诉讼法第二百八十八条作出修改，在"需要中华人

---

① 参见《最高法发布第三批涉"一带一路"建设典型案例》，载最高人民法院网站，https：//www.court.gov.cn/zixun-xiangqing-347711.html，最后访问时间：2023 年 11 月 1 日。

民共和国人民法院承认和执行的，可以由当事人直接向中华人民共和国有管辖权的中级人民法院申请承认和执行"中删除了两处的"中华人民共和国"，在表述上更加简练明确。

> 第二百九十九条 【外国法院裁判的承认与执行】人民法院对申请或者请求承认和执行的外国法院作出的发生法律效力的判决、裁定，依照中华人民共和国缔结或者参加的国际条约，或者按照互惠原则进行审查后，认为不违反中华人民共和国法律的基本原则且不损害国家主权、安全、社会公共利益的，裁定承认其效力；需要执行的，发出执行令，依照本法的有关规定执行。

【条文主旨】

本条是关于外国法院裁判的承认与执行的规定。

【条文理解】

本条对原民事诉讼法第二百八十九条作出修改，将原条文中"认为不违反中华人民共和国法律的基本原则或者国家主权、安全、社会公共利益的"中的"或者"删除，改为"且不损害"。这一修改使关于公共秩序保留的规定更加科学、准确。从修辞上看，原条文使用的违反国家主权、安全、社会公共利益的表述本身就不通畅，而且，在审查条件上，予以承认的外国法院裁判应当同时满足不违反我国法律基本原则和不损害我国国家主权、安全、社会公共利益这两项条件，这两项条件应当是同时成立而不是或者的选择性关系。显然，修改后的规定在逻辑上更加严密，在适用范围上更加周延，体现了全面贯彻总体国家安全观，切实维护国家主权、安全、发展利益的新理念新要求。

同时，本条删除了原条文中的第二句话，即"违反中华人民共和国法律的基本原则或者国家主权、安全、社会公共利益的，不予承认和执行"。由于本次修改增加了关于不予承认和执行外国法院生效裁判的事由的规定，即民事诉讼法第三百条，分别规定了五项不予承认和执行的事由，而"违反中华人民共和国法律的基本原则或者损害国家主权、安全、社会公共利益"是其中的一项事由，自然这句话的位置应从本条调整到第三百条的规定中。

【适用指南】

除表述上的修改和调整外，本条规定在内容上与原条文一致，即我国人民法院承认和执行外国法院作出的生效裁判须符合以下条件：该外国与我国缔结或者参加了有关的国际条约，或者双方有互惠关系；该外国法院裁判不违反我国法律的基本原则且不损害我国国家主权、安全、社会公共利益。经审查符合上述条件的，我国法院裁定承认其效力；需要执行的，发出执行令，依照民事诉讼法的有关规定执行。

截至 2023 年 8 月，我国共计与 39 个国家签订了民商事司法协助条约，其中有 35 项都规定了相互承认与执行对方法院判决的条款，[1] 当所涉外国判决来自与我国签订了双边条约的国家时，依据条约承认和执行外国法院生效裁判并不存在什么问题。但是，对于我国主要的贸易伙伴，我国并未与其签订此种双边条约，因此也导致在实践中依据条约关系对外国判决进行承认与执行的案件数量极为有限。

除条约外，互惠原则也广泛适用于承认与执行外国民商事判决领域。互惠是源于"国际礼让说"的一种价值理念，其产生的目的是在尊重各国主权至上的前提下，国家之间互相给予一定的便利从而实现判决在世界范围内的流通。互惠原则，是指本国法院承认外国法院判决，必须以外国法院在同等条件下也承认本国法院判决为先决要件。[2] 最先将互惠作为承认与执行外国法院判决的条件之一的法律是 1877 年的《德国民事诉讼法》，之后，奥地利、西班牙、日本、墨西哥等国也相继规定了互惠原则。[3] 基于"国际礼让"理念而产生的互惠原则作为一国法院承认与执行外国民商事判决的条件之一已经由来已久，各国在互惠的基础上相互承认与执行对方国家在内国的判决效力，从而达到相互

---

[1] 数据来源：中华人民共和国条约数据库，http：//treaty. mfa. gov. cn/web/index. jsp。

[2] 杜涛：《互惠原则与外国法院判决的承认与执行》，载《环球法律评论》2007 年第 1 期。

[3] 林一飞主编：《国际私法与诉讼仲裁实务》，对外经济贸易大学出版社 2012 年版，第 325 页。

获益的目的。① 根据判断互惠关系的标准不同，可以将互惠分为条约互惠、事实互惠以及法律互惠。

事实互惠是指只有对方国家在司法实践中存在事实上承认本国判决之先例，才表明本国与对方国家之间存在互惠关系。法律互惠是指本国在法律中规定了对外国判决承认与执行依互惠原则处理，通过比较两国法律规定认为，如果两国关于判决承认与执行外国法院判决的条件基本相等，即便外国司法实践中尚未出现相关先例，本国也承认互惠关系的存在。

从我国的司法实践来看，互惠关系的承认有自己的固有模式与顺序，当外国判决的作出国与我国之间不存在条约关系时，我国法院对于互惠关系的审查均采用的是事实互惠的认定标准。② 即如果判决作出国先前曾作出过承认或者执行我国法院作出的民商事判决的先例则认为两国之间存在互惠关系，在满足法律规定的其他条件下裁定予以承认，如若不存在此先例，则拒绝承认该外国判决。当然，这里存在一个例外情况，即依照《民诉法解释》第五百四十二条的规定，外国离婚判决的承认并不以互惠关系的存在为前提。此前除离婚判决以外，对其他外国民事裁判的承认与执行，我国法院曾在较长时期内都采取"事实互惠"立场，即要求对方国家有承认我国判决的先例，如果没有证据证明判决作出国此前已承认和执行过我国法院判决，就认定不存在互惠关系。我国这种事实互惠的要求，在某种程度上否决了相互承认和执行判决的可能性。在互惠问题上，柏林高等法院承认无锡中院判决的裁决书中有这样一段阐述："由于德中之间并不存在判决互相承认的国际条约，司法实践就尤为重要。如果必须在对方先承认的情况下再跟进承认，那么互惠承认就不可能发生。而这无疑不是立法者的意图。"③

近年来，人民法院积极探索，寻求以更加务实、灵活、合理的方式适用互惠原则，构建国家间相互承认和执行民事裁判的良好氛围。所以，尽管本条规定的内容与原条文相比，未作实质性的改变，但是从司

① 徐崇利：《经济全球化与外国判决承认和执行的互惠原则》，载《厦门大学法律评论》2005 年第 1 期。

② 肖军：《建立国际投资仲裁上诉机制的可行性研究》，载《法商研究》2015 年第 2 期。

③ 何其生：《大国司法理念与中国国际民事诉讼制度的发展》，载《中国社会科学》2017 年第 5 期。

法实践看，我国法院对互惠关系的认定已较之前有了很大的变化。在2015年颁布的《最高人民法院关于人民法院为"一带一路"建设提供司法服务和保障的若干意见》中已经不再要求事实互惠。该意见指出，如果"一带一路"沿线国尚未与我国缔结司法协助协定，但如果对方国家承诺将给予我国司法互惠，则我国法院可以考虑先行给予对方国家当事人司法协助，积极促成互惠关系。该意见展现了我国司法实践倡导对互惠关系采取积极宽松认定标准的新动向。2017年6月8日在南宁通过了《第二届中国—东盟大法官论坛南宁声明》，该声明第七条规定：区域内的跨境交易和投资需要以各国适当的判决的相互承认和执行机制作为司法保障。在本国国内法允许的范围内，与会各国法院将善意解释国内法，减少不必要的平行诉讼，考虑适当促进各国民商事判决的相互承认和执行。尚未缔结有关外国民商事判决承认和执行国际条约的国家，在承认与执行对方国家民商事判决的司法程序中，如对方国家的法院不存在以互惠为理由拒绝承认和执行本国民商事判决的先例，在本国国内法允许范围内，即可推定与对方国家之间存在互惠关系。这是对过往司法实践中采取"实存互惠"即要求查明外国法院有承认和执行中国判决的法律或事实的做法的重大突破，有力推动了互惠原则在中国司法实践中的新发展。[1] 2021年12月31日，最高人民法院发布的《涉外审判纪要》第四十四条对互惠关系的认定作了新的适用指导，该条规定：人民法院在审理申请承认和执行外国法院判决、裁定案件时，有下列情形之一的，可以认定存在互惠关系：（1）根据该法院所在国的法律，人民法院作出的民商事判决可以得到该国法院的承认和执行；（2）我国与该法院所在国达成了互惠的谅解或者共识；（3）该法院所在国通过外交途径对我国作出互惠承诺或者我国通过外交途径对该法院所在国作出互惠承诺，且没有证据证明该法院所在国曾以不存在互惠关系为由拒绝承认和执行人民法院作出的判决、裁定。同时还规定，人民法院对于是否存在互惠关系应当逐案审查确定。

---

[1]　张勇健：《"一带一路"背景下互惠原则实践发展的新动向》，载《人民法院报》2017年6月20日。

【关联规范】

《最高人民法院关于适用〈中华人民共和国民事诉讼法〉的解释》第五百四十一条、第五百四十二条、第五百四十四条至第五百四十七条；

《全国法院涉外商事海事审判工作座谈会会议纪要》第四十四条。

我国法院基于互惠原则承认英国法院判决
——某航运有限公司申请承认英国法院判决案①

案情简介

2010年3月，某控股公司（以下简称控股公司）为某轮船公司（以下简称轮船公司）向挪威某公司（以下简称挪威公司）提供租船合同的履约担保。后因轮船公司申请清盘，挪威公司在英国高等法院对控股公司提起诉讼。英国高等法院、上诉法院先后作出判决，判令控股公司承担担保责任。因控股公司系在我国上海登记注册的企业，挪威公司向上海海事法院申请承认相关英国法院判决。

上海海事法院审理认为，我国与英国之间尚未缔结或者参加相互承认和执行法院民商事判决、裁定的国际条约，故应以互惠原则作为承认英国法院判决的审查依据。根据英国法律，其并不以存在相关条约作为承认和执行外国法院民商事判决的必要条件，我国法院作出的民商事判决可以得到英国法院的承认和执行，且控股公司也未证明英国法院曾以不存在互惠关系为由拒绝承认和执行我国法院判决。案涉判决不存在违反我国法律基本原则或者损害我国国家主权、安全、社会公共利益的情形，故在本案中可以根据互惠原则对案涉英国法院判决给予承认。

案例评析

随着我国"一带一路"建设和高水平对外开放的深入实施，如何

---

① 参见《2022年全国海事审判典型案例》，载中国法院网，https://www.chinacourt.org/article/detail/2023/06/id/7374664.shtml，最后访问时间：2023年11月1日。

通过推动民商事判决的跨境承认与执行，公正高效化解跨境经贸纠纷，营造法治化营商环境是中国法院面对的时代命题。合理确定互惠关系的判断标准对于促进国家间相互承认和执行判决具有重要意义。拓宽互惠原则的适用范围，正是中国法院在新时期对此作出的积极回应。本案系我国对英国法院判决予以承认的首例案件，也是中国法院适用法律互惠原则的有益探索，营造了健康向好的判决跨境执行环境，进一步增进我国同世界各国间的司法协作互信基础，充分展现了我国在国际商事纠纷解决领域开放包容的大国司法形象。[①]

当然，如果对方已有以没有互惠关系为由拒绝承认和执行我国法院判决的判例，或者对我国法院判决在该国的承认和执行施加诸多限制，我国法院应该采取对等原则。

> **第三百条　【外国法院裁判的不予承认和执行】**对申请或者请求承认和执行的外国法院作出的发生法律效力的判决、裁定，人民法院经审查，有下列情形之一的，裁定不予承认和执行：
>
> （一）依据本法第三百零一条的规定，外国法院对案件无管辖权；
>
> （二）被申请人未得到合法传唤或者虽经合法传唤但未获得合理的陈述、辩论机会，或者无诉讼行为能力的当事人未得到适当代理；
>
> （三）判决、裁定是通过欺诈方式取得；
>
> （四）人民法院已对同一纠纷作出判决、裁定，或者已经承认第三国法院对同一纠纷作出的判决、裁定；
>
> （五）违反中华人民共和国法律的基本原则或者损害国家主权、安全、社会公共利益。

[①]　参见《2022年全国海事审判典型案例》，载中国法院网，https：//www.chinacourt.org/article/detail/2023/06/id/7374664.shtml，最后访问时间：2023年11月1日。

【条文主旨】

本条是关于不予承认和执行外国法院生效裁判事由的规定。

【条文理解】

本条是新增规定，本条立法的目的在于明确规定不予承认和执行外国法院生效裁判的事由。

在经济全球化迅速发展的态势下，外国法院生效裁判的承认与执行一直受到国际社会普遍的高度关注，但此前，我国除双边司法协助协定中有一些承认与执行外国法院裁判的条件以外，在正式的立法中均未对之作出明确规定，此种状况不利于应对经济全球化下判决在国际间的流通。本条规定是我国首次在立法上对不予承认和执行外国法院生效裁判的事由作出明确规定，增强了我国司法审查的透明度，完善了承认与执行外国法院裁判的制度规则。根据本条规定，不予承认和执行外国法院作出的生效裁判的适用情形分别是：

1. 外国法院对案件无管辖权。拒绝承认与执行外国裁判的首要理由就是原审法院不具有管辖权。作出裁判的外国法院对于案件无管辖权，我国法院当然不予承认与执行其裁判。关于如何认定外国法院对案件无管辖权，应适用民事诉讼法第三百零一条的规定进行审查判断。

2. 被申请人未得到合法传唤或者虽经合法传唤但未获得合理的陈述、辩论机会，或者无诉讼行为能力的当事人未得到适当代理。这是关于外国法院诉讼程序正当性的审查，即在外国法院进行的诉讼是否遵循正当程序的基本原则。正当程序保障是各国承认和执行外国判决时所普遍适用的基本原则，主要是审查被申请人在外国法院进行诉讼的程序性权利是否得到保障，包括得到合法传唤的权利、陈述意见的权利、无诉讼行为能力人得到适当代理的权利。只有当外国法院的裁判是在充分保障当事人诉讼权利的情况下作出的，我国法院才能予以承认和执行。对此，本条明确规定被申请人应获得合法传唤并获得合理的陈述、辩论机会，以保证当事人的基本程序参与权，同理，无诉讼行为能力的人未得到适当代理，是从根本上剥夺了当事人的辩论权，是最为严重的违反正当程序的情形。对于判决作出国法院在诉讼程序中不能保障被申请人基本程序权利的，人民法院应裁定不予承认和执行该外国法院的生效裁判。

3. 判决、裁定是通过欺诈方式取得。这是关于判决正当性的条件规定，大多数国家的立法和司法实践都明确规定，对于通过欺诈手段获得的外国判决不能给予承认和执行。这里的欺诈主要是指当事人通过规避法律、误导或欺骗法庭而获得外国判决，例如当事人规避对其不利的法律适用，使用欺诈手段使外国法院获得了对案件的管辖权，那么应拒绝承认和执行该外国法院的裁判。

4. 我国法院已对同一纠纷作出判决、裁定，或者已经承认第三国法院对同一纠纷作出的判决、裁定。这是关于冲突判决不予承认与执行的规定。冲突判决包括内国生效裁判与外国判决冲突，第三国判决与外国判决冲突这两种形态。为防止冲突判决，对于同一纠纷，我国法院已经作出裁判的，或者对第三国法院作出的生效裁判已经予以承认的，则对申请或请求承认和执行的外国法院裁判裁定不予承认和执行。

5. 违反我国法律的基本原则或者损害国家主权、安全、社会公共利益。公共秩序作为保护国家和社会公共利益的兜底条款，对申请承认和执行外国法院的裁判适用公共秩序保留审查是各国普遍遵循的准则，对于违反我国公共政策的外国法院裁判，人民法院当然应裁定不予承认和执行。我国没有参加任何关于承认与执行外国法院判决的国际条约，只是与一些国家签订了相关的双边司法协助条约，其中也均明确规定公共秩序保留条款。

【适用指南】

承认和执行外国法院生效裁判是国际司法协助的重要内容，对于增强各国司法交流与合作具有重要意义。本次修改以前，民事诉讼法关于承认和执行外国法院裁判的规定过于原则、简单，不利于促进各国法院判决的国际流动，也难以形成国家间的司法互信。本次修改，对不予承认和执行的情形予以明确规定，增进了规则的透明度和确定性。在实践适用中，应注意以下几方面问题。

一、适用形式审查原则

在适用本条规定对外国法院生效裁判进行审查时，首先应当明确的是实行形式审查原则，即不应对外国法院的裁判进行实质审查。我国立法及司法实践对外国民商事判决采取的是形式主义审查模式，人民法院仅依法律规定的拒绝承认的事由进行判断，并不实质审查请求国法院判决认定事实及法律适用错误与否。① 外国法院裁判中的事实认定和法律适用是否错误，属于该国主权范围内的事务，不能要求原审国的法律服从于被执行国的法律，这是国际上公认的做法。尽管在一些适用情形的判断上，不可避免地要考虑到实体问题，特别是在关于裁判是否通过欺诈方式取得，以及公共秩序保留的审查中，必然会涉及案件中的相关事实，但实行形式审查原则的重点在于尊重原审法院的事实认定和法律适用，不对原审法院事实认定和法律适用正确与否作出评判，而是通过审查确定是否存在拒绝承认和执行裁判的情形。审查法院应保持审慎、克制的司法态度，严格依照拒绝承认与执行的事由对外国判决作形式审查。

二、关于诉讼程序正当性的审查

如前所述，适用正当程序基本原则的审查具体主要涉及两种程序性保障：当事人是否获得参与诉讼的适当通知；以及是否为当事人提供了平等参与诉讼的适当机会。通常，这种通知程序是送达，但本条规定中并没有使用"送达"的表述，而是用了"合法传唤"的表述，主要是考虑到在通知程序中，各国的称谓和表述都不尽相同，并且在该领域中各公约的表述都存在差异，如海牙判决项目两公约用的是"通知"（notice），而《海牙送达公约》中使用的是"域外送达"（service a-broad）。对此拘泥于术语上的差别实际并无意义，重要的是强调在功能上能够使当事人得到充分告知的程序，无论是通知还是送达抑或是给予事实上的告知，② 因此，本条规定中的"合法传唤"，作为满足正当程序要件的要求应从这种功能目的论出发作广义的理解。

在适用诉讼程序正当性审查时通常要面临的一个问题是，外国法院所作的缺席判决应否得到我国法院的承认与执行。对此，《民诉法解释》第五百四十一条规定，外国法院判决、裁定为缺席判决、裁定的，申请人应当同时提交该外国法院已经合法传唤的证明文件，但判决、裁

---

① 沈红雨：《外国民商事判决承认和执行若干疑难问题研究》，载《法律适用》2018年第 5 期。

② 如在有些法域，有当事人基于事实上的通知而放弃送达的制度。

定已经对此予以明确说明的除外。中华人民共和国缔结或者参加的国际条约对提交文件有规定的，按照规定办理。在这方面，在我国与他国签订的双边司法协助条约中，多规定拒绝承认与执行的情况之一是，根据作出裁决的缔约一方的法律，在缺席判决的情况下败诉一方当事人未经合法传唤。如《中华人民共和国与阿尔及利亚民主人民共和国关于民事和商事司法协助的条约》第二十二条规定，根据作出裁决的一方的法律，缺席的败诉方当事人未经合法传唤，或者无诉讼行为能力的当事人没有得到适当代理，则可以拒绝承认和执行；《中华人民共和国与巴西联邦共和国关于民事和商事司法协助的条约》第二十三条规定，败诉的当事人未经合法传唤，或者无诉讼行为能力的当事人没有得到适当代理，则可以拒绝承认和执行；《中华人民共和国与法兰西共和国关于民事、商事司法协助的协定》第二十二条规定，败诉方当事人未经合法传唤，因而没有出庭参加诉讼的，拒绝承认和执行。根据司法解释的规定，外国法院所作的缺席判决并不当然被拒绝承认和执行，只要申请人满足相应举证要求，外国法院所作的缺席判决也能得到我国法院承认和执行。但是有条约规定的，应按照条约规定办理。

在这方面，还存在判断合法传唤应适用的法律标准问题。在我国签订的双边司法协助协定中，基本上都规定按照判决作出国的法律判断是否构成合法传唤，因此对于与我国无条约关系的外国法院判决，在适用《民诉法解释》第五百四十一条时亦应当依据判决作出国法律判断有无合法送达，但不应低于我国法律所要求的合法传唤之最低标准。例如，我国民事诉讼法关于电子送达的规定，明确要求采用能够确认受送达人收悉的方式送达。据此，如果判决作出国法律允许电子邮件送达，但同时又采取发信主义，即与我国民事诉讼法采用到达主义的规定相冲突。如当事人确未收悉诉讼通知而未能参加诉讼，则即使依照判决作出国法律为合法送达，此时仍应认定未满足合法传唤的要求。

另外，即使作出裁判的外国法院在传唤当事人的程序上存在瑕疵，但当事人已经出庭应诉，即表明其已实际享有充分答辩的机会，那么在此种情况下则不能再以未经合法传唤作为拒绝承认与执行外国判决的理由。即，败诉方当事人缺席与未经合法传唤的情形必须同时具备，方视为其诉讼权利未得到保障。①

三、关于欺诈的认定

本条未对欺诈的构成要件或认定标准作出规定，也未明确具体应适用哪国的法律来审查认定是否构成欺诈。通常来说，应根据被请求国即我国法律来认定欺诈。欺诈一般都涉及故意欺骗的行为，即行为人在主观上应具有故意，在客观上应实施了造成他人错误认识的行为。需要注意的是，在判决承认和执行的审查中，要审查的事项是，是否属于通过欺诈获得的裁判，即诉讼法意义上的欺诈，而不应将实体法意义上的欺诈纳入审查，否则必然要对案件的实体问题进行评判，这违背了对外国法院生效裁判只作形式审查的原则。

关于欺诈的审查认定，与诉讼程序正当性审查之间存在一定的重合之处，因为一些欺诈行为实际上导致当事人的正当程序权利受到损害，如原告故意提供错误的被告信息，对送达等涉及程序公正的事项造成了不利影响，或者原告贿赂法官导致无诉讼行为能力的被告未得到适当代理等，对此当事人也可以提出正当程序审查。但是总体而言，欺诈与正当程序审查在适用范围和认定标准方面存在明显不同。欺诈必然涉及主观故意，对于欺诈的认定比正当程序要更加严格，认定欺诈必须证明欺诈行为人主观上具有欺诈的故意；而认定违反正当程序原则只需确认相关事实情况即可。欺诈审查的重点是当事人欺诈行为本身的危害性，而正当程序审查的重点是当事人的辩论权是否受到剥夺。即使是将欺诈限定于程序性事项的《选择法院协议公约》，也将欺诈例外条款单独列明，而非纳入正当程序条款之中。欺诈例外不仅包括程序欺诈，而且包括诉讼中的实体问题欺诈，后者不能纳入正当程序事由之中。当一方当事人提供虚假证据而另一方当事人在原审诉讼中并未发现，这种欺诈行为没有剥夺对方当事人充分参与庭审的权利，不能援引正当程序条款进行抗辩。因此，正当程序条款不能替代欺诈例外条款发挥作用。②

此外在审查中需要注意，仅认定当事人存在欺诈故意和欺诈行为尚不足够，必须要有相应的欺诈结果，即判决是通过欺诈获得的。如果当

---

① 沈红雨：《外国民商事判决承认和执行若干疑难问题研究》，载《法律适用》2018年第5期。

② 濮云涛：《中外双边司法协助协定中承认与执行外国判决条件研究》，武汉大学法学院2020年博士学位论文。

事人在诉讼中实施了欺诈行为，但法院最终判其败诉，那么欺诈行为和裁判结果之间就不存在因果关系，审查法院不能认定存在不予承认和执行的欺诈事由。

四、当事人举证与法院依职权审查相结合

对于本条规定的不予承认与执行事由，主要应由被申请人负责举证。被申请人应当举证证明诉讼中存在违反正当程序原则的事由，其未得到合法传唤或合理的陈述、辩论机会，或者无诉讼行为能力的当事人未得到适当代理的情形，判决是申请人通过欺诈获得的，等等，应由被申请人承担外国判决的瑕疵证明责任。

当然在被申请人提出不予承认和执行事由的抗辩之前，申请人应当先行证明外国法院的裁判为生效裁判这一基本事实，即申请承认与执行的外国法院裁判，必须是已经发生法律效力的、具有终局性、确定性的法院裁判，如果要求执行，还应证明该裁判具有可执行性。并且，申请人还要就《民诉法解释》第五百四十一条中关于缺席判决、裁定中外国法院已经进行了合法传唤提供证明，但外国判决、裁定已经对此予以明确说明的除外。

同时，关于外国法院无管辖权以及公共政策事由属于法院依职权审查的事项。在申请承认与执行外国法院作出的生效裁判时，原审国法院对案件具有管辖权是必要条件之一，在这方面，即使当事人没有提出抗辩，我国法院也应当对之进行审查，如果法院发现外国法院管辖权不适格，或者违反本国的专属管辖权，法院应当依职权主动认定外国法院对案件无管辖权，具体的审查事由和认定标准详见民事诉讼法第三百零一条。对于外国法院的裁判是否违反我国法律的基本原则或者损害我国国家主权、安全、社会公共利益，无论被申请人有无提出主张，我国法院都应主动依职权进行审查，民事诉讼法第二百九十九条已对之作了明确规定。此外，对于当事人是否得到合法传唤，同样也是需要人民法院主动审查的事项，特别是关于诉讼文书的送达以及未出庭的当事人是否经过合法传唤，无论被申请人有无主张，人民法院均需要主动审查。

【关联规范】

《中华人民共和国民事诉讼法》第二百九十九条、第三百零一条；

《最高人民法院关于适用〈中华人民共和国民事诉讼法〉的解释》第五百四十一条、第五百四十二条；

《最高人民法院关于人民法院受理申请承认外国法院离婚判决案件有关问题的规定》；

《最高人民法院关于中国公民申请承认外国法院离婚判决程序问题的规定》。

对申请承认与执行外国法院的生效裁判适用形式审查原则

——崔综某、尹智某申请承认与执行韩国法院判决案①

案情简介

本案申请人崔综某和被申请人尹智某均为韩国公民。崔综某申请称，2009 年 11 月 6 日，被申请人尹智某向其借款 8000 万韩元，后申请人于 2017 年在韩国水原地方法院起诉，2017 年 7 月 20 日韩国水原地方法院作出判决，判令被申请人尹智某向申请人崔综某支付 8000 万韩元及自 2017 年 6 月 17 日起至全部款项还清日止按年利率 15% 计算的利息。因被申请人长期居留在中华人民共和国，且被申请人的主要财产均在中国，现申请人依据中华人民共和国相关法律规定向法院申请承认并执行韩国水原地方法院于 2017 年 7 月 20 日作出的 2017 甲单（GA-DAN）15740 号判决书。

被申请人尹智某主张，8000 万韩元是双方在 2009 年的刑事诉讼中涉及的，当时刑事诉讼中认定为投资资金。不同意 8000 元韩元是借款资金，不承认这份判决书。且被申请人对涉案的韩国判决不知情，申请人在知道被申请人在中国的情况下，故意隐瞒不告知韩国法院，致使韩国法院在其未到庭的情况下缺席判决，程序不合法，被申请人在青岛无固定住所，也无可供执行的财产，青岛法院对此无管辖权。中华人民共和国法院辽宁省沈阳市中级人民法院在 2015 年作出了不予认可韩国法院判决的裁定，因此中韩两国还不适用互惠关系原则，故主张本案应当

---

① 青岛市中级人民法院（2018）鲁 02 协外认 6 号民事裁定书。

驳回申请人的申请。

  青岛市中级人民法院（以下简称青岛中院）经审查查明，被申请人尹智某十年前来到中华人民共和国山东省青岛市城阳区，家庭收入主要为其丈夫的工资。尹智某在韩国没有职业，没有财产。青岛中院认为：涉案民事判决系韩国法院作出，我国与韩国之间并未缔结或者共同参加关于相互承认和执行生效裁判文书的国际条约，两国之间缔结的关于民事和商事司法协助的条约中仅规定了对仲裁裁决的承认和执行，所以本案申请人的申请是否应予支持，应依据互惠关系原则进行审查。由于在司法实践中，韩国首尔地方法院曾于 1999 年对我国山东省潍坊市中级人民法院的一份民事判决进行了承认，根据互惠原则，我国法院可以对符合条件的韩国法院的民事判决予以承认和执行。同时，本案中韩国水原地方法院的判决系对申请人与被申请人之间的借贷关系作出，承认该民事判决并不违反我国法律的基本原则或者国家主权、安全、社会公共利益。虽然本案中被申请人声称没有收到过该判决书，但判决书中载明该判决的送达方式是依据韩国民事诉讼法进行的"公示送达"，申请人也出示了韩国法院出具的已送达被申请人及判决已发生效力的证据，该证据经过公证认证，并经被申请人质证，对其真实性本院予以确认。

  关于被申请人抗辩称判决书中所涉 8000 万韩元是双方在 2009 年刑事诉讼中涉及的，当时刑事诉讼中认定为投资资金，不同意 8000 万韩元是借款资金的主张，青岛中院认为：本案为承认和执行外国法院判决、裁定，关于外国法院判决认定的案件事实及法律适用不在本案审查的范围之内。最终，青岛中院裁定：承认和执行韩国水原地方法院 2017 甲单（GADAN）15740 号民事判决。

案例评析

  本案涉及比较典型的在申请承认和执行外国法院的生效裁判审查中，被申请人通常会提出的抗辩，以及受诉法院应如何对这些抗辩进行审查判断的问题。本案中被申请人主张因未经合法送达，原审法院作出缺席判决的程序不合法，同时主张中韩两国间不存在互惠关系，因此要求驳回申请人的申请，并主张青岛法院对案件无管辖权。青岛中院对于该申请和被申请人提出的抗辩进行了审查。由于中韩两国之间并未缔结或者共同参加关于相互承认和执行生效裁判文书的国际条约，因此应依照互惠原则进行审查。在本案中，青岛中院基于之前韩国首尔地方法院对于我国潍坊市中级人民法院的民事判决进行了承认，据此认定两国之间存在事实上的互惠，因此我国法院也可以对符合条件的韩国法院的民事判决予以承认和执行。对于被申请人提出原审法院未经合法传唤就作出缺席判决的抗辩，青岛中院查明在原判决书中已经记载了关于缺席判决的事项，由韩国水原地方法院主事确认，该判决于 2017 年 7 月 28 日送达被申请人尹智某，并于 2017 年 8 月 11 日发生法律效力。对于申请人出示的经过公证认证的关于韩国法院向被申请人送达及判决已发生效力的证据，青岛中院专门组织申请人与被申请人进行了质证，在经过质证后确认了该证据的真实性。

对于本案中被申请人提出判决书中所涉及的 8000 万韩元是双方当事人在之前刑事诉讼中被认定的投资资金，而不是申请人所主张的借款的抗辩，青岛中院正确适用了形式审查原则，明确指出，在承认与执行外国法院生效裁判的审查中，关于外国法院判决认定的案件事实及法律适用不在本案审查的范围之内。人民法院对外国法院裁判的审查，仅限于审查外国法院的裁判是否符合我国法律规定的承认和执行外国法院裁判的条件，对外国法院裁判中的事实认定和法律适用问题不予审查，此种审查为程序上的审查制度。外国法院裁决中事实认定和法律适用是否错误，属于外国法院行使司法权范畴内的事项，本着国家间相互平等、互不干涉的原则，不能要求原审国的法律服从于被执行国的法律，这是国际上公认的做法。作为受理申请承认和执行外国法院生效裁判的审查法院，只进行形式审查，这是我国法院在进行承认和执行外国法院生效裁判审查中必须遵循的原则。

第三百零一条　【外国法院无管辖权的认定】 有下列情形之一的，人民法院应当认定该外国法院对案件无管辖权：

（一）外国法院依照其法律对案件没有管辖权，或者虽然依照其法律有管辖权但与案件所涉纠纷无适当联系；

（二）违反本法对专属管辖的规定；

（三）违反当事人排他性选择法院管辖的协议。

【条文主旨】

本条是关于认定外国法院无管辖权事由的规定。

【条文理解】

本条是新增规定，本条立法的目的在于确定外国法院无管辖权的适用条件。作为本次修改新增加的条文，本条系我国首次在立法上确立间接管辖权的审查规则。

间接管辖权是与直接管辖权相对的概念。直接管辖权，是指某一国家根据该国涉外民事诉讼立法中的有关规定确定其对某一具体的涉外民事案件是否有管辖权。而间接管辖权，是指一国法院在承认与执行外国法院作出的生效判决、裁定时，适用某种标准，判断作出裁判的外国法院是否具有管辖权。由于外国法院所作判决不同于本国法院判决，承认与执行外国法院判决涉及一国的司法主权、社会公共利益等事项，因此，对原审国法院的管辖权进行审查是一国承认与执行外国法院判决的必经程序。管辖权适格是一国法院进行诉讼活动并作出有效判决的前提，在承认与执行外国法院作出的生效裁判时，原审国法院对案件具有管辖权是必要条件之一，内国法院在处理申请承认和执行外国法院判决案件时，必须适用相应的标准对外国法院有无管辖权进行审查，这既是判断外国法院管辖权适当与否的程序性规则，也是承认和执行外国法院判决的先决条件。间接管辖权审查是外国法院生效裁判在被请求国法院得到承认与执行的前提，间接管辖权的制度价值在于维护当事人在原审国确定管辖权的公平性。[1]

长期以来，在承认与执行外国法院裁判方面，我国在立法上限于对双边司法协定、互惠关系及是否侵害我国主权和公共利益的审查上，导致在司法实践中除婚姻判决外，众多外国法院生效裁判无法在我国得到承认和执行。伴随着我国对外经贸的发展和"一带一路"建设的深入，以互惠原则和双边司法协定为基础的审查标准，已无法满足解决日益增多的国际贸易、民商事纠纷的现实需求。有必要在立法上明确确立间接

---

[1] 于飞：《我国间接管辖权制度的构建——基于国际礼让理念》，载《国际经济法学刊》2020年第1期。

管辖权审查规范，将间接管辖权作为外国法院生效裁判承认和执行的前提条件，本条规定填补了我国在间接管辖权上存在的立法空白。

根据本条规定，外国法院存在下列情形之一的，我国法院应当认定该外国法院对案件无管辖权：

1. 该外国法院根据其本国法律的规定，对案件不具有管辖权，或者虽有管辖权但与案件所涉及的纠纷并无适当联系的。即我国法院应依照原判决作出国的法律对该国法院的管辖权适格与否进行审查，经审查发现其对案件行使管辖权并不具有法律依据的，则我国法院应当认定该外国法院无管辖权；或者经审查发现，虽然外国法院依照其本国法律规定有管辖权，但案件所涉及的纠纷与该外国法院之间并不存在适当的联系，外国法院对该案件行使管辖权属于过度管辖的情况，则我国法院也应当认定该外国法院对案件无管辖权。

2. 违反我国民事诉讼法关于专属管辖的规定，案件应由我国法院专属管辖的，则该外国法院当然对案件无管辖权。即以中国法院对案件的专属管辖权排除外国法院的管辖权，因为专属管辖制度具有排他效力，作为一个国家司法管辖的底线，专属管辖权通常是基于社会公共利益目的而规定的。如果案件所涉纠纷依照民事诉讼法的规定，我国法院享有专属管辖权，那么为避免我国的主权和公共秩序因承认和执行外国判决而受到损害，该外国法院的管辖权不会得到承认，即使依照其本国法该外国法院具有适格的管辖权。

3. 当事人间订立了排他性选择管辖法院协议，外国法院无视当事人的管辖协议对案件行使管辖权，违反涉外民事诉讼中尊重当事人意思自治的原则，我国法院当然应认定该外国法院对案件无管辖权。

对申请或者请求承认和执行外国法院作出的生效裁判，人民法院应当组成合议庭进行审查。根据本条规定，在进行间接管辖权审查时，合议庭应从案件是否属于我国法院专属管辖、是否存在排他性管辖协议以及根据原审国法律规定外国法院是否具有管辖权及案件所涉纠纷与该外国法院是否存在适当联系这几个方面对外国法院的管辖权适格与否作出判别。

【适用指南】

作为民事诉讼法本次修改的新增条文，本条首次从立法上确立了间接管辖权的审查认定标准。本条规定详细列明了间接管辖权的审查事由，使当事人能够更为准确地判断外国法院判决的管辖权是否可以得到本国法院的确认，从而提高申请承认和执行判决的可预测性。当事人可以在起诉时，就能够在可选择的范围内，尽可能地确定对自己最有益处且所作裁判也能在我国法院得到承认与执行的外国管辖法院。

司法实践中，在适用本条规定时首先应当明确的是，法院应主动进行间接管辖权审查。即，间接管辖权审查不以当事人提出抗辩为前提。间接管辖权问题属于程序性问题，通常来说需要当事人抗辩。但是，在承认与执行外国法院作出的生效裁判时，原审国法院对案件具有管辖权是必要条件之一，即使当事人没有提出抗辩，我国法院也应当对之进行审查，如果法院发现外国法院没有管辖权，或者违反本国的专属管辖权，法院应当依职权主动认定外国法院对案件无管辖权。《承认与执行外国民商事判决公约》（以下简称《海牙判决公约》）将间接管辖权问题单独进行规定，也充分说明了法院可以主动依照公约进行审查，并非以当事人抗辩为前提。[1]

根据本条规定，在对外国法院管辖权进行审查时，应适用原审国法律进行审查，即被请求国法院根据作出判决的原审国的法律规定，确定原审国法院是否对案件具有管辖权。因此在进行审查时，我国法院必须先行域外法查明，确定原审国法院审理案件的管辖权依据并认定其管辖权是否适格。同时，即使根据原审国法律规定确定其法院对案件具有管辖权，我国法院仍然要适用适当联系的标准确定原审法院的管辖权是否适格。因此，我国法院在对外国法院实行间接管辖权审查时，有必要明确原审法院与其所审理的纠纷之间存在必要的合理联系，防止外国法院滥施单边域外管辖，出现过度管辖的情况。

关于间接管辖权的审查认定，在我国与一些国家签订的司法协助协定中有着与本条规定不同的标准，采用依据被请求国法律来判断原审法院对案件是否具有管辖权。在我国与法国、波兰、古巴、罗马尼亚、阿尔及利亚、巴西、朝鲜、阿根廷、立陶宛、摩洛哥、保加利亚、土耳其等国的双边司法协助协定中，都是适用被请求国法律进行间接管辖权审

---

[1] 何其生：《间接管辖权制度的新发展及中国的模式选择》，载《法律科学》2020年第5期。

查，例如《中华人民共和国和蒙古人民共和国关于民事和刑事司法协助的条约》第十八条第二项规定，根据被请求的缔约一方的法律，作出裁决的缔约一方法院对该案件无管辖权，则可拒绝承认与执行。而在我国与老挝、塞浦路斯、突尼斯、西班牙、意大利、越南等国签订的司法协助协定中，采取的是具体管辖根据模式，即明确列举若干项管辖权标准作为审查依据，详细规定外国法院享有管辖权或不享有管辖权的情况，同时在协定中规定，基础性标准不得影响缔约双方法律规定的专属管辖权。对于我国缔结或参加的国际条约对判决承认与执行中关于间接管辖权已有规定的，人民法院应依条约规定进行审查。

依据被请求国法律决定外国法院对案件管辖权是否适格，其理据主要是根据程序问题适用法院地法这一国际私法原则。有些国家的法律如《德国民事诉讼法》第三百二十八条第一款即规定，外国法院的判决，如果依德国法律该外国法院无管辖权，则不承认其效力。《韩国民事诉讼法》第二百一十七条第一款规定，承认外国法院的判决，需作出判决的外国法院根据韩国法律和加入的国际条约具有管辖权。适用被请求国法律判断原审国法院是否具有管辖权，这在德国法上被称为"镜像原则"。但是，相较于依照被请求国法律对间接管辖权进行审查的方式而言，依据原审国的相关国内法来判断该外国法院对所涉及的案件是否具有管辖权具有明显的优势，毕竟作为原判决作出的法院，其行使管辖权的依据是根据其国内法的规定，并不会基于将来判决要在其他国家法院得到承认与执行而适用该国的法律来考量并决定是否行使管辖权，并且，适用原审国法律作为审查间接管辖权的标准，对于当事人来说更具有明确性、一致性和可预见性，适应国际经济交往的需求，有利于促进国际合作。

但必须给予注意的是，采原审国法律作为间接管辖权的审查标准，对被申请国法官个人的能力、水平有着较高的要求。该模式要求法官在审查不同国家的判决时，不仅要进行域外法查明，而且对于原审国的法律应有一定程度的熟悉、理解和运用的能力，否则，审查法官较难发现外国法院行使管辖权中存在的问题。

同时，在间接管辖权的审查中，法院还必须审查是否存在专属管辖及当事人订立的排他性协议管辖。即如果外国判决所涉及的内容，依照我国法律规定，中华人民共和国享有专属管辖权，那么我国法院应认定该外国法院对案件无管辖权，其所作裁判亦不应得到承认，即使依照其本国法该外国法院具有适格的管辖权。专属管辖除外的规定在我国与俄罗斯、乌克兰等国家签订的双边司法互助条约中也都有所体现。例如，《中华人民共和国和俄罗斯联邦关于民事和刑事司法协助的条约》第二十条规定："有下列情形之一的法院裁决，不予承认与执行……（二）根据被请求承认与执行裁决的缔约一方的法律，被请求的缔约一方法院对该案件有专属管辖权……"同理，在间接管辖权审查中，从尊重当事人意思自治的原则出发，外国原审法院管辖权的行使违反当事人排他性选择法院管辖的协议的，人民法院应当认定该外国法院对案件无管辖权。

【关联规范】

《中华人民共和国民事诉讼法》第三百条；

《最高人民法院关于适用〈中华人民共和国民事诉讼法〉的解释》第五百四十六条。

第三百零二条　【同一争议的处理】当事人向人民法院申请承认和执行外国法院作出的发生法律效力的判决、裁定，该判决、裁定涉及的纠纷与人民法院正在审理的纠纷属于同一纠纷的，人民法院可以裁定中止诉讼。

外国法院作出的发生法律效力的判决、裁定不符合本法规定的承认条件的，人民法院裁定不予承认和执行，并恢复已经中止的诉讼；符合本法规定的承认条件的，人民法院裁定承认其效力；需要执行的，发出执行令，依照本法的有关规定执行；对已经中止的诉讼，裁定驳回起诉。

【条文主旨】

本条是关于申请承认和执行外国法院诉讼竞合裁判的规定。

【条文理解】

本条是新增规定，本条立法的目的在于规定在外国民事裁判承认与执行中，法院对诉讼竞合裁判的审查和处理程序。

本条规定，明确了因同一纠纷向我国法院申请承认和执行程序与我国法院案件审理程序的关系。当事人申请承认和执行外国法院判决，所涉争议与我国法院正在审理案件属于同一争议的，我国法院可以中止审理，新增本条规定有助于促进稳定相关法律关系和当事人预期，同时明确我国法院恢复诉讼程序的情形。

根据本条规定，针对同一纠纷存在诉讼竞合，并且外国法院已经作出了发生法律效力的判决、裁定，当事人向人民法院申请承认和执行该外国法院生效裁判的，则我国法院可以裁定中止在我国进行的诉讼。人民法院应当组成合议庭依照民事诉讼法第二百九十九条、第三百条、第三百零一条及相关国际条约和司法解释的规定进行审查。经审查，认定该外国法院作出的生效裁判不符合民事诉讼法规定的承认条件的，人民法院作出不予承认和执行的裁定，并恢复前述已中止的诉讼。经审查确定外国法院作出的生效裁判符合民事诉讼法规定的承认条件的，人民法院作出承认其效力的裁定；如需执行，则发出执行令，依照民事诉讼法关于民事执行程序的规定进行执行；对于已经中止的诉讼，则作出驳回起诉的裁定。

【适用指南】

如前所述，在涉外民事诉讼中，因管辖权冲突引发的诉讼竞合是一种常态。对此，基于在内外国法院进行的平行诉讼的不同情形，民事诉讼法第二百八十一条规定了分别适用裁定中止诉讼、准许平行诉讼继续进行、恢复诉讼以及裁定驳回起诉等不同的规范。本条规定针对的则是在判决的承认与执行阶段，对于外国法院进行的平行诉讼已先行作出生效裁判并申请我国法院承认和执行的情形中，应当如何处理的问题。

为防止因平行诉讼引发的冲突判决，根据本条规定，当事人向我国法院申请承认和执行外国法院的生效裁判时，人民法院可以裁定中止正在我国法院进行的平行诉讼。依据对外国法院生效裁判承认与执行审查程序的结果，来决定是否继续进行在我国法院的诉讼。如审查结果裁定不予承认和执行该外国法院生效裁判的，则恢复已经中止的诉讼；如审查结果裁定承认该外国法院生效裁判效力的，则对已中止的诉讼适用驳回起诉裁定。根据民事诉讼法第一百五十七条的规定，驳回起诉的裁定可以上诉。

【关联规范】

《中华人民共和国民事诉讼法》第二百八十一条、第二百九十九条至第三百零一条；

《最高人民法院关于适用〈中华人民共和国民事诉讼法〉的解释》第五百三十一条、第五百四十六条。

第三百零三条　【承认和执行的复议】 当事人对承认和执行或者不予承认和执行的裁定不服的，可以自裁定送达之日起十日内向上一级人民法院申请复议。

【条文主旨】

本条是关于对承认和执行或者不予承认和执行的裁定复议的规定。

【条文理解】

本条是新增规定，本条立法的目的在于确定对承认和执行或者不予承认和执行的裁定的救济程序。

关于申请承认和执行外国法院的生效裁判，人民法院作出承认和执行或者不予承认和执行的裁定后，当事人对于该裁定不服是否给予救济、如何救济的问题，之前在民事诉讼法和司法解释中均未作规定。根据民事诉讼法第一百五十七条的规定，只有不予受理、驳回起诉和管辖权异议的裁定才可以上诉，显然承认和执行或者不予承认和执行的裁定不能通过上诉获得救济。在这方面，《民诉法解释》第五百四十二条第二款规定，承认和执行申请被裁定驳回的，当事人可以向人民法院起诉。《民诉法解释》第五百四十六条规定，对于承认和执行外国法院生效裁判的申请，人民法院经审查作出的裁定，一经送达即发生法律效力。

本次修改，增设了对承认和执行或者不予承认和执行的裁定的复议程序。规定当事人对该裁定不服的，可以向上一级法院以申请复议的方式寻求救济。根据本条规定，人民法院作出的承认和执行外国法院生效裁判的裁定，或者不予承认和执行外国法院生效裁判的裁定，当事人对裁定不服的，可以自裁定送达之日起十日内向上一级人民法院申请复议。

【适用指南】

本次修改，明确规定了对承认和执行或者不予承认和执行的裁定不服的救济措施是向上一级人民法院申请复议，申请复议的期限是自裁定送达之日起十日内。不过关于当事人申请复议后的具体程序，如上级法院如何进行复议审查，应在多长的期限内作出复议决定等，本条未作规定。在这方面与此相关的，是《涉外审判纪要》第四十九条关于承认和执行外国法院判决的报备及通报机制的规定。根据该规定，各级人民法院审结当事人申请承认和执行外国法院判决案件的，应当在作出裁定后十五日内逐级报至最高人民法院备案。备案材料包括申请人提交的申请书、外国法院判决及其中文译本、人民法院作出的裁定。人民法院根据互惠原则进行审查的案件，在作出裁定前，应当将拟处理意见报本辖区所属高级人民法院进行审查；高级人民法院同意拟处理意见的，应将其审查意见报最高人民法院审核。待最高人民法院答复后，方可作出裁定。

根据《涉外审判纪要》第四十九条关于承认和执行外国法院判决的报备及通报机制的规定，法院依据互惠原则审查作出的裁定，实际上在裁定作出前，其处理意见均应经由辖区所属高级人民法院审查并将其审查意见报最高人民法院审核答复后，方可作出裁定。在纪要发布后，由于部分地方法院对于"根据互惠原则"进行审查的案件范围和所审核的内容存在不同理解，最高人民法院民四庭对该报核机制的适用作了进一步阐释。最高人民法院民四庭指出，为统一对第四十九条规定的认识和理解，进一步规范此类案件的报核与审查，"对于人民法院根据互惠原则进行审查的案件，请示法院向上一级法院报核请示的范围，并不局限于互惠问题的认定，可以包括处理申请承认和执行案涉外国法院判决、裁定案件需要请示的其他法律问题。上一级法院审查时，应当……对下级法院所请示的法律适用问题进行全面审核，真正起到规范、指引、统一该类案件司法尺度的作用"[①]。

所以根据承认和执行外国法院判决的报核与审查机制的要求，中级人民法院对于当事人申请承认和执行外国法院生效裁判所作的裁定，实际上已经经过了其上一级法院即辖区所属高级人民法院审查，并且是在报最高人民法院审核答复后，才最终作出的。当然上述关于报核机制的规定和阐释是在民事诉讼法本次修改以前作出的，自 2024 年 1 月 1 日起，修改后的民事诉讼法实施后，相应的报核机制应予调整，否则，本条规定的复议救济机制没有实施的实际价值和作用。

【关联规范】

《中华人民共和国民事诉讼法》第二百九十九条至第三百零二条；

《最高人民法院关于适用〈中华人民共和国民事诉讼法〉的解释》第五百四十二条、第五百四十六条；

《全国法院涉外商事海事审判工作座谈会会议纪要》第四十九条。

> **第三百零四条　【外国仲裁裁决的承认和执行】**在中华人民共和国领域外作出的发生法律效力的仲裁裁决，需要人民法院承认和执行的，当事人可以直接向被执行人住所地或者其财产所在地的中级人民法院申请。被执行人住所地或者其财产不在中华人民共和国领域内的，当事人可以向申请人住所地或者与裁决的纠纷有适当联系的地点的中级人民法院申请。人民法院应当依照中华人民共和国缔结或者参加的国际条约，或者按照互惠原则办理。

[①]　最高人民法院民事审判第四庭编著：《〈全国法院涉外商事海事审判工作座谈会会议纪要〉理解与适用》，人民法院出版社 2023 年版，第 327~328 页。

【条文主旨】

本条是关于承认和执行外国仲裁裁决的规定。

【条文理解】

本条对原民事诉讼法第二百九十条作出修改，主要包括以下三方面的内容。

1. 将原第二百九十条中"国外仲裁机构的裁决，需要中华人民共和国人民法院承认和执行的"，改为"在中华人民共和国领域外作出的发生法律效力的仲裁裁决，需要人民法院承认和执行的"，这是关于仲裁裁决籍属认定标准的修改，采用以我国域内与域外的区分确定承认与执行仲裁裁决的依据，将原依"仲裁机构所在地标准"改为依"仲裁地标准"确定仲裁裁决籍属。

在当事人向人民法院申请承认和执行仲裁裁决的案件中，我国法院首先应当对仲裁裁决的籍属予以审查确认，仲裁裁决的籍属的不同，将造成人民法院对该裁决进行司法审查的法律依据有所不同。本次修改前，我国对仲裁裁决的籍属认定采用仲裁机构标准，即以仲裁机构的国籍确定仲裁裁决的籍属，故原民事诉讼法第二百九十条中使用了"国外仲裁机构"的表述。从世界各国仲裁立法和国际条约的有关规定看，关于仲裁裁决籍属的认定标准主要是依仲裁地，其次是依仲裁适用的程序法。《纽约公约》兼顾了这两种标准。随着国际仲裁的发展，以仲裁地为标准判断国际商事仲裁裁决的籍属已成为国际社会的主流做法。[①]

根据本条规定，需要人民法院承认和执行的外国仲裁裁决，是指在中华人民共和国领域外作出的仲裁裁决，而非国外仲裁机构的裁决。

2. 增加了"被执行人住所地或者其财产不在中华人民共和国领域内的，当事人可以向申请人住所地或者与裁决的纠纷有适当联系的地点的中级人民法院申请"的规定。根据原第二百九十条的规定，外国仲裁裁决在我国法院申请承认与执行有一个前提，被申请人住所地或其财产所在地必须在中国境内。但如果被执行人住所地或其财产不在中国境

---

① 高晓力：《司法应依仲裁地而非仲裁机构所在地确定仲裁裁决籍属》，载《人民司法·案例》2017 年第 20 期。

内，当事人是否也可以向我国法院申请承认与执行则缺乏规定。本次修改，弥补了这一立法规定上存在的欠缺和不周密。根据本条规定，对于被执行人住所地或者其财产不在中华人民共和国领域内的，可以由申请人住所地或者与裁决的纠纷存在适当联系地的中级人民法院管辖，增设申请人住所地法院、与裁决所涉纠纷有适当联系地法院为仲裁司法审查的管辖法院，能够最大限度便利仲裁当事人的权利实现，同时彰显我国司法对外国仲裁裁决的尊重态度。

3. 将原第二百九十条中"应当由当事人"向法院申请修改为"当事人可以"向法院申请，将强制性规范的表述修改为任意性规范的表述，凸显了对当事人意志的高度尊重。

【适用指南】

长期以来，我国法律中没有关于仲裁裁决籍属的明确规定，民事诉讼法中以仲裁机构所在地区分外国裁决与国内裁决，但由此带来诸多问题，如境外仲裁机构在我国领域内所作裁决的国籍问题等。实际上，法院对裁决的审查权限，以及法院对裁决进行司法审查适用的法律和程序等都由仲裁裁决籍属决定。[①] 在近年来的司法实践中，我国法院已从"仲裁机构所在地标准"向"仲裁地标准"转变。我国在立法上对于裁决籍属的确定已落后于仲裁实践，仲裁裁决籍属成为亟须解决的关键问题。本条规定明确了按照国际通行的仲裁地标准确定仲裁裁决籍属，外国仲裁裁决，是指在中华人民共和国领域外作出的仲裁裁决，这是本次修法的重大调整。

在实践适用中，需要注意的是，仲裁地不是地理位置，不同于合议地、开庭地等其他仲裁活动的发生地，仲裁地是一个具有特定意义的法律概念，是指"一个国际仲裁在法律意义上的所在地或裁判意义上的归属地所在的国家"。[②] 关于仲裁地的确定，一般优先考虑当事人在仲裁协议中的约定，当事人没有约定的，也可由仲裁庭、仲裁机构或者法

---

① 季境、温志军：《国际商事仲裁裁判国籍籍属的认定》，载《人民司法》2019 年第 14 期。

② 〔美〕加里·博恩：《国际仲裁：法律与实践》，白麟、陈福勇等译，商务印书馆 2015 年版，第 140 页。

院来确定，最终是为了确定仲裁的法律归属地。①《联合国国际贸易法委员会国际商事仲裁示范法》②（以下简称《示范法》）第二十条第一款规定，当事各方可以自由地就仲裁地点达成协议。如未达成这种协议，仲裁地点应由仲裁庭确定，要照顾到案件的情况，包括当事各方的方便。仲裁地不同于开庭地，开庭地是一个具体的地理位置，是为了便于案件审理而确定的地点，可能与仲裁地并非同一地。《示范法》第二十条第二款规定，仲裁庭可以在它认为适当的任何地点聚会，以便在它的成员间进行磋商，听取证人、专家或当事各方的意见或检查货物、其他财产或文件。选择另一个地点开庭，并不会对仲裁的法律属性造成实质改变，仲裁地仍然不变。在第三十一条第三款中要求裁决应写明某日期和按照第二十条第一款所确定的仲裁地点，裁决应视为是在该地点作出的。仲裁地作为一个法律意义上的地点，可不同于仲裁的事实发生地。特别是在涉及线上开庭，仲裁庭通过线上会议的方式进行合议等情形中。大部分仲裁机构会在仲裁规则中明确规定仲裁地的概念，明确与仲裁开庭地等其他地点相区分。当然，有关仲裁地的明确规定，还有赖于在仲裁法修订及在司法解释中对确定仲裁地的细化规定。

此外，根据《民诉法解释》第五百四十三条的规定，对临时仲裁庭在中华人民共和国领域外作出的仲裁裁决，一方当事人向人民法院申请承认和执行的，人民法院应当依照本条规定处理。《民诉法解释》之所以增加关于对临时仲裁裁决的承认与执行的规定，是因为我国已经加入了《纽约公约》，该公约中的仲裁裁决，既包括仲裁机构作出的仲裁裁决也包括临时仲裁庭作出的仲裁裁决。尽管我国仲裁法尚未建立临时仲裁制度，③但是，根据《纽约公约》的规定，我国负有承认和执行在他国作出的临时仲裁裁决的义务。因此，无论是国外仲裁机构还是临时仲裁庭在我国领域外作出的仲裁裁决，当事人都可以向我国有管辖权的中级法院提出申请承认与执行。

对域外仲裁裁决的承认与执行，分为三种情况：

---

① 覃华平：《国际商事仲裁中仲裁地的确定及其法律意义——从 BNA v. BNB and another 案谈起》，载《商事仲裁与调解》2020 年第 2 期。

② 《联合国国际贸易法委员会国际商事仲裁示范法》是联合国国际贸易法委员会于1985 年主持制定的，其没有强制执行力，供各成员国制定国内法时参考之用。

③ 目前，仲裁法修订草案中也规定了临时仲裁制度。

1. 承认与执行《纽约公约》缔约国作出的仲裁裁决。我国于 1987 年 1 月 22 日申请加入《纽约公约》，该公约于 1987 年 4 月 22 日起对我国生效。我国在加入该公约时提出互惠保留和商事保留。① 为妥善执行《纽约公约》的规定，最高人民法院于 1987 年 4 月 10 日发布《关于执行我国加入的〈承认及执行外国仲裁裁决公约〉的通知》，主要内容如下：

"一、根据我国加入该公约时所作的互惠保留声明，我国对在另一缔约国领土内作出的仲裁裁决的承认和执行适用该公约。该公约与我国民事诉讼法（试行）有不同规定的，按该公约的规定办理。

"对于在非缔约国领土内作出的仲裁裁决，需要我国法院承认和执行的，应按民事诉讼法（试行）第二百零四条的规定办理。

"二、根据我国加入该公约时所作的商事保留声明，我国仅对按照我国法律属于契约性和非契约性商事法律关系所引起的争议适用该公约。所谓"契约性和非契约性商事法律关系"，具体的是指由于合同、侵权或者根据有关法律规定而产生的经济上的权利义务关系，例如货物买卖、财产租赁、工程承包、加工承揽、技术转让、合资经营、合作经营、勘探开发自然资源、保险、信贷、劳务、代理、咨询服务和海上、民用航空、铁路、公路的客货运输以及产品责任、环境污染、海上事故和所有权争议等，但不包括外国投资者与东道国政府之间的争端。

"三、根据《1958 年纽约公约》第四条的规定，申请我国法院承认和执行在另一缔约国领土内作出的仲裁裁决，是由仲裁裁决的一方当事人提出的。对于当事人的申请应由我国下列地点的中级人民法院受理：

"1. 被执行人为自然人的，为其户籍所在地或者居所地；

"2. 被执行人为法人的，为其主要办事机构所在地；

"3. 被执行人在我国无住所、居所或者主要办事机构，但有财产在我国境内的，为其财产所在地。

"四、我国有管辖权的人民法院接到一方当事人的申请后，应对申

---

① 中国所做的两项保留声明的具体表述是：（1）中华人民共和国只在互惠的基础上对在另一缔约国领土内作出的仲裁裁决的承认和执行适用该公约；（2）中华人民共和国只对根据中华人民共和国法律认定为属于契约性和非契约性商事法律关系所引起的争议适用该公约。载中华人民共和国条约数据库，http：//treaty. mfa. gov. cn/web/detail1. jsp？objid = 1531876060466，最后访问时间：2023 年 11 月 10 日。

请承认及执行的仲裁裁决进行审查，如果认为不具有《1958 年纽约公约》第五条第一、二两项所列的情形，应当裁定承认其效力，并且依照民事诉讼法（试行）规定的程序执行；如果认定具有第五条第二项所列的情形之一的，或者根据被执行人提供的证据证明具有第五条第一项所列的情形之一的，应当裁定驳回申请，拒绝承认及执行。

"五、申请我国法院承认及执行的仲裁裁决，仅限于《1958 年纽约公约》对我国生效后在另一缔约国领土内作出的仲裁裁决。该项申请应当在民事诉讼法（试行）第一百六十九条规定的申请执行期限内提出。"

2. 承认与执行与我国有双边条约的国家作出的仲裁裁决。我国与法国、波兰、比利时、罗马尼亚、意大利、西班牙、俄罗斯等国都签订了关于民商事司法协助条约或规定，大多数司法协助条约或协定都规定承认和执行外国仲裁裁决依照《纽约公约》的规定。同时，我国还与美国、日本、朝鲜、德国及东欧诸国签订过有关双边条约，涉及承认和执行外国仲裁裁决的规定。对于在这些国家作出的仲裁裁决，我国依上述条约予以承认和执行。

3. 承认与执行与我国没有有关条约关系的其他国家作出的仲裁裁决。与我国没有有关条约关系的其他国家作出的仲裁裁决，需要在我国领域内得到承认与执行的，可以由当事人直接向我国有管辖权的中级法院提出申请，我国法院按照互惠原则办理。

为履行《纽约公约》，保证全国各中级人民法院审判承认和执行外国仲裁裁决的一致性，最高人民法院于 1995 年 8 月 28 日发布的《关于人民法院处理与涉外仲裁及外国仲裁事项有关问题的通知》[①] 第二条规定了拒绝承认和执行外国仲裁裁决的报告制度；2017 年 11 月最高人民法院通过了《最高人民法院关于仲裁司法审查案件报核问题的有关规定》，[②] 确立了仲裁司法审查案件报核制度，规定各中级人民法院或者专门人民法院办理涉外仲裁司法审查案件，经审查拟不予承认和执行外国仲裁裁决的，应当向本辖区所属高级人民法院报核；高级人民法院经审查拟同意的，应当向最高人民法院报核。待最高人民法院审核后，方可依最高人民法院的审核意见作出裁定。

---

① 该规定已于 2008 年 12 月 16 日修改。

② 该规定已于 2021 年 11 月 15 日修改。

当事人向有管辖权的人民法院申请承认和执行外国仲裁机构裁决的，如果受理法院拟裁定不予执行或者拒绝承认和执行的话，在作出此项裁定之前，受理法院必须报请本辖区所属高级人民法院进行审查；如果高级人民法院同意不予执行或者拒绝承认和执行，则应将其审查意见报告最高人民法院。待最高人民法院答复后，受理法院方可裁定不予执行或者拒绝承认和执行。拟拒绝承认和执行外国仲裁裁决时的报告制度，旨在保障外国商事仲裁裁决在中国的承认与执行。

【关联规范】

《最高人民法院关于适用〈中华人民共和国民事诉讼法〉的解释》第五百四十三条；

《最高人民法院关于仲裁司法审查案件报核问题的有关规定》第二条；

《全国法院涉外商事海事审判工作座谈会会议纪要》第一百零五条至第一百零八条。

案例评析

恪守《纽约公约》裁决执行义务
——某国际贸易（上海）有限公司与上海某置地有限公司申请承认和执行外国仲裁裁决案①

案情简介

2005 年 9 月 23 日，上海某置地有限公司（以下简称置地公司）与某国际贸易（上海）有限公司（以下简称贸易公司）通过招标方式签订了一份货物供应合同，约定贸易公司应于 2006 年 2 月 15 日之前将设备运至工地，如发生争议须提交新加坡国际仲裁中心进行仲裁解决。双方在合同履行中发生争议。置地公司在新加坡国际仲裁中心提起仲裁，要求解除合同、停止支付货款。贸易公司在仲裁程序中提出反请求，要

---

① 参见《第二批涉"一带一路"建设典型案例》，载最高人民法院网站，https：//www.court.gov.cn/zixun/xiangqing/44722.html，最后访问时间：2023 年 11 月 1 日。

求支付全部货款、利息并赔偿其他损失。2011年11月，新加坡国际仲裁中心作出裁决，驳回置地公司的仲裁请求，支持贸易公司的仲裁反请求。置地公司支付了部分款项，尚欠仲裁裁决项下未付款及利息合计人民币5133872.3元。贸易公司依据《纽约公约》，向上海市第一中级人民法院请求承认和执行新加坡国际仲裁中心作出的仲裁裁决。置地公司抗辩认为，应不予承认和执行该仲裁裁决，理由为：双方当事人均为中国法人，合同履行地也在国内，故案涉民事关系不具有涉外因素，双方约定将争议提交外国仲裁机构仲裁的协议无效，若承认和执行涉案裁决将有违中国的公共政策。

上海市第一中级人民法院经逐级报告至最高人民法院并获答复后，认为根据《纽约公约》的规定，裁定承认和执行涉案仲裁裁决。关于仲裁条款约定本案争议提交外国仲裁机构仲裁是否有效的问题，关键在于认定系争合同关系是否具有涉外因素，如有涉外因素则仲裁条款有效，反之则无效。综观本案合同所涉的主体、履行特征等方面的实际情况，根据《最高人民法院关于适用〈中华人民共和国涉外民事关系法律适用法〉若干问题的解释（一）》第一条第五项的规定，可以认定系争合同关系为涉外民事法律关系，具体理由为：一是贸易公司与置地公司虽然都是中国法人，但注册地均在上海自贸试验区区域内，且其性质均为外商独资企业，与其境外投资者关联密切。二是本案合同的履行特征具有涉外因素，案涉设备系先从中国境外运至自贸试验区内进行保税监管，再根据合同履行需要适时办理清关完税手续、从区内流转到区外，至此货物进口手续方才完成，故合同标的物的流转过程也具有一定的国际货物买卖特征。故案涉仲裁条款有效。且仲裁裁决内容亦没有与中国公共政策抵触之处，因此承认与执行该仲裁裁决不违反中国的公共政策。同时，该裁定还指出置地公司实际参与全部仲裁程序，主张仲裁条款有效，并在仲裁裁决做出后部分履行了裁决确定的义务。在此情况下，其又以仲裁条款无效为由，主张拒绝承认与执行涉案仲裁裁决的申请，不符合禁止反言、诚实信用和公平合理等公认的法律原则，故对其主张不予支持。

案例评析

自贸试验区是中国推进"一带一路"建设的基础平台、重要节点和战略支撑。接轨国际通行做法，支持自贸试验区发展、健全国际仲裁以及其他非诉讼纠纷解决机制，有助于增强中国法治的国际公信力和影响力。本案裁定在自贸试验区推进投资贸易便利的改革背景下，对自贸试验区内外商独资企业之间的合同纠纷，在涉外因素的认定方面给予必要重视，确认仲裁条款有效，并明确"禁止反言"，践行了《纽约公约》"有利于裁决执行"的理念，体现了中国恪守国际条约义务的基本立场。同时，该案由点及面推动了自贸试验区内企业选择境外仲裁的突破性改革，是自贸试验区可复制可推广司法经验的一宗成功范例。2017年1月，最高人民法院发布《关于为自由贸易试验区建设提供司法保障的意见》，规定自贸试验区内注册的外商独资企业相互之间约定将商事争议提交域外仲裁的，不应仅以其争议不具有涉外因素为由认定相关仲裁协议无效；并规定一方或者双方均为在自贸试验区内注册的外商投资企业，约定将商事争议提交域外仲裁，一方当事人将争议提交域外仲裁，在相关裁决做出后又主张仲裁协议无效，或者另一方当事人在仲裁程序中未对仲裁协议效力提出异议，在相关裁决做出后又以不具有涉外因素为由主张仲裁协议无效的，人民法院不予支持。这有助于构建更加稳定和可预期的"一带一路"法治化营商环境。①

> **第三百零五条　【外国国家豁免】** 涉及外国国家的民事诉讼，适用中华人民共和国有关外国国家豁免的法律规定；有关法律没有规定的，适用本法。

【条文主旨】

本条是关于涉及外国国家民事诉讼的适用法律的规定。

【条文理解】

本条是新增规定，本条立法的目的在于确定涉及外国国家民事诉讼的适用法律。

---

① 参见《第二批涉"一带一路"建设典型案例》，载最高人民法院网站，https：//www.court.gov.cn/zixun/xiangqing/44722.html，最后访问时间：2023年11月1日。

根据本条规定，在以国家为一方当事人的民事诉讼，适用中华人民共和国有关外国国家豁免的法律规定；对于《中华人民共和国外国国家豁免法》中没有规定的，则适用民事诉讼法。

2023 年 9 月 1 日，第十四届全国人民代表大会常务委员会第五次会议通过了外国国家豁免法，该法自 2024 年 1 月 1 日起施行。

【适用指南】

外国国家豁免法在制定过程中，采纳了我国一批著名的国际法学者关于国际法"国家豁免"原则所持的"限制豁免主义"观点，其核心是当一国从事主权行为时，应根据国际公法基本原则享有豁免权；当一国从事非主权行为时，则不享有豁免权。对此，外国国家豁免法完全采纳并在文本中体现了"限制豁免主义"，其第七条第一款规定："外国国家与包括中华人民共和国在内的其他国家的组织或者个人进行的商业活动，在中华人民共和国领域内发生，或者虽然发生在中华人民共和国领域外但在中华人民共和国领域内产生直接影响的，对于该商业活动引起的诉讼，该外国国家在中华人民共和国的法院不享有管辖豁免。"自 2024 年 1 月 1 日起，外国国家豁免法与修改后的民事诉讼法正式实施后，我国自然人、法人针对其他主权国家提起有关商业活动的民事诉讼，我国法院将能够对其他主权国家实施管辖，并对其国家财产实施司法强制。这一变化不仅会在我国涉外司法领域中带来巨大变化，也将对我国处理国际关系，开展对外交往领域产生重要而深远的影响。

【关联规范】

《中华人民共和国外国国家豁免法》第七条。

附　录

中华人民共和国民事诉讼法

（1991 年 4 月 9 日第七届全国人民代表大会第四次会议通过　根据 2007 年 10 月 28 日第十届全国人民代表大会常务委员会第三十次会议《关于修改〈中华人民共和国民事诉讼法〉的决定》第一次修正　根据 2012 年 8 月 31 日第十一届全国人民代表大会常务委员会第二十八次会议《关于修改〈中华人民共和国民事诉讼法〉的决定》第二次修正　根据 2017 年 6 月 27 日第十二届全国人民代表大会常务委员会第二十八次会议《关于修改〈中华人民共和国民事诉讼法〉和〈中华人民共和国行政诉讼法〉的决定》第三次修正　根据 2021 年 12 月 24 日第十三届全国人民代表大会常务委员会第三十二次会议《关于修改〈中华人民共和国民事诉讼法〉的决定》第四次修正　根据 2023 年 9 月 1 日第十四届全国人民代表大会常务委员会第五次会议《关于修改〈中华人民共和国民事诉讼法〉的决定》第五次修正）

目　　录

第一编 总 则

第一章 任务、适用范围和基本原则

第一条 【立法依据】① 中华人民共和国民事诉讼法以宪法为根据，结合我国民事审判工作的经验和实际情况制定。

第二条 【立法目的】中华人民共和国民事诉讼法的任务，是保护当事人行使诉讼权利，保证人民法院查明事实，分清是非，正确适用法律，及时审理民事案件，确认民事权利义务关系，制裁民事违法行为，保护当事人的合法权益，教育公民自觉遵守法律，维护社会秩序、经济秩序，保障社会主义建设事业顺利进行。

第三条 【适用范围】人民法院受理公民之间、法人之间、其他组织之间以及他们相互之间因财产关系和人身关系提起的民事诉讼，适用本法的规定。

第四条 【空间效力】凡在中华人民共和国领域内进行民事诉讼，必须遵守本法。

第五条 【同等原则和对等原则】外国人、无国籍人、外国企业和组织在人民法院起诉、应诉，同中华人民共和国公民、法人和其他组织有同等的诉讼权利义务。

外国法院对中华人民共和国公民、法人和其他组织的民事诉讼权利加以限制的，中华人民共和国人民法院对该国公民、企业和组织的民事诉讼权利，实行对等原则。

第六条 【独立审判原则】民事案件的审判权由人民法院行使。

人民法院依照法律规定对民事案件独立进行审判，不受行政机关、社会团体和个人的干涉。

第七条 【以事实为根据，以法律为准绳原则】人民法院审理民事案件，必须以事实为根据，以法律为准绳。

第八条 【诉讼权利平等原则】民事诉讼当事人有平等的诉讼权利。人民法院审理民事案件，应当保障和便利当事人行使诉讼权利，对当事人在适用法律上一律平等。

第九条 【法院调解原则】人民法院审理民事案件，应当根据自愿和合法的原则进行调解；调解不成的，应当及时判决。

第十条 【合议、回避、公开审判、两审终审制度】人民法院审理民事案件，依照法律规定实行合议、回避、公开审判和两审终审制度。

第十一条 【使用本民族语言文字原则】各民族公民都有用本民族语言、文字进行民事诉讼的权利。

在少数民族聚居或者多民族共同居住的地区，人民法院应当用当地民族通用的语言、文字进行审理和发布法律文书。

---

① 此处本法条文主旨为编辑所加，下同。

人民法院应当对不通晓当地民族通用的语言、文字的诉讼参与人提供翻译。

第十二条 【辩论原则】人民法院审理民事案件时，当事人有权进行辩论。

第十三条 【诚信原则和处分原则】民事诉讼应当遵循诚信原则。

当事人有权在法律规定的范围内处分自己的民事权利和诉讼权利。

第十四条 【检察监督原则】人民检察院有权对民事诉讼实行法律监督。

第十五条 【支持起诉原则】机关、社会团体、企业事业单位对损害国家、集体或者个人民事权益的行为，可以支持受损害的单位或者个人向人民法院起诉。

第十六条 【在线诉讼法律效力】经当事人同意，民事诉讼活动可以通过信息网络平台在线进行。

民事诉讼活动通过信息网络平台在线进行的，与线下诉讼活动具有同等法律效力。

第十七条 【民族自治地方的变通或者补充规定】民族自治地方的人民代表大会根据宪法和本法的原则，结合当地民族的具体情况，可以制定变通或者补充的规定。自治区的规定，报全国人民代表大会常务委员会批准。自治州、自治县的规定，报省或者自治区的人民代表大会常务委员会批准，并报全国人民代表大会常务委员会备案。

第二章 管 辖

第一节 级 别 管 辖

第十八条 【基层法院管辖】基层人民法院管辖第一审民事案件，但本法另有规定的除外。

第十九条 【中级法院管辖】中级人民法院管辖下列第一审民事案件：

（一）重大涉外案件；

（二）在本辖区有重大影响的案件；

（三）最高人民法院确定由中级人民法院管辖的案件。

第二十条 【高级法院管辖】高级人民法院管辖在本辖区有重大影响的第一审民事案件。

第二十一条 【最高法院管辖】最高人民法院管辖下列第一审民事案件：

（一）在全国有重大影响的案件；

（二）认为应当由本院审理的案件。

第二节 地 域 管 辖

第二十二条 【被告住所地、经常居住地法院管辖】对公民提起的民事诉讼，由被告住所地人民法院管辖；被告住所地与经常居住地不一致的，由经常居住地人民法院管辖。

对法人或者其他组织提起的民事诉讼，由被告住所地人民法院管辖。

同一诉讼的几个被告住所地、经常居住地在两个以上人民法院辖区的，各该人民法院都有管辖权。

第二十三条 **【原告住所地、经常居住地法院管辖】** 下列民事诉讼，由原告住所地人民法院管辖；原告住所地与经常居住地不一致的，由原告经常居住地人民法院管辖：

（一）对不在中华人民共和国领域内居住的人提起的有关身份关系的诉讼；

（二）对下落不明或者宣告失踪的人提起的有关身份关系的诉讼；

（三）对被采取强制性教育措施的人提起的诉讼；

（四）对被监禁的人提起的诉讼。

第二十四条 **【合同纠纷的地域管辖】** 因合同纠纷提起的诉讼，由被告住所地或者合同履行地人民法院管辖。

第二十五条 **【保险合同纠纷的地域管辖】** 因保险合同纠纷提起的诉讼，由被告住所地或者保险标的物所在地人民法院管辖。

第二十六条 **【票据纠纷的地域管辖】** 因票据纠纷提起的诉讼，由票据支付地或者被告住所地人民法院管辖。

第二十七条 **【公司纠纷的地域管辖】** 因公司设立、确认股东资格、分配利润、解散等纠纷提起的诉讼，由公司住所地人民法院管辖。

第二十八条 **【运输合同纠纷的地域管辖】** 因铁路、公路、水上、航空运输和联合运输合同纠纷提起的诉讼，由运输始发地、目的地或者被告住所地人民法院管辖。

第二十九条 **【侵权纠纷的地域管辖】** 因侵权行为提起的诉讼，由侵权行为地或者被告住所地人民法院管辖。

第三十条 **【交通事故损害赔偿纠纷的地域管辖】** 因铁路、公路、水上和航空事故请求损害赔偿提起的诉讼，由事故发生地或者车辆、船舶最先到达地、航空器最先降落地或者被告住所地人民法院管辖。

第三十一条 **【海事损害事故赔偿纠纷的地域管辖】** 因船舶碰撞或者其他海事损害事故请求损害赔偿提起的诉讼，由碰撞发生地、碰撞船舶最先到达地、加害船舶被扣留地或者被告住所地人民法院管辖。

第三十二条 **【海难救助费用纠纷的地域管辖】** 因海难救助费用提起的诉讼，由救助地或者被救助船舶最先到达地人民法院管辖。

第三十三条 **【共同海损纠纷的地域管辖】** 因共同海损提起的诉讼，由船舶最先到达地、共同海损理算地或者航程终止地的人民法院管辖。

第三十四条 **【专属管辖】** 下列案件，由本条规定的人民法院专属管辖：

（一）因不动产纠纷提起的诉讼，由不动产所在地人民法院管辖；

（二）因港口作业中发生纠纷提起的诉讼，由港口所在地人民法院管辖；

（三）因继承遗产纠纷提起的诉讼，由被继承人死亡时住所地或者主要遗产所在地人民法院管辖。

第三十五条 **【协议管辖】** 合同或者其他财产权益纠纷的当事人可以书面协议

选择被告住所地、合同履行地、合同签订地、原告住所地、标的物所在地等与争议有实际联系的地点的人民法院管辖，但不得违反本法对级别管辖和专属管辖的规定。

第三十六条 【选择管辖】两个以上人民法院都有管辖权的诉讼，原告可以向其中一个人民法院起诉；原告向两个以上有管辖权的人民法院起诉的，由最先立案的人民法院管辖。

第三节 移送管辖和指定管辖

第三十七条 【移送管辖】人民法院发现受理的案件不属于本院管辖的，应当移送有管辖权的人民法院，受移送的人民法院应当受理。受移送的人民法院认为受移送的案件依照规定不属于本院管辖的，应当报请上级人民法院指定管辖，不得再自行移送。

第三十八条 【指定管辖】有管辖权的人民法院由于特殊原因，不能行使管辖权的，由上级人民法院指定管辖。

人民法院之间因管辖权发生争议，由争议双方协商解决；协商解决不了的，报请它们的共同上级人民法院指定管辖。

第三十九条 【管辖权的转移】上级人民法院有权审理下级人民法院管辖的第一审民事案件；确有必要将本院管辖的第一审民事案件交下级人民法院审理的，应当报请其上级人民法院批准。

下级人民法院对它所管辖的第一审民事案件，认为需要由上级人民法院审理的，可以报请上级人民法院审理。

第三章 审 判 组 织

第四十条 【一审审判组织】人民法院审理第一审民事案件，由审判员、人民陪审员共同组成合议庭或者由审判员组成合议庭。合议庭的成员人数，必须是单数。

适用简易程序审理的民事案件，由审判员一人独任审理。基层人民法院审理的基本事实清楚、权利义务关系明确的第一审民事案件，可以由审判员一人适用普通程序独任审理。

人民陪审员在参加审判活动时，除法律另有规定外，与审判员有同等的权利义务。

第四十一条 【二审和再审审判组织】人民法院审理第二审民事案件，由审判员组成合议庭。合议庭的成员人数，必须是单数。

中级人民法院对第一审适用简易程序审结或者不服裁定提起上诉的第二审民事案件，事实清楚、权利义务关系明确的，经双方当事人同意，可以由审判员一人独任审理。

发回重审的案件，原审人民法院应当按照第一审程序另行组成合议庭。

审理再审案件，原来是第一审的，按照第一审程序另行组成合议庭；原来是第二审的或者是上级人民法院提审的，按照第二审程序另行组成合议庭。

第四十二条 【不适用独任制的情形】人民法院审理下列民事案件,不得由审判员一人独任审理:

(一)涉及国家利益、社会公共利益的案件;

(二)涉及群体性纠纷,可能影响社会稳定的案件;

(三)人民群众广泛关注或者其他社会影响较大的案件;

(四)属于新类型或者疑难复杂的案件;

(五)法律规定应当组成合议庭审理的案件;

(六)其他不宜由审判员一人独任审理的案件。

第四十三条 【独任制向合议制转换】人民法院在审理过程中,发现案件不宜由审判员一人独任审理的,应当裁定转由合议庭审理。

当事人认为案件由审判员一人独任审理违反法律规定的,可以向人民法院提出异议。人民法院对当事人提出的异议应当审查,异议成立的,裁定转由合议庭审理;异议不成立的,裁定驳回。

第四十四条 【合议庭审判长的产生】合议庭的审判长由院长或者庭长指定审判员一人担任;院长或者庭长参加审判的,由院长或者庭长担任。

第四十五条 【合议庭的评议规则】合议庭评议案件,实行少数服从多数的原则。评议应当制作笔录,由合议庭成员签名。评议中的不同意见,必须如实记入笔录。

第四十六条 【审判人员工作纪律】审判人员应当依法秉公办案。

审判人员不得接受当事人及其诉讼代理人请客送礼。

审判人员有贪污受贿,徇私舞弊,枉法裁判行为的,应当追究法律责任;构成犯罪的,依法追究刑事责任。

第四章 回 避

第四十七条 【回避的对象、条件和方式】审判人员有下列情形之一的,应当自行回避,当事人有权用口头或者书面方式申请他们回避:

(一)是本案当事人或者当事人、诉讼代理人近亲属的;

(二)与本案有利害关系的;

(三)与本案当事人、诉讼代理人有其他关系,可能影响对案件公正审理的。

审判人员接受当事人、诉讼代理人请客送礼,或者违反规定会见当事人、诉讼代理人的,当事人有权要求他们回避。

审判人员有前款规定的行为的,应当依法追究法律责任。

前三款规定,适用于法官助理、书记员、司法技术人员、翻译人员、鉴定人、勘验人。

第四十八条 【回避申请】当事人提出回避申请,应当说明理由,在案件开始审理时提出;回避事由在案件开始审理后知道的,也可以在法庭辩论终结前提出。

被申请回避的人员在人民法院作出是否回避的决定前,应当暂停参与本案的工作，但案件需要采取紧急措施的除外。

第四十九条 【回避决定的程序】院长担任审判长或者独任审判员时的回避，由审判委员会决定；审判人员的回避，由院长决定；其他人员的回避，由审判长或者独任审判员决定。

第五十条 【回避决定的时限及效力】人民法院对当事人提出的回避申请，应当在申请提出的三日内，以口头或者书面形式作出决定。申请人对决定不服的，可以在接到决定时申请复议一次。复议期间，被申请回避的人员，不停止参与本案的工作。人民法院对复议申请，应当在三日内作出复议决定，并通知复议申请人。

第五章 诉讼参加人

第一节 当 事 人

第五十一条 【当事人范围】公民、法人和其他组织可以作为民事诉讼的当事人。

法人由其法定代表人进行诉讼。其他组织由其主要负责人进行诉讼。

第五十二条 【诉讼权利义务】当事人有权委托代理人，提出回避申请，收集、提供证据，进行辩论，请求调解，提起上诉，申请执行。

当事人可以查阅本案有关材料，并可以复制本案有关材料和法律文书。查阅、复制本案有关材料的范围和办法由最高人民法院规定。

当事人必须依法行使诉讼权利，遵守诉讼秩序，履行发生法律效力的判决书、裁定书和调解书。

第五十三条 【自行和解】双方当事人可以自行和解。

第五十四条 【诉讼请求的放弃、变更、承认、反驳及反诉】原告可以放弃或者变更诉讼请求。被告可以承认或者反驳诉讼请求，有权提起反诉。

第五十五条 【共同诉讼】当事人一方或者双方为二人以上，其诉讼标的是共同的，或者诉讼标的是同一种类、人民法院认为可以合并审理并经当事人同意的，为共同诉讼。

共同诉讼的一方当事人对诉讼标的有共同权利义务的，其中一人的诉讼行为经其他共同诉讼人承认，对其他共同诉讼人发生效力；对诉讼标的没有共同权利义务的，其中一人的诉讼行为对其他共同诉讼人不发生效力。

第五十六条 【当事人人数确定的代表人诉讼】当事人一方人数众多的共同诉讼，可以由当事人推选代表人进行诉讼。代表人的诉讼行为对其所代表的当事人发生效力，但代表人变更、放弃诉讼请求或者承认对方当事人的诉讼请求，进行和解，必须经被代表的当事人同意。

第五十七条 【当事人人数不确定的代表人诉讼】诉讼标的是同一种类、当事人一方人数众多在起诉时人数尚未确定的，人民法院可以发出公告，说明案件情况和诉讼请求，通知权利人在一定期间向人民法院登记。

向人民法院登记的权利人可以推选代表人进行诉讼；推选不出代表人的，人民法院可以与参加登记的权利人商定代表人。

代表人的诉讼行为对其所代表的当事人发生效力，但代表人变更、放弃诉讼请求或者承认对方当事人的诉讼请求，进行和解，必须经被代表的当事人同意。

人民法院作出的判决、裁定，对参加登记的全体权利人发生效力。未参加登记的权利人在诉讼时效期间提起诉讼的，适用该判决、裁定。

第五十八条　【公益诉讼】 对污染环境、侵害众多消费者合法权益等损害社会公共利益的行为，法律规定的机关和有关组织可以向人民法院提起诉讼。

人民检察院在履行职责中发现破坏生态环境和资源保护、食品药品安全领域侵害众多消费者合法权益等损害社会公共利益的行为，在没有前款规定的机关和组织或者前款规定的机关和组织不提起诉讼的情况下，可以向人民法院提起诉讼。前款规定的机关或者组织提起诉讼的，人民检察院可以支持起诉。

第五十九条　【第三人】 对当事人双方的诉讼标的，第三人认为有独立请求权的，有权提起诉讼。

对当事人双方的诉讼标的，第三人虽然没有独立请求权，但案件处理结果同他有法律上的利害关系的，可以申请参加诉讼，或者由人民法院通知他参加诉讼。人民法院判决承担民事责任的第三人，有当事人的诉讼权利义务。

前两款规定的第三人，因不能归责于本人的事由未参加诉讼，但有证据证明发生法律效力的判决、裁定、调解书的部分或者全部内容错误，损害其民事权益的，可以自知道或者应当知道其民事权益受到损害之日起六个月内，向作出该判决、裁定、调解书的人民法院提起诉讼。人民法院经审理，诉讼请求成立的，应当改变或者撤销原判决、裁定、调解书；诉讼请求不成立的，驳回诉讼请求。

第二节　诉讼代理人

第六十条　【法定诉讼代理人】 无诉讼行为能力人由他的监护人作为法定代理人代为诉讼。法定代理人之间互相推诿代理责任的，由人民法院指定其中一人代为诉讼。

第六十一条　【委托诉讼代理人】 当事人、法定代理人可以委托一至二人作为诉讼代理人。

下列人员可以被委托为诉讼代理人：

（一）律师、基层法律服务工作者；

（二）当事人的近亲属或者工作人员；

（三）当事人所在社区、单位以及有关社会团体推荐的公民。

第六十二条　【委托诉讼代理权的取得和权限】 委托他人代为诉讼，必须向人民法院提交由委托人签名或者盖章的授权委托书。

授权委托书必须记明委托事项和权限。诉讼代理人代为承认、放弃、变更诉讼请求，进行和解，提起反诉或者上诉，必须有委托人的特别授权。

侨居在国外的中华人民共和国公民从国外寄交或者托交的授权委托书，必须经中华人民共和国驻该国的使领馆证明；没有使领馆的，由与中华人民共和国有外交关系的第三国驻该国的使领馆证明，再转由中华人民共和国驻该第三国使领馆证明，或者由当地的爱国华侨团体证明。

第六十三条 【诉讼代理权的变更和解除】诉讼代理人的权限如果变更或者解除，当事人应当书面告知人民法院，并由人民法院通知对方当事人。

第六十四条 【诉讼代理人调查收集证据和查阅有关资料的权利】代理诉讼的律师和其他诉讼代理人有权调查收集证据，可以查阅本案有关材料。查阅本案有关材料的范围和办法由最高人民法院规定。

第六十五条 【离婚诉讼代理的特别规定】离婚案件有诉讼代理人的，本人除不能表达意思的以外，仍应出庭；确因特殊情况无法出庭的，必须向人民法院提交书面意见。

第六章 证 据

第六十六条 【证据的种类】证据包括：

（一）当事人的陈述；

（二）书证；

（三）物证；

（四）视听资料；

（五）电子数据；

（六）证人证言；

（七）鉴定意见；

（八）勘验笔录。

证据必须查证属实，才能作为认定事实的根据。

第六十七条 【举证责任与查证】当事人对自己提出的主张，有责任提供证据。

当事人及其诉讼代理人因客观原因不能自行收集的证据，或者人民法院认为审理案件需要的证据，人民法院应当调查收集。

人民法院应当按照法定程序，全面地、客观地审查核实证据。

第六十八条 【举证期限及逾期后果】当事人对自己提出的主张应当及时提供证据。

人民法院根据当事人的主张和案件审理情况，确定当事人应当提供的证据及其期限。当事人在该期限内提供证据确有困难的，可以向人民法院申请延长期限，人民法院根据当事人的申请适当延长。当事人逾期提供证据的，人民法院应当责令其说明理由；拒不说明理由或者理由不成立的，人民法院根据不同情形可以不予采纳该证据，或者采纳该证据但予以训诫、罚款。

第六十九条 【人民法院签收证据】人民法院收到当事人提交的证据材料，应当出具收据，写明证据名称、页数、份数、原件或者复印件以及收到时间等，并由经办人员签名或者盖章。

第七十条　【人民法院调查取证】人民法院有权向有关单位和个人调查取证，有关单位和个人不得拒绝。

人民法院对有关单位和个人提出的证明文书，应当辨别真伪，审查确定其效力。

第七十一条　【证据的公开与质证】证据应当在法庭上出示，并由当事人互相质证。对涉及国家秘密、商业秘密和个人隐私的证据应当保密，需要在法庭出示的，不得在公开开庭时出示。

第七十二条　【公证证据】经过法定程序公证证明的法律事实和文书，人民法院应当作为认定事实的根据，但有相反证据足以推翻公证证明的除外。

第七十三条　【书证和物证】书证应当提交原件。物证应当提交原物。提交原件或者原物确有困难的，可以提交复制品、照片、副本、节录本。

提交外文书证，必须附有中文译本。

第七十四条　【视听资料】人民法院对视听资料，应当辨别真伪，并结合本案的其他证据，审查确定能否作为认定事实的根据。

第七十五条　【证人的义务】凡是知道案件情况的单位和个人，都有义务出庭作证。有关单位的负责人应当支持证人作证。

不能正确表达意思的人，不能作证。

第七十六条　【证人不出庭作证的情形】经人民法院通知，证人应当出庭作证。有下列情形之一的，经人民法院许可，可以通过书面证言、视听传输技术或者视听资料等方式作证：

（一）因健康原因不能出庭的；

（二）因路途遥远，交通不便不能出庭的；

（三）因自然灾害等不可抗力不能出庭的；

（四）其他有正当理由不能出庭的。

第七十七条　【证人出庭作证费用的承担】证人因履行出庭作证义务而支出的交通、住宿、就餐等必要费用以及误工损失，由败诉一方当事人负担。当事人申请证人作证的，由该当事人先行垫付；当事人没有申请，人民法院通知证人作证的，由人民法院先行垫付。

第七十八条　【当事人陈述】人民法院对当事人的陈述，应当结合本案的其他证据，审查确定能否作为认定事实的根据。

当事人拒绝陈述的，不影响人民法院根据证据认定案件事实。

第七十九条　【申请鉴定】当事人可以就查明事实的专门性问题向人民法院申请鉴定。当事人申请鉴定的，由双方当事人协商确定具备资格的鉴定人；协商不成的，由人民法院指定。

当事人未申请鉴定，人民法院对专门性问题认为需要鉴定的，应当委托具备资格的鉴定人进行鉴定。

第八十条　【鉴定人的职责】鉴定人有权了解进行鉴定所需要的案件材料，必要时可以询问当事人、证人。

鉴定人应当提出书面鉴定意见，在鉴定书上签名或者盖章。

第八十一条　【鉴定人出庭作证的义务】当事人对鉴定意见有异议或者人民法院认为鉴定人有必要出庭的，鉴定人应当出庭作证。经人民法院通知，鉴定人拒不出庭作证的，鉴定意见不得作为认定事实的根据；支付鉴定费用的当事人可以要求返还鉴定费用。

第八十二条　【对鉴定意见的查证】当事人可以申请人民法院通知有专门知识的人出庭，就鉴定人作出的鉴定意见或者专业问题提出意见。

第八十三条　【勘验笔录】勘验物证或者现场，勘验人必须出示人民法院的证件，并邀请当地基层组织或者当事人所在单位派人参加。当事人或者当事人的成年家属应当到场，拒不到场的，不影响勘验的进行。

有关单位和个人根据人民法院的通知，有义务保护现场，协助勘验工作。

勘验人应当将勘验情况和结果制作笔录，由勘验人、当事人和被邀参加人签名或者盖章。

第八十四条　【证据保全】在证据可能灭失或者以后难以取得的情况下，当事人可以在诉讼过程中向人民法院申请保全证据，人民法院也可以主动采取保全措施。

因情况紧急，在证据可能灭失或者以后难以取得的情况下，利害关系人可以在提起诉讼或者申请仲裁前向证据所在地、被申请人住所地或者对案件有管辖权的人民法院申请保全证据。

证据保全的其他程序，参照适用本法第九章保全的有关规定。

第七章　期间、送达

第一节　期　间

第八十五条　【期间的种类和计算】期间包括法定期间和人民法院指定的期间。

期间以时、日、月、年计算。期间开始的时和日，不计算在期间内。

期间届满的最后一日是法定休假日的，以法定休假日后的第一日为期间届满的日期。

期间不包括在途时间，诉讼文书在期满前交邮的，不算过期。

第八十六条　【期间的耽误和顺延】当事人因不可抗拒的事由或者其他正当理由耽误期限的，在障碍消除后的十日内，可以申请顺延期限，是否准许，由人民法院决定。

第二节　送　达

第八十七条　【送达回证】送达诉讼文书必须有送达回证，由受送达人在送达回证上记明收到日期，签名或者盖章。

受送达人在送达回证上的签收日期为送达日期。

第八十八条　【直接送达】送达诉讼文书，应当直接送交受送达人。受送达人是公民的，本人不在交他的同住成年家属签收；受送达人是法人或者其他组织的，应当由法人的法定代表人、其他组织的主要负责人或者该法人、组织负责收件的人签收；受送达人有诉讼代理人的，可以送交其代理人签收；受送达人已向人民法院指定代收人的，送交代收人签收。

受送达人的同住成年家属，法人或者其他组织的负责收件的人，诉讼代理人或者代收人在送达回证上签收的日期为送达日期。

第八十九条 【留置送达】受送达人或者他的同住成年家属拒绝接收诉讼文书的，送达人可以邀请有关基层组织或者所在单位的代表到场，说明情况，在送达回证上记明拒收事由和日期，由送达人、见证人签名或者盖章，把诉讼文书留在受送达人的住所；也可以把诉讼文书留在受送达人的住所，并采用拍照、录像等方式记录送达过程，即视为送达。

第九十条 【电子送达】经受送达人同意，人民法院可以采用能够确认其收悉的电子方式送达诉讼文书。通过电子方式送达的判决书、裁定书、调解书，受送达人提出需要纸质文书的，人民法院应当提供。

采用前款方式送达的，以送达信息到达受送达人特定系统的日期为送达日期。

第九十一条 【委托送达与邮寄送达】直接送达诉讼文书有困难的，可以委托其他人民法院代为送达，或者邮寄送达。邮寄送达的，以回执上注明的收件日期为送达日期。

第九十二条 【军人的转交送达】受送达人是军人的，通过其所在部队团以上单位的政治机关转交。

第九十三条 【被监禁人或被采取强制性教育措施人的转交送达】受送达人被监禁的，通过其所在监所转交。

受送达人被采取强制性教育措施的，通过其所在强制性教育机构转交。

第九十四条 【转交送达的送达日期】代为转交的机关、单位收到诉讼文书后，必须立即交受送达人签收，以在送达回证上的签收日期，为送达日期。

第九十五条 【公告送达】受送达人下落不明，或者用本节规定的其他方式无法送达的，公告送达。自发出公告之日起，经过三十日，即视为送达。

公告送达，应当在案卷中记明原因和经过。

第八章 调　　解

第九十六条 【法院调解原则】人民法院审理民事案件，根据当事人自愿的原则，在事实清楚的基础上，分清是非，进行调解。

第九十七条 【法院调解的程序】人民法院进行调解，可以由审判员一人主持，也可以由合议庭主持，并尽可能就地进行。

人民法院进行调解，可以用简便方式通知当事人、证人到庭。

第九十八条 【对法院调解的协助】人民法院进行调解，可以邀请有关单位和个人协助。被邀请的单位和个人，应当协助人民法院进行调解。

第九十九条 【调解协议的达成】调解达成协议，必须双方自愿，不得强迫。

调解协议的内容不得违反法律规定。

第一百条 【调解书的制作、送达和效力】调解达成协议，人民法院应当制作调解书。调解书应当写明诉讼请求、案件的事实和调解结果。

调解书由审判人员、书记员署名，加盖人民法院印章，送达双方当事人。

调解书经双方当事人签收后，即具有法律效力。

第一百零一条 【不需要制作调解书的案件】下列案件调解达成协议，人民法院可以不制作调解书：

（一）调解和好的离婚案件；

（二）调解维持收养关系的案件；

（三）能够即时履行的案件；

（四）其他不需要制作调解书的案件。

对不需要制作调解书的协议，应当记入笔录，由双方当事人、审判人员、书记员签名或者盖章后，即具有法律效力。

第一百零二条 【调解不成或调解后反悔的处理】调解未达成协议或者调解书送达前一方反悔的，人民法院应当及时判决。

第九章　保全和先予执行

第一百零三条 【诉讼保全】人民法院对于可能因当事人一方的行为或者其他原因，使判决难以执行或者造成当事人其他损害的案件，根据对方当事人的申请，可以裁定对其财产进行保全、责令其作出一定行为或者禁止其作出一定行为；当事人没有提出申请的，人民法院在必要时也可以裁定采取保全措施。

人民法院采取保全措施，可以责令申请人提供担保，申请人不提供担保的，裁定驳回申请。

人民法院接受申请后，对情况紧急的，必须在四十八小时内作出裁定；裁定采取保全措施的，应当立即开始执行。

第一百零四条 【诉前保全】利害关系人因情况紧急，不立即申请保全将会使其合法权益受到难以弥补的损害的，可以在提起诉讼或者申请仲裁前向被保全财产所在地、被申请人住所地或者对案件有管辖权的人民法院申请采取保全措施。申请人应当提供担保，不提供担保的，裁定驳回申请。

人民法院接受申请后，必须在四十八小时内作出裁定；裁定采取保全措施的，应当立即开始执行。

申请人在人民法院采取保全措施后三十日内不依法提起诉讼或者申请仲裁的，人民法院应当解除保全。

第一百零五条 【保全的范围】保全限于请求的范围，或者与本案有关的财物。

第一百零六条 【财产保全的措施】财产保全采取查封、扣押、冻结或者法律规定的其他方法。人民法院保全财产后，应当立即通知被保全财产的人。

财产已被查封、冻结的，不得重复查封、冻结。

第一百零七条 【保全的解除】财产纠纷案件，被申请人提供担保的，人民法院应当裁定解除保全。

第一百零八条 【保全申请错误的处理】申请有错误的，申请人应当赔偿被申请人因保全所遭受的损失。

第一百零九条 【先予执行的适用范围】人民法院对下列案件，根据当事人的申请，可以裁定先予执行：

（一）追索赡养费、扶养费、抚养费、抚恤金、医疗费用的；

（二）追索劳动报酬的；

（三）因情况紧急需要先予执行的。

第一百一十条 【先予执行的条件】人民法院裁定先予执行的，应当符合下列条件：

（一）当事人之间权利义务关系明确，不先予执行将严重影响申请人的生活或者生产经营的；

（二）被申请人有履行能力。

人民法院可以责令申请人提供担保，申请人不提供担保的，驳回申请。申请人败诉的，应当赔偿被申请人因先予执行遭受的财产损失。

第一百一十一条 【对保全或先予执行不服的救济程序】当事人对保全或者先予执行的裁定不服的，可以申请复议一次。复议期间不停止裁定的执行。

第十章 对妨害民事诉讼的强制措施

第一百一十二条 【拘传的适用】人民法院对必须到庭的被告，经两次传票传唤，无正当理由拒不到庭的，可以拘传。

第一百一十三条 【对违反法庭规则、扰乱法庭秩序行为的强制措施】诉讼参与人和其他人应当遵守法庭规则。

人民法院对违反法庭规则的人，可以予以训诫，责令退出法庭或者予以罚款、拘留。

人民法院对哄闹、冲击法庭，侮辱、诽谤、威胁、殴打审判人员，严重扰乱法庭秩序的人，依法追究刑事责任；情节较轻的，予以罚款、拘留。

第一百一十四条 【对妨害诉讼证据的收集、调查和阻拦、干扰诉讼进行的强制措施】诉讼参与人或者其他人有下列行为之一的，人民法院可以根据情节轻重予以罚款、拘留；构成犯罪的，依法追究刑事责任：

（一）伪造、毁灭重要证据，妨碍人民法院审理案件的；

（二）以暴力、威胁、贿买方法阻止证人作证或者指使、贿买、胁迫他人作伪证的；

（三）隐藏、转移、变卖、毁损已被查封、扣押的财产，或者已被清点并责令其保管的财产，转移已被冻结的财产的；

（四）对司法工作人员、诉讼参加人、证人、翻译人员、鉴定人、勘验人、协助执行的人，进行侮辱、诽谤、诬陷、殴打或者打击报复的；

（五）以暴力、威胁或者其他方法阻碍司法工作人员执行职务的；

（六）拒不履行人民法院已经发生法律效力的判决、裁定的。

人民法院对有前款规定的行为之一的单位，可以对其主要负责人或者直接责任人员予以罚款、拘留；构成犯罪的，依法追究刑事责任。

第一百一十五条　【虚假诉讼的认定】当事人之间恶意串通，企图通过诉讼、调解等方式侵害国家利益、社会公共利益或者他人合法权益的，人民法院应当驳回其请求，并根据情节轻重予以罚款、拘留；构成犯罪的，依法追究刑事责任。

当事人单方捏造民事案件基本事实，向人民法院提起诉讼，企图侵害国家利益、社会公共利益或者他人合法权益的，适用前款规定。

第一百一十六条　【对恶意串通，通过诉讼、仲裁、调解等方式逃避履行法律文书确定的义务的强制措施】被执行人与他人恶意串通，通过诉讼、仲裁、调解等方式逃避履行法律文书确定的义务的，人民法院应当根据情节轻重予以罚款、拘留；构成犯罪的，依法追究刑事责任。

第一百一十七条　【对拒不履行协助义务的单位的强制措施】有义务协助调查、执行的单位有下列行为之一的，人民法院除责令其履行协助义务外，并可以予以罚款：

（一）有关单位拒绝或者妨碍人民法院调查取证的；

（二）有关单位接到人民法院协助执行通知书后，拒不协助查询、扣押、冻结、划拨、变价财产的；

（三）有关单位接到人民法院协助执行通知书后，拒不协助扣留被执行人的收入、办理有关财产权证照转移手续、转交有关票证、证照或者其他财产的；

（四）其他拒绝协助执行的。

人民法院对有前款规定的行为之一的单位，可以对其主要负责人或者直接责任人员予以罚款；对仍不履行协助义务的，可以予以拘留；并可以向监察机关或者有关机关提出予以纪律处分的司法建议。

第一百一十八条　【罚款金额和拘留期限】对个人的罚款金额，为人民币十万元以下。对单位的罚款金额，为人民币五万元以上一百万元以下。

拘留的期限，为十五日以下。

被拘留的人，由人民法院交公安机关看管。在拘留期间，被拘留人承认并改正错误的，人民法院可以决定提前解除拘留。

第一百一十九条　【拘传、罚款、拘留的批准】拘传、罚款、拘留必须经院长批准。

拘传应当发拘传票。

罚款、拘留应当用决定书。对决定不服的，可以向上一级人民法院申请复议一次。复议期间不停止执行。

第一百二十条　【强制措施由法院决定】采取对妨害民事诉讼的强制措施必须由人民法院决定。任何单位和个人采取非法拘禁他人或者非法私自扣押他人财产追索债务的，应当依法追究刑事责任，或者予以拘留、罚款。

第十一章　诉　讼　费　用

第一百二十一条　**【诉讼费用】**当事人进行民事诉讼，应当按照规定交纳案件受理费。财产案件除交纳案件受理费外，并按照规定交纳其他诉讼费用。

当事人交纳诉讼费用确有困难的，可以按照规定向人民法院申请缓交、减交或者免交。

收取诉讼费用的办法另行制定。

第二编　审　判　程　序

第十二章　第一审普通程序

第一节　起诉和受理

第一百二十二条　**【起诉的实质要件】**起诉必须符合下列条件：

（一）原告是与本案有直接利害关系的公民、法人和其他组织；

（二）有明确的被告；

（三）有具体的诉讼请求和事实、理由；

（四）属于人民法院受理民事诉讼的范围和受诉人民法院管辖。

第一百二十三条　**【起诉的形式要件】**起诉应当向人民法院递交起诉状，并按照被告人数提出副本。

书写起诉状确有困难的，可以口头起诉，由人民法院记入笔录，并告知对方当事人。

第一百二十四条　**【起诉状的内容】**起诉状应当记明下列事项：

（一）原告的姓名、性别、年龄、民族、职业、工作单位、住所、联系方式，法人或者其他组织的名称、住所和法定代表人或者主要负责人的姓名、职务、联系方式；

（二）被告的姓名、性别、工作单位、住所等信息，法人或者其他组织的名称、住所等信息；

（三）诉讼请求和所根据的事实与理由；

（四）证据和证据来源，证人姓名和住所。

第一百二十五条　**【先行调解】**当事人起诉到人民法院的民事纠纷，适宜调解的，先行调解，但当事人拒绝调解的除外。

第一百二十六条　**【起诉权和受理程序】**人民法院应当保障当事人依照法律规定享有的起诉权利。对符合本法第一百二十二条的起诉，必须受理。符合起诉条件的，应当在七日内立案，并通知当事人；不符合起诉条件的，应当在七日内作出裁定书，不予受理；原告对裁定不服的，可以提起上诉。

第一百二十七条 【对特殊情形的处理】人民法院对下列起诉，分别情形，予以处理：

（一）依照行政诉讼法的规定，属于行政诉讼受案范围的，告知原告提起行政诉讼；

（二）依照法律规定，双方当事人达成书面仲裁协议申请仲裁、不得向人民法院起诉的，告知原告向仲裁机构申请仲裁；

（三）依照法律规定，应当由其他机关处理的争议，告知原告向有关机关申请解决；

（四）对不属于本院管辖的案件，告知原告向有管辖权的人民法院起诉；

（五）对判决、裁定、调解书已经发生法律效力的案件，当事人又起诉的，告知原告申请再审，但人民法院准许撤诉的裁定除外；

（六）依照法律规定，在一定期限内不得起诉的案件，在不得起诉的期限内起诉的，不予受理；

（七）判决不准离婚和调解和好的离婚案件，判决、调解维持收养关系的案件，没有新情况、新理由，原告在六个月内又起诉的，不予受理。

第二节 审理前的准备

第一百二十八条 【送达起诉状和答辩状】人民法院应当在立案之日起五日内将起诉状副本发送被告，被告应当在收到之日起十五日内提出答辩状。答辩状应当记明被告的姓名、性别、年龄、民族、职业、工作单位、住所、联系方式；法人或者其他组织的名称、住所和法定代表人或者主要负责人的姓名、职务、联系方式。人民法院应当在收到答辩状之日起五日内将答辩状副本发送原告。

被告不提出答辩状的，不影响人民法院审理。

第一百二十九条 【诉讼权利义务的告知】人民法院对决定受理的案件，应当在受理案件通知书和应诉通知书中向当事人告知有关的诉讼权利义务，或者口头告知。

第一百三十条 【对管辖权异议的审查和处理】人民法院受理案件后，当事人对管辖权有异议的，应当在提交答辩状期间提出。人民法院对当事人提出的异议，应当审查。异议成立的，裁定将案件移送有管辖权的人民法院；异议不成立的，裁定驳回。

当事人未提出管辖异议，并应诉答辩或者提出反诉的，视为受诉人民法院有管辖权，但违反级别管辖和专属管辖规定的除外。

第一百三十一条 【审判人员的告知】审判人员确定后，应当在三日内告知当事人。

第一百三十二条 【审核取证】审判人员必须认真审核诉讼材料，调查收集必要的证据。

第一百三十三条 【调查取证的程序】人民法院派出人员进行调查时，应当向被调查人出示证件。

调查笔录经被调查人校阅后，由被调查人、调查人签名或者盖章。

第一百三十四条 【委托调查】人民法院在必要时可以委托外地人民法院调查。

委托调查，必须提出明确的项目和要求。受委托人民法院可以主动补充调查。

受委托人民法院收到委托书后，应当在三十日内完成调查。因故不能完成的，应当在上述期限内函告委托人民法院。

第一百三十五条 【当事人的追加】必须共同进行诉讼的当事人没有参加诉讼的，人民法院应当通知其参加诉讼。

第一百三十六条 【案件受理后的处理】人民法院对受理的案件，分别情形，予以处理：

（一）当事人没有争议，符合督促程序规定条件的，可以转入督促程序；

（二）开庭前可以调解的，采取调解方式及时解决纠纷；

（三）根据案件情况，确定适用简易程序或者普通程序；

（四）需要开庭审理的，通过要求当事人交换证据等方式，明确争议焦点。

第三节　开庭审理

第一百三十七条 【公开审理及例外】人民法院审理民事案件，除涉及国家秘密、个人隐私或者法律另有规定的以外，应当公开进行。

离婚案件，涉及商业秘密的案件，当事人申请不公开审理的，可以不公开审理。

第一百三十八条 【巡回审理】人民法院审理民事案件，根据需要进行巡回审理，就地办案。

第一百三十九条 【开庭通知与公告】人民法院审理民事案件，应当在开庭三日前通知当事人和其他诉讼参与人。公开审理的，应当公告当事人姓名、案由和开庭的时间、地点。

第一百四十条 【宣布开庭】开庭审理前，书记员应当查明当事人和其他诉讼参与人是否到庭，宣布法庭纪律。

开庭审理时，由审判长或者独任审判员核对当事人，宣布案由，宣布审判人员、法官助理、书记员等的名单，告知当事人有关的诉讼权利义务，询问当事人是否提出回避申请。

第一百四十一条 【法庭调查顺序】法庭调查按照下列顺序进行：

（一）当事人陈述；

（二）告知证人的权利义务，证人作证，宣读未到庭的证人证言；

（三）出示书证、物证、视听资料和电子数据；

（四）宣读鉴定意见；

（五）宣读勘验笔录。

第一百四十二条 【当事人庭审诉讼权利】当事人在法庭上可以提出新的证据。

当事人经法庭许可，可以向证人、鉴定人、勘验人发问。

当事人要求重新进行调查、鉴定或者勘验的，是否准许，由人民法院决定。

第一百四十三条 【合并审理】原告增加诉讼请求，被告提出反诉，第三人提出与本案有关的诉讼请求，可以合并审理。

第一百四十四条 【法庭辩论】法庭辩论按照下列顺序进行：

（一）原告及其诉讼代理人发言；

（二）被告及其诉讼代理人答辩；

（三）第三人及其诉讼代理人发言或者答辩；

（四）互相辩论。

法庭辩论终结，由审判长或者独任审判员按照原告、被告、第三人的先后顺序征询各方最后意见。

第一百四十五条 【法庭调解】法庭辩论终结，应当依法作出判决。判决前能够调解的，还可以进行调解，调解不成的，应当及时判决。

第一百四十六条 【原告不到庭和中途退庭的处理】原告经传票传唤，无正当理由拒不到庭的，或者未经法庭许可中途退庭的，可以按撤诉处理；被告反诉的，可以缺席判决。

第一百四十七条 【被告不到庭和中途退庭的处理】被告经传票传唤，无正当理由拒不到庭的，或者未经法庭许可中途退庭的，可以缺席判决。

第一百四十八条 【原告申请撤诉的处理】宣判前，原告申请撤诉的，是否准许，由人民法院裁定。

人民法院裁定不准许撤诉的，原告经传票传唤，无正当理由拒不到庭的，可以缺席判决。

第一百四十九条 【延期审理】有下列情形之一的，可以延期开庭审理：

（一）必须到庭的当事人和其他诉讼参与人有正当理由没有到庭的；

（二）当事人临时提出回避申请的；

（三）需要通知新的证人到庭，调取新的证据，重新鉴定、勘验，或者需要补充调查的；

（四）其他应当延期的情形。

第一百五十条 【法庭笔录】书记员应当将法庭审理的全部活动记入笔录，由审判人员和书记员签名。

法庭笔录应当当庭宣读，也可以告知当事人和其他诉讼参与人当庭或者在五日内阅读。当事人和其他诉讼参与人认为对自己的陈述记录有遗漏或者差错的，有权申请补正。如果不予补正，应当将申请记录在案。

法庭笔录由当事人和其他诉讼参与人签名或者盖章。拒绝签名盖章的，记明情况附卷。

第一百五十一条 【宣告判决】人民法院对公开审理或者不公开审理的案件，一律公开宣告判决。

当庭宣判的，应当在十日内发送判决书；定期宣判的，宣判后立即发给判决书。

宣告判决时，必须告知当事人上诉权利、上诉期限和上诉的法院。

宣告离婚判决，必须告知当事人在判决发生法律效力前不得另行结婚。

第一百五十二条 【一审审限】人民法院适用普通程序审理的案件，应当在立案之日起六个月内审结。有特殊情况需要延长的，经本院院长批准，可以延长六个月；还需要延长的，报请上级人民法院批准。

第四节　诉讼中止和终结

第一百五十三条　【诉讼中止】有下列情形之一的，中止诉讼：

（一）一方当事人死亡，需要等待继承人表明是否参加诉讼的；

（二）一方当事人丧失诉讼行为能力，尚未确定法定代理人的；

（三）作为一方当事人的法人或者其他组织终止，尚未确定权利义务承受人的；

（四）一方当事人因不可抗拒的事由，不能参加诉讼的；

（五）本案必须以另一案的审理结果为依据，而另一案尚未审结的；

（六）其他应当中止诉讼的情形。

中止诉讼的原因消除后，恢复诉讼。

第一百五十四条　【诉讼终结】有下列情形之一的，终结诉讼：

（一）原告死亡，没有继承人，或者继承人放弃诉讼权利的；

（二）被告死亡，没有遗产，也没有应当承担义务的人的；

（三）离婚案件一方当事人死亡的；

（四）追索赡养费、扶养费、抚养费以及解除收养关系案件的一方当事人死亡的。

第五节　判决和裁定

第一百五十五条　【判决书的内容】判决书应当写明判决结果和作出该判决的理由。判决书内容包括：

（一）案由、诉讼请求、争议的事实和理由；

（二）判决认定的事实和理由、适用的法律和理由；

（三）判决结果和诉讼费用的负担；

（四）上诉期间和上诉的法院。

判决书由审判人员、书记员署名，加盖人民法院印章。

第一百五十六条　【先行判决】人民法院审理案件，其中一部分事实已经清楚，可以就该部分先行判决。

第一百五十七条　【裁定】裁定适用于下列范围：

（一）不予受理；

（二）对管辖权有异议的；

（三）驳回起诉；

（四）保全和先予执行；

（五）准许或者不准许撤诉；

（六）中止或者终结诉讼；

（七）补正判决书中的笔误；

（八）中止或者终结执行；

（九）撤销或者不予执行仲裁裁决；

（十）不予执行公证机关赋予强制执行效力的债权文书；

（十一）其他需要裁定解决的事项。

对前款第一项至第三项裁定，可以上诉。

裁定书应当写明裁定结果和作出该裁定的理由。裁定书由审判人员、书记员署名，加盖人民法院印章。口头裁定的，记入笔录。

第一百五十八条 【一审裁判的生效】最高人民法院的判决、裁定，以及依法不准上诉或者超过上诉期没有上诉的判决、裁定，是发生法律效力的判决、裁定。

第一百五十九条 【判决、裁定的公开】公众可以查阅发生法律效力的判决书、裁定书，但涉及国家秘密、商业秘密和个人隐私的内容除外。

第十三章 简 易 程 序

第一百六十条 【简易程序的适用范围】基层人民法院和它派出的法庭审理事实清楚、权利义务关系明确、争议不大的简单的民事案件，适用本章规定。

基层人民法院和它派出的法庭审理前款规定以外的民事案件，当事人双方也可以约定适用简易程序。

第一百六十一条 【简易程序的起诉方式和受理程序】对简单的民事案件，原告可以口头起诉。

当事人双方可以同时到基层人民法院或者它派出的法庭，请求解决纠纷。基层人民法院或者它派出的法庭可以当即审理，也可以另定日期审理。

第一百六十二条 【简易程序的传唤方式】基层人民法院和它派出的法庭审理简单的民事案件，可以用简便方式传唤当事人和证人、送达诉讼文书、审理案件，但应当保障当事人陈述意见的权利。

第一百六十三条 【简易程序的独任审理】简单的民事案件由审判员一人独任审理，并不受本法第一百三十九条、第一百四十一条、第一百四十四条规定的限制。

第一百六十四条 【简易程序的审限】人民法院适用简易程序审理案件，应当在立案之日起三个月内审结。有特殊情况需要延长的，经本院院长批准，可以延长一个月。

第一百六十五条 【小额诉讼程序】基层人民法院和它派出的法庭审理事实清楚、权利义务关系明确、争议不大的简单金钱给付民事案件，标的额为各省、自治区、直辖市上年度就业人员年平均工资百分之五十以下的，适用小额诉讼的程序审理，实行一审终审。

基层人民法院和它派出的法庭审理前款规定的民事案件，标的额超过各省、自治区、直辖市上年度就业人员年平均工资百分之五十但在二倍以下的，当事人双方也可以约定适用小额诉讼的程序。

第一百六十六条 【不适用小额诉讼程序的案件】人民法院审理下列民事案件，

不适用小额诉讼的程序：

（一）人身关系、财产确权案件；

（二）涉外案件；

（三）需要评估、鉴定或者对诉前评估、鉴定结果有异议的案件；

（四）一方当事人下落不明的案件；

（五）当事人提出反诉的案件；

（六）其他不宜适用小额诉讼的程序审理的案件。

第一百六十七条　【小额诉讼的审理方式】人民法院适用小额诉讼的程序审理案件，可以一次开庭审结并且当庭宣判。

第一百六十八条　【小额诉讼的审限】人民法院适用小额诉讼的程序审理案件，应当在立案之日起两个月内审结。有特殊情况需要延长的，经本院院长批准，可以延长一个月。

第一百六十九条　【小额诉讼程序转化及当事人异议权】人民法院在审理过程中，发现案件不宜适用小额诉讼的程序的，应当适用简易程序的其他规定审理或者裁定转为普通程序。

当事人认为案件适用小额诉讼的程序审理违反法律规定的，可以向人民法院提出异议。人民法院对当事人提出的异议应当审查，异议成立的，应当适用简易程序的其他规定审理或者裁定转为普通程序；异议不成立的，裁定驳回。

第一百七十条　【简易程序转为普通程序】人民法院在审理过程中，发现案件不宜适用简易程序的，裁定转为普通程序。

第十四章　第二审程序

第一百七十一条　【上诉权】当事人不服地方人民法院第一审判决的，有权在判决书送达之日起十五日内向上一级人民法院提起上诉。

当事人不服地方人民法院第一审裁定的，有权在裁定书送达之日起十日内向上一级人民法院提起上诉。

第一百七十二条　【上诉状的内容】上诉应当递交上诉状。上诉状的内容，应当包括当事人的姓名，法人的名称及其法定代表人的姓名或者其他组织的名称及其主要负责人的姓名；原审人民法院名称、案件的编号和案由；上诉的请求和理由。

第一百七十三条　【上诉的提起】上诉状应当通过原审人民法院提出，并按照对方当事人或者代表人的人数提出副本。

当事人直接向第二审人民法院上诉的，第二审人民法院应当在五日内将上诉状移交原审人民法院。

第一百七十四条　【上诉的受理】原审人民法院收到上诉状，应当在五日内将上诉状副本送达对方当事人，对方当事人在收到之日起十五日内提出答辩状。人民法院应当在收到答辩状之日起五日内将副本送达上诉人。对方当事人不提出答辩状的，不影响人民法院审理。

原审人民法院收到上诉状、答辩状，应当在五日内连同全部案卷和证据，报送第二审人民法院。

第一百七十五条　【二审的审理范围】第二审人民法院应当对上诉请求的有关事实和适用法律进行审查。

第一百七十六条　【二审的审理方式和地点】第二审人民法院对上诉案件应当开庭审理。经过阅卷、调查和询问当事人，对没有提出新的事实、证据或者理由，人民法院认为不需要开庭审理的，可以不开庭审理。

第二审人民法院审理上诉案件，可以在本院进行，也可以到案件发生地或者原审人民法院所在地进行。

第一百七十七条　【二审裁判】第二审人民法院对上诉案件，经过审理，按照下列情形，分别处理：

（一）原判决、裁定认定事实清楚，适用法律正确的，以判决、裁定方式驳回上诉，维持原判决、裁定；

（二）原判决、裁定认定事实错误或者适用法律错误的，以判决、裁定方式依法改判、撤销或者变更；

（三）原判决认定基本事实不清的，裁定撤销原判决，发回原审人民法院重审，或者查清事实后改判；

（四）原判决遗漏当事人或者违法缺席判决等严重违反法定程序的，裁定撤销原判决，发回原审人民法院重审。

原审人民法院对发回重审的案件作出判决后，当事人提起上诉的，第二审人民法院不得再次发回重审。

第一百七十八条　【对一审适用裁定的上诉案件的处理】第二审人民法院对不服第一审人民法院裁定的上诉案件的处理，一律使用裁定。

第一百七十九条　【上诉案件的调解】第二审人民法院审理上诉案件，可以进行调解。调解达成协议，应当制作调解书，由审判人员、书记员署名，加盖人民法院印章。调解书送达后，原审人民法院的判决即视为撤销。

第一百八十条　【上诉的撤回】第二审人民法院判决宣告前，上诉人申请撤回上诉的，是否准许，由第二审人民法院裁定。

第一百八十一条　【二审适用的程序】第二审人民法院审理上诉案件，除依照本章规定外，适用第一审普通程序。

第一百八十二条　【二审裁判的效力】第二审人民法院的判决、裁定，是终审的判决、裁定。

第一百八十三条　【二审审限】人民法院审理对判决的上诉案件，应当在第二审立案之日起三个月内审结。有特殊情况需要延长的，由本院院长批准。

人民法院审理对裁定的上诉案件，应当在第二审立案之日起三十日内作出终审裁定。

第十五章　特　别　程　序

第一节　一　般　规　定

第一百八十四条　【特别程序的适用范围】 人民法院审理选民资格案件、宣告失踪或者宣告死亡案件、指定遗产管理人案件、认定公民无民事行为能力或者限制民事行为能力案件、认定财产无主案件、确认调解协议案件和实现担保物权案件，适用本章规定。本章没有规定的，适用本法和其他法律的有关规定。

第一百八十五条　【一审终审与独任审理】 依照本章程序审理的案件，实行一审终审。选民资格案件或者重大、疑难的案件，由审判员组成合议庭审理；其他案件由审判员一人独任审理。

第一百八十六条　【特别程序的转换】 人民法院在依照本章程序审理案件的过程中，发现本案属于民事权益争议的，应当裁定终结特别程序，并告知利害关系人可以另行起诉。

第一百八十七条　【特别程序的审限】 人民法院适用特别程序审理的案件，应当在立案之日起三十日内或者公告期满后三十日内审结。有特殊情况需要延长的，由本院院长批准。但审理选民资格的案件除外。

第二节　选民资格案件

第一百八十八条　【起诉与管辖】 公民不服选举委员会对选民资格的申诉所作的处理决定，可以在选举日的五日以前向选区所在地基层人民法院起诉。

第一百八十九条　【审理、审限及判决】 人民法院受理选民资格案件后，必须在选举日前审结。

审理时，起诉人、选举委员会的代表和有关公民必须参加。

人民法院的判决书，应当在选举日前送达选举委员会和起诉人，并通知有关公民。

第三节　宣告失踪、宣告死亡案件

第一百九十条　【宣告失踪案件的提起】 公民下落不明满二年，利害关系人申请宣告其失踪的，向下落不明人住所地基层人民法院提出。

申请书应当写明失踪的事实、时间和请求，并附有公安机关或者其他有关机关关于该公民下落不明的书面证明。

第一百九十一条　【宣告死亡案件的提起】 公民下落不明满四年，或者因意外事件下落不明满二年，或者因意外事件下落不明，经有关机关证明该公民不可能生存，利害关系人申请宣告其死亡的，向下落不明人住所地基层人民法院提出。

申请书应当写明下落不明的事实、时间和请求，并附有公安机关或者其他有关机关关于该公民下落不明的书面证明。

第一百九十二条　【公告与判决】人民法院受理宣告失踪、宣告死亡案件后，应当发出寻找下落不明人的公告。宣告失踪的公告期间为三个月，宣告死亡的公告期间为一年。因意外事件下落不明，经有关机关证明该公民不可能生存的，宣告死亡的公告期间为三个月。

公告期间届满，人民法院应当根据被宣告失踪、宣告死亡的事实是否得到确认，作出宣告失踪、宣告死亡的判决或者驳回申请的判决。

第一百九十三条　【判决的撤销】被宣告失踪、宣告死亡的公民重新出现，经本人或者利害关系人申请，人民法院应当作出新判决，撤销原判决。

第四节　指定遗产管理人案件

第一百九十四条　【指定遗产管理人的管辖】对遗产管理人的确定有争议，利害关系人申请指定遗产管理人的，向被继承人死亡时住所地或者主要遗产所在地基层人民法院提出。

申请书应当写明被继承人死亡的时间、申请事由和具体请求，并附有被继承人死亡的相关证据。

第一百九十五条　【遗产管理人的指定原则】人民法院受理申请后，应当审查核实，并按照有利于遗产管理的原则，判决指定遗产管理人。

第一百九十六条　【遗产管理人的变更】被指定的遗产管理人死亡、终止、丧失民事行为能力或者存在其他无法继续履行遗产管理职责情形的，人民法院可以根据利害关系人或者本人的申请另行指定遗产管理人。

第一百九十七条　【遗产管理人的另行指定】遗产管理人违反遗产管理职责，严重侵害继承人、受遗赠人或者债权人合法权益的，人民法院可以根据利害关系人的申请，撤销其遗产管理人资格，并依法指定新的遗产管理人。

第五节　认定公民无民事行为能力、限制民事行为能力案件

第一百九十八条　【认定公民无民事行为能力、限制民事行为能力案件的提起】申请认定公民无民事行为能力或者限制民事行为能力，由利害关系人或者有关组织向该公民住所地基层人民法院提出。

申请书应当写明该公民无民事行为能力或者限制民事行为能力的事实和根据。

第一百九十九条　【民事行为能力鉴定】人民法院受理申请后，必要时应当对被请求认定为无民事行为能力或者限制民事行为能力的公民进行鉴定。申请人已提供鉴定意见的，应当对鉴定意见进行审查。

第二百条　【审理及判决】人民法院审理认定公民无民事行为能力或者限制民事行为能力的案件，应当由该公民的近亲属为代理人，但申请人除外。近亲属互相推诿的，由人民法院指定其中一人为代理人。该公民健康情况许可的，还应当询问

本人的意见。

人民法院经审理认定申请有事实根据的，判决该公民为无民事行为能力或者限制民事行为能力人；认定申请没有事实根据的，应当判决予以驳回。

第二百零一条　【判决的撤销】人民法院根据被认定为无民事行为能力人、限制民事行为能力人本人、利害关系人或者有关组织的申请，证实该公民无民事行为能力或者限制民事行为能力的原因已经消除的，应当作出新判决，撤销原判决。

第六节　认定财产无主案件

第二百零二条　【财产无主案件的提起】申请认定财产无主，由公民、法人或者其他组织向财产所在地基层人民法院提出。

申请书应当写明财产的种类、数量以及要求认定财产无主的根据。

第二百零三条　【公告及判决】人民法院受理申请后，经审查核实，应当发出财产认领公告。公告满一年无人认领的，判决认定财产无主，收归国家或者集体所有。

第二百零四条　【判决的撤销】判决认定财产无主后，原财产所有人或者继承人出现，在民法典规定的诉讼时效期间可以对财产提出请求，人民法院审查属实后，应当作出新判决，撤销原判决。

第七节　确认调解协议案件

第二百零五条　【调解协议的司法确认】经依法设立的调解组织调解达成调解协议，申请司法确认的，由双方当事人自调解协议生效之日起三十日内，共同向下列人民法院提出：

（一）人民法院邀请调解组织开展先行调解的，向作出邀请的人民法院提出；

（二）调解组织自行开展调解的，向当事人住所地、标的物所在地、调解组织所在地的基层人民法院提出；调解协议所涉纠纷应当由中级人民法院管辖的，向相应的中级人民法院提出。

第二百零六条　【审查及裁定】人民法院受理申请后，经审查，符合法律规定的，裁定调解协议有效，一方当事人拒绝履行或者未全部履行的，对方当事人可以向人民法院申请执行；不符合法律规定的，裁定驳回申请，当事人可以通过调解方式变更原调解协议或者达成新的调解协议，也可以向人民法院提起诉讼。

第八节　实现担保物权案件

第二百零七条　【实现担保物权案件的提起】申请实现担保物权，由担保物权人以及其他有权请求实现担保物权的人依照民法典等法律，向担保财产所在地或者担保物权登记地基层人民法院提出。

第二百零八条　【审查及裁定】人民法院受理申请后，经审查，符合法律规定的，裁定拍卖、变卖担保财产，当事人依据该裁定可以向人民法院申请执行；不符合法律规定的，裁定驳回申请，当事人可以向人民法院提起诉讼。

第十六章　审判监督程序

第二百零九条　【人民法院决定再审】各级人民法院院长对本院已经发生法律效力的判决、裁定、调解书，发现确有错误，认为需要再审的，应当提交审判委员会讨论决定。

最高人民法院对地方各级人民法院已经发生法律效力的判决、裁定、调解书，上级人民法院对下级人民法院已经发生法律效力的判决、裁定、调解书，发现确有错误的，有权提审或者指令下级人民法院再审。

第二百一十条　【当事人申请再审】当事人对已经发生法律效力的判决、裁定，认为有错误的，可以向上一级人民法院申请再审；当事人一方人数众多或者当事人双方为公民的案件，也可以向原审人民法院申请再审。当事人申请再审的，不停止判决、裁定的执行。

第二百一十一条　【再审事由】当事人的申请符合下列情形之一的，人民法院应当再审：

（一）有新的证据，足以推翻原判决、裁定的；

（二）原判决、裁定认定的基本事实缺乏证据证明的；

（三）原判决、裁定认定事实的主要证据是伪造的；

（四）原判决、裁定认定事实的主要证据未经质证的；

（五）对审理案件需要的主要证据，当事人因客观原因不能自行收集，书面申请人民法院调查收集，人民法院未调查收集的；

（六）原判决、裁定适用法律确有错误的；

（七）审判组织的组成不合法或者依法应当回避的审判人员没有回避的；

（八）无诉讼行为能力人未经法定代理人代为诉讼或者应当参加诉讼的当事人，因不能归责于本人或者其诉讼代理人的事由，未参加诉讼的；

（九）违反法律规定，剥夺当事人辩论权利的；

（十）未经传票传唤，缺席判决的；

（十一）原判决、裁定遗漏或者超出诉讼请求的；

（十二）据以作出原判决、裁定的法律文书被撤销或者变更的；

（十三）审判人员审理该案件时有贪污受贿，徇私舞弊，枉法裁判行为的。

第二百一十二条　【调解书的再审】当事人对已经发生法律效力的调解书，提出证据证明调解违反自愿原则或者调解协议的内容违反法律的，可以申请再审。经人民法院审查属实的，应当再审。

第二百一十三条　【不得申请再审的案件】当事人对已经发生法律效力的解除婚姻关系的判决、调解书，不得申请再审。

第二百一十四条　【再审申请以及审查】当事人申请再审的，应当提交再审申请书等材料。人民法院应当自收到再审申请书之日起五日内将再审申请书副本发送对方当事人。对方当事人应当自收到再审申请书副本之日起十五日内提交书面意见；不提交书面意见的，不影响人民法院审查。人民法院可以要求申请人和对方当事人补充有关材料，询问有关事项。

第二百一十五条 【再审申请的审查期限以及再审案件管辖法院】人民法院应当自收到再审申请书之日起三个月内审查，符合本法规定的，裁定再审；不符合本法规定的，裁定驳回申请。有特殊情况需要延长的，由本院院长批准。

因当事人申请裁定再审的案件由中级人民法院以上的人民法院审理，但当事人依照本法第二百一十条的规定选择向基层人民法院申请再审的除外。最高人民法院、高级人民法院裁定再审的案件，由本院再审或者交其他人民法院再审，也可以交原审人民法院再审。

第二百一十六条 【当事人申请再审的期限】当事人申请再审，应当在判决、裁定发生法律效力后六个月内提出；有本法第二百一十一条第一项、第三项、第十二项、第十三项规定情形的，自知道或者应当知道之日起六个月内提出。

第二百一十七条 【中止原判决的执行及例外】按照审判监督程序决定再审的案件，裁定中止原判决、裁定、调解书的执行，但追索赡养费、扶养费、抚养费、抚恤金、医疗费用、劳动报酬等案件，可以不中止执行。

第二百一十八条 【再审案件的审理程序】人民法院按照审判监督程序再审的案件，发生法律效力的判决、裁定是由第一审法院作出的，按照第一审程序审理，所作的判决、裁定，当事人可以上诉；发生法律效力的判决、裁定是由第二审法院作出的，按照第二审程序审理，所作的判决、裁定，是发生法律效力的判决、裁定；上级人民法院按照审判监督程序提审的，按照第二审程序审理，所作的判决、裁定是发生法律效力的判决、裁定。

人民法院审理再审案件，应当另行组成合议庭。

第二百一十九条 【人民检察院提起抗诉】最高人民检察院对各级人民法院已经发生法律效力的判决、裁定，上级人民检察院对下级人民法院已经发生法律效力的判决、裁定，发现有本法第二百一十一条规定情形之一的，或者发现调解书损害国家利益、社会公共利益的，应当提出抗诉。

地方各级人民检察院对同级人民法院已经发生法律效力的判决、裁定，发现有本法第二百一十一条规定情形之一的，或者发现调解书损害国家利益、社会公共利益的，可以向同级人民法院提出检察建议，并报上级人民检察院备案；也可以提请上级人民检察院向同级人民法院提出抗诉。

各级人民检察院对审判监督程序以外的其他审判程序中审判人员的违法行为，有权向同级人民法院提出检察建议。

第二百二十条 【当事人申请再审检察建议及抗诉的条件】有下列情形之一的，当事人可以向人民检察院申请检察建议或者抗诉：

（一）人民法院驳回再审申请的；

（二）人民法院逾期未对再审申请作出裁定的；

（三）再审判决、裁定有明显错误的。

人民检察院对当事人的申请应当在三个月内进行审查，作出提出或者不予提出检察建议或者抗诉的决定。当事人不得再次向人民检察院申请检察建议或者抗诉。

第二百二十一条　【抗诉案件的调查】人民检察院因履行法律监督职责提出检察建议或者抗诉的需要，可以向当事人或者案外人调查核实有关情况。

第二百二十二条　【抗诉案件裁定再审的期限及审理法院】人民检察院提出抗诉的案件，接受抗诉的人民法院应当自收到抗诉书之日起三十日内作出再审的裁定；有本法第二百一十一条第一项至第五项规定情形之一的，可以交下一级人民法院再审，但经该下一级人民法院再审的除外。

第二百二十三条　【抗诉书】人民检察院决定对人民法院的判决、裁定、调解书提出抗诉的，应当制作抗诉书。

第二百二十四条　【人民检察院派员出庭】人民检察院提出抗诉的案件，人民法院再审时，应当通知人民检察院派员出席法庭。

第十七章　督 促 程 序

第二百二十五条　【支付令的申请】债权人请求债务人给付金钱、有价证券，符合下列条件的，可以向有管辖权的基层人民法院申请支付令：

（一）债权人与债务人没有其他债务纠纷的；

（二）支付令能够送达债务人的。

申请书应当写明请求给付金钱或者有价证券的数量和所根据的事实、证据。

第二百二十六条　【支付令申请的受理】债权人提出申请后，人民法院应当在五日内通知债权人是否受理。

第二百二十七条　【审理】人民法院受理申请后，经审查债权人提供的事实、证据，对债权债务关系明确、合法的，应当在受理之日起十五日内向债务人发出支付令；申请不成立的，裁定予以驳回。

债务人应当自收到支付令之日起十五日内清偿债务，或者向人民法院提出书面异议。

债务人在前款规定的期间不提出异议又不履行支付令的，债权人可以向人民法院申请执行。

第二百二十八条　【支付令的异议及失效的处理】人民法院收到债务人提出的书面异议后，经审查，异议成立的，应当裁定终结督促程序，支付令自行失效。

支付令失效的，转入诉讼程序，但申请支付令的一方当事人不同意提起诉讼的除外。

第十八章　公示催告程序

第二百二十九条　【公示催告程序的提起】按照规定可以背书转让的票据持有人，因票据被盗、遗失或者灭失，可以向票据支付地的基层人民法院申请公示催告。依照法律规定可以申请公示催告的其他事项，适用本章规定。

申请人应当向人民法院递交申请书，写明票面金额、发票人、持票人、背书人等票据主要内容和申请的理由、事实。

第二百三十条　【受理、止付通知与公告】人民法院决定受理申请，应当同时通知支付人停止支付，并在三日内发出公告，催促利害关系人申报权利。公示催告的期间，由人民法院根据情况决定，但不得少于六十日。

第二百三十一条　【止付通知和公告的效力】支付人收到人民法院停止支付的通知，应当停止支付，至公示催告程序终结。

公示催告期间，转让票据权利的行为无效。

第二百三十二条　【利害关系人申报权利】利害关系人应当在公示催告期间向人民法院申报。

人民法院收到利害关系人的申报后，应当裁定终结公示催告程序，并通知申请人和支付人。

申请人或者申报人可以向人民法院起诉。

第二百三十三条　【除权判决】没有人申报的，人民法院应当根据申请人的申请，作出判决，宣告票据无效。判决应当公告，并通知支付人。自判决公告之日起，申请人有权向支付人请求支付。

第二百三十四条　【除权判决的撤销】利害关系人因正当理由不能在判决前向人民法院申报的，自知道或者应当知道判决公告之日起一年内，可以向作出判决的人民法院起诉。

第三编　执行程序

第十九章　一般规定

第二百三十五条　【执行依据及管辖】发生法律效力的民事判决、裁定，以及刑事判决、裁定中的财产部分，由第一审人民法院或者与第一审人民法院同级的被执行的财产所在地人民法院执行。

法律规定由人民法院执行的其他法律文书，由被执行人住所地或者被执行的财产所在地人民法院执行。

第二百三十六条　【对违法的执行行为的异议】当事人、利害关系人认为执行行为违反法律规定的，可以向负责执行的人民法院提出书面异议。当事人、利害关系人提出书面异议的，人民法院应当自收到书面异议之日起十五日内审查，理由成立的，裁定撤销或者改正；理由不成立的，裁定驳回。当事人、利害关系人对裁定不服的，可以自裁定送达之日起十日内向上一级人民法院申请复议。

第二百三十七条　【变更执行法院】人民法院自收到申请执行书之日起超过六个月未执行的，申请执行人可以向上一级人民法院申请执行。上一级人民法院经审查，可以责令原人民法院在一定期限内执行，也可以决定由本院执行或者指令其他人民法院执行。

第二百三十八条 【案外人异议】执行过程中，案外人对执行标的提出书面异议的，人民法院应当自收到书面异议之日起十五日内审查，理由成立的，裁定中止对该标的的执行；理由不成立的，裁定驳回。案外人、当事人对裁定不服，认为原判决、裁定错误的，依照审判监督程序办理；与原判决、裁定无关的，可以自裁定送达之日起十五日内向人民法院提起诉讼。

第二百三十九条 【执行员与执行机构】执行工作由执行员进行。

采取强制执行措施时，执行员应当出示证件。执行完毕后，应当将执行情况制作笔录，由在场的有关人员签名或者盖章。

人民法院根据需要可以设立执行机构。

第二百四十条 【委托执行】被执行人或者被执行的财产在外地的，可以委托当地人民法院代为执行。受委托人民法院收到委托函件后，必须在十五日内开始执行，不得拒绝。执行完毕后，应当将执行结果及时函复委托人民法院；在三十日内如果还未执行完毕，也应当将执行情况函告委托人民法院。

受委托人民法院自收到委托函件之日起十五日内不执行的，委托人民法院可以请求受委托人民法院的上级人民法院指令受委托人民法院执行。

第二百四十一条 【执行和解】在执行中，双方当事人自行和解达成协议的，执行员应当将协议内容记入笔录，由双方当事人签名或者盖章。

申请执行人因受欺诈、胁迫与被执行人达成和解协议，或者当事人不履行和解协议的，人民法院可以根据当事人的申请，恢复对原生效法律文书的执行。

第二百四十二条 【执行担保】在执行中，被执行人向人民法院提供担保，并经申请执行人同意的，人民法院可以决定暂缓执行及暂缓执行的期限。被执行人逾期仍不履行的，人民法院有权执行被执行人的担保财产或者担保人的财产。

第二百四十三条 【被执行主体的变更】作为被执行人的公民死亡的，以其遗产偿还债务。作为被执行人的法人或者其他组织终止的，由其权利义务承受人履行义务。

第二百四十四条 【执行回转】执行完毕后，据以执行的判决、裁定和其他法律文书确有错误，被人民法院撤销的，对已被执行的财产，人民法院应当作出裁定，责令取得财产的人返还；拒不返还的，强制执行。

第二百四十五条 【法院调解书的执行】人民法院制作的调解书的执行，适用本编的规定。

第二百四十六条 【对执行的法律监督】人民检察院有权对民事执行活动实行法律监督。

第二十章　执行的申请和移送

第二百四十七条 【申请执行与移送执行】发生法律效力的民事判决、裁定，当事人必须履行。一方拒绝履行的，对方当事人可以向人民法院申请执行，也可以由审判员移送执行员执行。

调解书和其他应当由人民法院执行的法律文书，当事人必须履行。一方拒绝履行的，对方当事人可以向人民法院申请执行。

第二百四十八条　【仲裁裁决的申请执行】对依法设立的仲裁机构的裁决，一方当事人不履行的，对方当事人可以向有管辖权的人民法院申请执行。受申请的人民法院应当执行。

被申请人提出证据证明仲裁裁决有下列情形之一的，经人民法院组成合议庭审查核实，裁定不予执行：

（一）当事人在合同中没有订有仲裁条款或者事后没有达成书面仲裁协议的；

（二）裁决的事项不属于仲裁协议的范围或者仲裁机构无权仲裁的；

（三）仲裁庭的组成或者仲裁的程序违反法定程序的；

（四）裁决所根据的证据是伪造的；

（五）对方当事人向仲裁机构隐瞒了足以影响公正裁决的证据的；

（六）仲裁员在仲裁该案时有贪污受贿，徇私舞弊，枉法裁决行为的。

人民法院认定执行该裁决违背社会公共利益的，裁定不予执行。

裁定书应当送达双方当事人和仲裁机构。

仲裁裁决被人民法院裁定不予执行的，当事人可以根据双方达成的书面仲裁协议重新申请仲裁，也可以向人民法院起诉。

第二百四十九条　【公证债权文书的申请执行】对公证机关依法赋予强制执行效力的债权文书，一方当事人不履行的，对方当事人可以向有管辖权的人民法院申请执行，受申请的人民法院应当执行。

公证债权文书确有错误的，人民法院裁定不予执行，并将裁定书送达双方当事人和公证机关。

第二百五十条　【申请执行期间】申请执行的期间为二年。申请执行时效的中止、中断，适用法律有关诉讼时效中止、中断的规定。

前款规定的期间，从法律文书规定履行期间的最后一日起计算；法律文书规定分期履行的，从最后一期履行期限届满之日起计算；法律文书未规定履行期间的，从法律文书生效之日起计算。

第二百五十一条　【执行通知】执行员接到申请执行书或者移交执行书，应当向被执行人发出执行通知，并可以立即采取强制执行措施。

第二十一章　执 行 措 施

第二百五十二条　【被执行人报告财产情况】被执行人未按执行通知履行法律文书确定的义务，应当报告当前以及收到执行通知之日前一年的财产情况。被执行人拒绝报告或者虚假报告的，人民法院可以根据情节轻重对被执行人或者其法定代理人、有关单位的主要负责人或者直接责任人员予以罚款、拘留。

第二百五十三条　【被执行人存款等财产的执行】被执行人未按执行通知履行法律文书确定的义务，人民法院有权向有关单位查询被执行人的存款、债券、股票、基金份额等财产情况。人民法院有权根据不同情形扣押、冻结、划拨、变价被执行人的财产。人民法院查询、扣押、冻结、划拨、变价的财产不得超出被执行人应当履行义务的范围。

人民法院决定扣押、冻结、划拨、变价财产，应当作出裁定，并发出协助执行通知书，有关单位必须办理。

第二百五十四条 【被执行人收入的执行】被执行人未按执行通知履行法律文书确定的义务，人民法院有权扣留、提取被执行人应当履行义务部分的收入。但应当保留被执行人及其所扶养家属的生活必需费用。

人民法院扣留、提取收入时，应当作出裁定，并发出协助执行通知书，被执行人所在单位、银行、信用合作社和其他有储蓄业务的单位必须办理。

第二百五十五条 【被执行人其他财产的执行】被执行人未按执行通知履行法律文书确定的义务，人民法院有权查封、扣押、冻结、拍卖、变卖被执行人应当履行义务部分的财产。但应当保留被执行人及其所扶养家属的生活必需品。

采取前款措施，人民法院应当作出裁定。

第二百五十六条 【查封、扣押】人民法院查封、扣押财产时，被执行人是公民的，应当通知被执行人或者他的成年家属到场；被执行人是法人或者其他组织的，应当通知其法定代表人或者主要负责人到场。拒不到场的，不影响执行。被执行人是公民的，其工作单位或者财产所在地的基层组织应当派人参加。

对被查封、扣押的财产，执行员必须造具清单，由在场人签名或者盖章后，交被执行人一份。被执行人是公民的，也可以交他的成年家属一份。

第二百五十七条 【被查封财产的保管】被查封的财产，执行员可以指定被执行人负责保管。因被执行人的过错造成的损失，由被执行人承担。

第二百五十八条 【拍卖、变卖】财产被查封、扣押后，执行员应当责令被执行人在指定期间履行法律文书确定的义务。被执行人逾期不履行的，人民法院应当拍卖被查封、扣押的财产；不适于拍卖或者当事人双方同意不进行拍卖的，人民法院可以委托有关单位变卖或者自行变卖。国家禁止自由买卖的物品，交有关单位按照国家规定的价格收购。

第二百五十九条 【搜查】被执行人不履行法律文书确定的义务，并隐匿财产的，人民法院有权发出搜查令，对被执行人及其住所或者财产隐匿地进行搜查。

采取前款措施，由院长签发搜查令。

第二百六十条 【指定交付】法律文书指定交付的财物或者票证，由执行员传唤双方当事人当面交付，或者由执行员转交，并由被交付人签收。

有关单位持有该项财物或者票证的，应当根据人民法院的协助执行通知书转交，并由被交付人签收。

有关公民持有该项财物或者票证的，人民法院通知其交出。拒不交出的，强制执行。

第二百六十一条 【强制迁出】强制迁出房屋或者强制退出土地，由院长签发公告，责令被执行人在指定期间履行。被执行人逾期不履行的，由执行员强制执行。

强制执行时，被执行人是公民的，应当通知被执行人或者他的成年家属到场；被执行人是法人或者其他组织的，应当通知其法定代表人或者主要负责人到场。拒不到场的，不影响执行。被执行人是公民的，其工作单位或者房屋、土地所在地的基层组织应当派人参加。执行员应当将强制执行情况记入笔录，由在场人签名或者盖章。

强制迁出房屋被搬出的财物，由人民法院派人运至指定处所，交给被执行人。被执行人是公民的，也可以交给他的成年家属。因拒绝接收而造成的损失，由被执行人承担。

第二百六十二条　【财产权证照转移】在执行中，需要办理有关财产权证照转移手续的，人民法院可以向有关单位发出协助执行通知书，有关单位必须办理。

第二百六十三条　【行为的执行】对判决、裁定和其他法律文书指定的行为，被执行人未按执行通知履行的，人民法院可以强制执行或者委托有关单位或者其他人完成，费用由被执行人承担。

第二百六十四条　【迟延履行的责任】被执行人未按判决、裁定和其他法律文书指定的期间履行给付金钱义务的，应当加倍支付迟延履行期间的债务利息。被执行人未按判决、裁定和其他法律文书指定的期间履行其他义务的，应当支付迟延履行金。

第二百六十五条　【继续执行】人民法院采取本法第二百五十三条、第二百五十四条、第二百五十五条规定的执行措施后，被执行人仍不能偿还债务的，应当继续履行义务。债权人发现被执行人有其他财产的，可以随时请求人民法院执行。

第二百六十六条　【对被执行人的限制措施】被执行人不履行法律文书确定的义务的，人民法院可以对其采取或者通知有关单位协助采取限制出境，在征信系统记录、通过媒体公布不履行义务信息以及法律规定的其他措施。

第二十二章　执行中止和终结

第二百六十七条　【中止执行】有下列情形之一的，人民法院应当裁定中止执行：

（一）申请人表示可以延期执行的；

（二）案外人对执行标的提出确有理由的异议的；

（三）作为一方当事人的公民死亡，需要等待继承人继承权利或者承担义务的；

（四）作为一方当事人的法人或者其他组织终止，尚未确定权利义务承受人的；

（五）人民法院认为应当中止执行的其他情形。

中止的情形消失后，恢复执行。

第二百六十八条　【终结执行】有下列情形之一的，人民法院裁定终结执行：

（一）申请人撤销申请的；

（二）据以执行的法律文书被撤销的；

（三）作为被执行人的公民死亡，无遗产可供执行，又无义务承担人的；

（四）追索赡养费、扶养费、抚养费案件的权利人死亡的；

（五）作为被执行人的公民因生活困难无力偿还借款，无收入来源，又丧失劳动能力的；

（六）人民法院认为应当终结执行的其他情形。

第二百六十九条　【执行中止、终结裁定的生效】中止和终结执行的裁定，送达当事人后立即生效。

第四编　涉外民事诉讼程序的特别规定

第二十三章　一般原则

第二百七十条　【适用本法原则】在中华人民共和国领域内进行涉外民事诉讼，适用本编规定。本编没有规定的，适用本法其他有关规定。

第二百七十一条　【信守国际条约原则】中华人民共和国缔结或者参加的国际条约同本法有不同规定的，适用该国际条约的规定，但中华人民共和国声明保留的条款除外。

第二百七十二条　【司法豁免原则】对享有外交特权与豁免的外国人、外国组织或者国际组织提起的民事诉讼，应当依照中华人民共和国有关法律和中华人民共和国缔结或者参加的国际条约的规定办理。

第二百七十三条　【使用我国通用语言、文字原则】人民法院审理涉外民事案件，应当使用中华人民共和国通用的语言、文字。当事人要求提供翻译的，可以提供，费用由当事人承担。

第二百七十四条　【委托中国律师代理诉讼原则】外国人、无国籍人、外国企业和组织在人民法院起诉、应诉，需要委托律师代理诉讼的，必须委托中华人民共和国的律师。

第二百七十五条　【委托授权书的公证与认证】在中华人民共和国领域内没有住所的外国人、无国籍人、外国企业和组织委托中华人民共和国律师或者其他人代理诉讼，从中华人民共和国领域外寄交或者托交的授权委托书，应当经所在国公证机关证明，并经中华人民共和国驻该国使领馆认证，或者履行中华人民共和国与该所在国订立的有关条约中规定的证明手续后，才具有效力。

第二十四章　管　辖

第二百七十六条　【特殊地域管辖】因涉外民事纠纷，对在中华人民共和国领域内没有住所的被告提起除身份关系以外的诉讼，如果合同签订地、合同履行地、诉讼标的物所在地、可供扣押财产所在地、侵权行为地、代表机构住所地位于中华人民共和国领域内的，可以由合同签订地、合同履行地、诉讼标的物所在地、可供扣押财产所在地、侵权行为地、代表机构住所地人民法院管辖。

除前款规定外，涉外民事纠纷与中华人民共和国存在其他适当联系的，可以由人民法院管辖。

第二百七十七条 【涉外民事纠纷的协议管辖】涉外民事纠纷的当事人书面协议选择人民法院管辖的，可以由人民法院管辖。

第二百七十八条 【涉外民事纠纷的应诉管辖】当事人未提出管辖异议，并应诉答辩或者提出反诉的，视为人民法院有管辖权。

第二百七十九条 【专属管辖】下列民事案件，由人民法院专属管辖：

（一）因在中华人民共和国领域内设立的法人或者其他组织的设立、解散、清算，以及该法人或者其他组织作出的决议的效力等纠纷提起的诉讼；

（二）因与在中华人民共和国领域内审查授予的知识产权的有效性有关的纠纷提起的诉讼；

（三）因在中华人民共和国领域内履行中外合资经营企业合同、中外合作经营企业合同、中外合作勘探开发自然资源合同发生纠纷提起的诉讼。

第二百八十条 【排他性管辖协议】当事人之间的同一纠纷，一方当事人向外国法院起诉，另一方当事人向人民法院起诉，或者一方当事人既向外国法院起诉，又向人民法院起诉，人民法院依照本法有管辖权的，可以受理。当事人订立排他性管辖协议选择外国法院管辖且不违反本法对专属管辖的规定，不涉及中华人民共和国主权、安全或者社会公共利益的，人民法院可以裁定不予受理；已经受理的，裁定驳回起诉。

第二百八十一条 【平行诉讼的处理】人民法院依据前条规定受理案件后，当事人以外国法院已经先于人民法院受理为由，书面申请人民法院中止诉讼的，人民法院可以裁定中止诉讼，但是存在下列情形之一的除外：

（一）当事人协议选择人民法院管辖，或者纠纷属于人民法院专属管辖；

（二）由人民法院审理明显更为方便。

外国法院未采取必要措施审理案件，或者未在合理期限内审结的，依当事人的书面申请，人民法院应当恢复诉讼。

外国法院作出的发生法律效力的判决、裁定，已经被人民法院全部或者部分承认，当事人对已经获得承认的部分又向人民法院起诉的，裁定不予受理；已经受理的，裁定驳回起诉。

第二百八十二条 【不方便法院原则】人民法院受理的涉外民事案件，被告提出管辖异议，且同时有下列情形的，可以裁定驳回起诉，告知原告向更为方便的外国法院提起诉讼：

（一）案件争议的基本事实不是发生在中华人民共和国领域内，人民法院审理案件和当事人参加诉讼均明显不方便；

（二）当事人之间不存在选择人民法院管辖的协议；

（三）案件不属于人民法院专属管辖；

（四）案件不涉及中华人民共和国主权、安全或者社会公共利益；

（五）外国法院审理案件更为方便。

裁定驳回起诉后，外国法院对纠纷拒绝行使管辖权，或者未采取必要措施审理案件，或者未在合理期限内审结，当事人又向人民法院起诉的，人民法院应当受理。

第二十五章　送达、调查取证、期间

第二百八十三条　**【送达方式】**人民法院对在中华人民共和国领域内没有住所的当事人送达诉讼文书，可以采用下列方式：

（一）依照受送达人所在国与中华人民共和国缔结或者共同参加的国际条约中规定的方式送达；

（二）通过外交途径送达；

（三）对具有中华人民共和国国籍的受送达人，可以委托中华人民共和国驻受送达人所在国的使领馆代为送达；

（四）向受送达人在本案中委托的诉讼代理人送达；

（五）向受送达人在中华人民共和国领域内设立的独资企业、代表机构、分支机构或者有权接受送达的业务代办人送达；

（六）受送达人为外国人、无国籍人，其在中华人民共和国领域内设立的法人或者其他组织担任法定代表人或者主要负责人，且与该法人或者其他组织为共同被告的，向该法人或者其他组织送达；

（七）受送达人为外国法人或者其他组织，其法定代表人或者主要负责人在中华人民共和国领域内的，向其法定代表人或者主要负责人送达；

（八）受送达人所在国的法律允许邮寄送达的，可以邮寄送达，自邮寄之日起满三个月，送达回证没有退回，但根据各种情况足以认定已经送达的，期间届满之日视为送达；

（九）采用能够确认受送达人收悉的电子方式送达，但是受送达人所在国法律禁止的除外；

（十）以受送达人同意的其他方式送达，但是受送达人所在国法律禁止的除外。

不能用上述方式送达的，公告送达，自发出公告之日起，经过六十日，即视为送达。

第二百八十四条　**【域外调查取证】**当事人申请人民法院调查收集的证据位于中华人民共和国领域外，人民法院可以依照证据所在国与中华人民共和国缔结或者共同参加的国际条约中规定的方式，或者通过外交途径调查收集。

在所在国法律不禁止的情况下，人民法院可以采用下列方式调查收集：

（一）对具有中华人民共和国国籍的当事人、证人，可以委托中华人民共和国驻当事人、证人所在国的使领馆代为取证；

（二）经双方当事人同意，通过即时通讯工具取证；

（三）以双方当事人同意的其他方式取证。

第二百八十五条　**【答辩期间】**被告在中华人民共和国领域内没有住所的，人民法院应当将起诉状副本送达被告，并通知被告在收到起诉状副本后三十日内提出答辩状。被告申请延期的，是否准许，由人民法院决定。

第二百八十六条　【上诉期间】在中华人民共和国领域内没有住所的当事人，不服第一审人民法院判决、裁定的，有权在判决书、裁定书送达之日起三十日内提起上诉。被上诉人在收到上诉状副本后，应当在三十日内提出答辩状。当事人不能在法定期间提起上诉或者提出答辩状，申请延期的，是否准许，由人民法院决定。

第二百八十七条　【审理期间】人民法院审理涉外民事案件的期间，不受本法第一百五十二条、第一百八十三条规定的限制。

第二十六章　仲　　裁

第二百八十八条　【或裁或审原则】涉外经济贸易、运输和海事中发生的纠纷，当事人在合同中订有仲裁条款或者事后达成书面仲裁协议，提交中华人民共和国涉外仲裁机构或者其他仲裁机构仲裁的，当事人不得向人民法院起诉。

当事人在合同中没有订有仲裁条款或者事后没有达成书面仲裁协议的，可以向人民法院起诉。

第二百八十九条　【仲裁程序中的保全】当事人申请采取保全的，中华人民共和国的涉外仲裁机构应当将当事人的申请，提交被申请人住所地或者财产所在地的中级人民法院裁定。

第二百九十条　【仲裁裁决的执行】经中华人民共和国涉外仲裁机构裁决的，当事人不得向人民法院起诉。一方当事人不履行仲裁裁决的，对方当事人可以向被申请人住所地或者财产所在地的中级人民法院申请执行。

第二百九十一条　【仲裁裁决不予执行的情形】对中华人民共和国涉外仲裁机构作出的裁决，被申请人提出证据证明仲裁裁决有下列情形之一的，经人民法院组成合议庭审查核实，裁定不予执行：

（一）当事人在合同中没有订有仲裁条款或者事后没有达成书面仲裁协议的；

（二）被申请人没有得到指定仲裁员或者进行仲裁程序的通知，或者由于其他不属于被申请人负责的原因未能陈述意见的；

（三）仲裁庭的组成或者仲裁的程序与仲裁规则不符的；

（四）裁决的事项不属于仲裁协议的范围或者仲裁机构无权仲裁的。

人民法院认定执行该裁决违背社会公共利益的，裁定不予执行。

第二百九十二条　【仲裁裁决不予执行的法律后果】仲裁裁决被人民法院裁定不予执行的，当事人可以根据双方达成的书面仲裁协议重新申请仲裁，也可以向人民法院起诉。

第二十七章　司法协助

第二百九十三条　【司法协助的原则】根据中华人民共和国缔结或者参加的国际条约，或者按照互惠原则，人民法院和外国法院可以相互请求，代为送达文书、调查取证以及进行其他诉讼行为。

外国法院请求协助的事项有损于中华人民共和国的主权、安全或者社会公共利益的，人民法院不予执行。

第二百九十四条 【司法协助的途径】请求和提供司法协助，应当依照中华人民共和国缔结或者参加的国际条约所规定的途径进行；没有条约关系的，通过外交途径进行。

外国驻中华人民共和国的使领馆可以向该国公民送达文书和调查取证，但不得违反中华人民共和国的法律，并不得采取强制措施。

除前款规定的情况外，未经中华人民共和国主管机关准许，任何外国机关或者个人不得在中华人民共和国领域内送达文书、调查取证。

第二百九十五条 【司法协助请求使用的文字】外国法院请求人民法院提供司法协助的请求书及其所附文件，应当附有中文译本或者国际条约规定的其他文字文本。

人民法院请求外国法院提供司法协助的请求书及其所附文件，应当附有该国文字译本或者国际条约规定的其他文字文本。

第二百九十六条 【司法协助程序】人民法院提供司法协助，依照中华人民共和国法律规定的程序进行。外国法院请求采用特殊方式的，也可以按照其请求的特殊方式进行，但请求采用的特殊方式不得违反中华人民共和国法律。

第二百九十七条 【申请外国承认和执行】人民法院作出的发生法律效力的判决、裁定，如果被执行人或者其财产不在中华人民共和国领域内，当事人请求执行的，可以由当事人直接向有管辖权的外国法院申请承认和执行，也可以由人民法院依照中华人民共和国缔结或者参加的国际条约的规定，或者按照互惠原则，请求外国法院承认和执行。

在中华人民共和国领域内依法作出的发生法律效力的仲裁裁决，当事人请求执行的，如果被执行人或者其财产不在中华人民共和国领域内，当事人可以直接向有管辖权的外国法院申请承认和执行。

第二百九十八条 【外国申请承认和执行】外国法院作出的发生法律效力的判决、裁定，需要人民法院承认和执行的，可以由当事人直接向有管辖权的中级人民法院申请承认和执行，也可以由外国法院依照该国与中华人民共和国缔结或者参加的国际条约的规定，或者按照互惠原则，请求人民法院承认和执行。

第二百九十九条 【外国法院裁判的承认与执行】人民法院对申请或者请求承认和执行的外国法院作出的发生法律效力的判决、裁定，依照中华人民共和国缔结或者参加的国际条约，或者按照互惠原则进行审查后，认为不违反中华人民共和国法律的基本原则且不损害国家主权、安全、社会公共利益的，裁定承认其效力；需要执行的，发出执行令，依照本法的有关规定执行。

第三百条 【外国法院裁判的不予承认和执行】对申请或者请求承认和执行的外国法院作出的发生法律效力的判决、裁定，人民法院经审查，有下列情形之一的，裁定不予承认和执行：

（一）依据本法第三百零一条的规定，外国法院对案件无管辖权；

（二）被申请人未得到合法传唤或者虽经合法传唤但未获得合理的陈述、辩论机会，或者无诉讼行为能力的当事人未得到适当代理；

（三）判决、裁定是通过欺诈方式取得；

（四）人民法院已对同一纠纷作出判决、裁定，或者已经承认第三国法院对同一纠纷作出的判决、裁定；

（五）违反中华人民共和国法律的基本原则或者损害国家主权、安全、社会公共利益。

第三百零一条 **【外国法院无管辖权的认定】**有下列情形之一的，人民法院应当认定该外国法院对案件无管辖权：

（一）外国法院依照其法律对案件没有管辖权，或者虽然依照其法律有管辖权但与案件所涉纠纷无适当联系；

（二）违反本法对专属管辖的规定；

（三）违反当事人排他性选择法院管辖的协议。

第三百零二条 **【同一争议的处理】**当事人向人民法院申请承认和执行外国法院作出的发生法律效力的判决、裁定，该判决、裁定涉及的纠纷与人民法院正在审理的纠纷属于同一纠纷的，人民法院可以裁定中止诉讼。

外国法院作出的发生法律效力的判决、裁定不符合本法规定的承认条件的，人民法院裁定不予承认和执行，并恢复已经中止的诉讼；符合本法规定的承认条件的，人民法院裁定承认其效力；需要执行的，发出执行令，依照本法的有关规定执行；对已经中止的诉讼，裁定驳回起诉。

第三百零三条 **【承认和执行的复议】**当事人对承认和执行或者不予承认和执行的裁定不服的，可以自裁定送达之日起十日内向上一级人民法院申请复议。

第三百零四条 **【外国仲裁裁决的承认和执行】**在中华人民共和国领域外作出的发生法律效力的仲裁裁决，需要人民法院承认和执行的，当事人可以直接向被执行人住所地或者其财产所在地的中级人民法院申请。被执行人住所地或者其财产不在中华人民共和国领域内的，当事人可以向申请人住所地或者与裁决的纠纷有适当联系的地点的中级人民法院申请。人民法院应当依照中华人民共和国缔结或者参加的国际条约，或者按照互惠原则办理。

第三百零五条 **【外国国家豁免】**涉及外国国家的民事诉讼，适用中华人民共和国有关外国国家豁免的法律规定；有关法律没有规定的，适用本法。

第三百零六条 **【施行时间】**本法自公布之日起施行，《中华人民共和国民事诉讼法（试行）》同时废止。

最高人民法院关于适用
《中华人民共和国民事诉讼法》的解释

（2014 年 12 月 18 日最高人民法院审判委员会第 1636 次会议通过 根据 2020 年 12 月 23 日最高人民法院审判委员会第 1823 次会议通过的《最高人民法院关于修改〈最高人民法院关于人民法院民事调解工作若干问题的规定〉等十九件民事诉讼类司法解释的决定》第一次修正 根据 2022 年 3 月 22 日最高人民法院审判委员会第 1866 次会议通过的《最高人民法院关于修改〈最高人民法院关于适用《中华人民共和国民事诉讼法》的解释〉的决定》第二次修正 2022 年 4 月 1 日最高人民法院公告公布 自 2022 年 4 月 10 日起施行 法释〔2022〕11 号）

目　录

2012 年 8 月 31 日，第十一届全国人民代表大会常务委员会第二十八次会议审议通过了《关于修改〈中华人民共和国民事诉讼法〉的决定》。根据修改后的民事诉讼法，结合人民法院民事审判和执行工作实际，制定本解释。

一、管　辖

第一条　民事诉讼法第十九条第一项规定的重大涉外案件，包括争议标的额大的案件、案情复杂的案件，或者一方当事人人数众多等具有重大影响的案件。

第二条　专利纠纷案件由知识产权法院、最高人民法院确定的中级人民法院和基层人民法院管辖。

海事、海商案件由海事法院管辖。

第三条　公民的住所地是指公民的户籍所在地，法人或者其他组织的住所地是指法人或者其他组织的主要办事机构所在地。

法人或者其他组织的主要办事机构所在地不能确定的，法人或者其他组织的注册地或者登记地为住所地。

第四条　公民的经常居住地是指公民离开住所地至起诉时已连续居住一年以上的地方，但公民住院就医的地方除外。

第五条　对没有办事机构的个人合伙、合伙型联营体提起的诉讼，由被告注册登记地人民法院管辖。没有注册登记，几个被告又不在同一辖区的，被告住所地的人民法院都有管辖权。

第六条　被告被注销户籍的，依照民事诉讼法第二十三条规定确定管辖；原告、被告均被注销户籍的，由被告居住地人民法院管辖。

第七条　当事人的户籍迁出后尚未落户，有经常居住地的，由该地人民法院管辖；没有经常居住地的，由其原户籍所在地人民法院管辖。

第八条　双方当事人都被监禁或者被采取强制性教育措施的，由被告原住所地人民法院管辖。被告被监禁或者被采取强制性教育措施一年以上的，由被告被监禁地或者被采取强制性教育措施地人民法院管辖。

第九条　追索赡养费、扶养费、抚养费案件的几个被告住所地不在同一辖区的，可以由原告住所地人民法院管辖。

第十条　不服指定监护或者变更监护关系的案件，可以由被监护人住所地人民法院管辖。

第十一条　双方当事人均为军人或者军队单位的民事案件由军事法院管辖。

第十二条　夫妻一方离开住所地超过一年，另一方起诉离婚的案件，可以由原告住所地人民法院管辖。

夫妻双方离开住所地超过一年，一方起诉离婚的案件，由被告经常居住地人民法院管辖；没有经常居住地的，由原告起诉时被告居住地人民法院管辖。

第十三条 在国内结婚并定居国外的华侨，如定居国法院以离婚诉讼须由婚姻缔结地法院管辖为由不予受理，当事人向人民法院提出离婚诉讼的，由婚姻缔结地或者一方在国内的最后居住地人民法院管辖。

第十四条 在国外结婚并定居国外的华侨，如定居国法院以离婚诉讼须由国籍所属国法院管辖为由不予受理，当事人向人民法院提出离婚诉讼的，由一方原住所地或者在国内的最后居住地人民法院管辖。

第十五条 中国公民一方居住在国外，一方居住在国内，不论哪一方向人民法院提起离婚诉讼，国内一方住所地人民法院都有权管辖。国外一方在居住国法院起诉，国内一方向人民法院起诉的，受诉人民法院有权管辖。

第十六条 中国公民双方在国外但未定居，一方向人民法院起诉离婚的，应由原告或者被告原住所地人民法院管辖。

第十七条 已经离婚的中国公民，双方均定居国外，仅就国内财产分割提起诉讼的，由主要财产所在地人民法院管辖。

第十八条 合同约定履行地点的，以约定的履行地点为合同履行地。

合同对履行地点没有约定或者约定不明确，争议标的为给付货币的，接收货币一方所在地为合同履行地；交付不动产的，不动产所在地为合同履行地；其他标的，履行义务一方所在地为合同履行地。即时结清的合同，交易行为地为合同履行地。

合同没有实际履行，当事人双方住所地都不在合同约定的履行地的，由被告住所地人民法院管辖。

第十九条 财产租赁合同、融资租赁合同以租赁物使用地为合同履行地。合同对履行地有约定的，从其约定。

第二十条 以信息网络方式订立的买卖合同，通过信息网络交付标的的，以买受人住所地为合同履行地；通过其他方式交付标的的，收货地为合同履行地。合同对履行地有约定的，从其约定。

第二十一条 因财产保险合同纠纷提起的诉讼，如果保险标的物是运输工具或者运输中的货物，可以由运输工具登记注册地、运输目的地、保险事故发生地人民法院管辖。

因人身保险合同纠纷提起的诉讼，可以由被保险人住所地人民法院管辖。

第二十二条 因股东名册记载、请求变更公司登记、股东知情权、公司决议、公司合并、公司分立、公司减资、公司增资等纠纷提起的诉讼，依照民事诉讼法第二十七条规定确定管辖。

第二十三条 债权人申请支付令，适用民事诉讼法第二十二条规定，由债务人住所地基层人民法院管辖。

第二十四条 民事诉讼法第二十九条规定的侵权行为地，包括侵权行为实施地、侵权结果发生地。

第二十五条　信息网络侵权行为实施地包括实施被诉侵权行为的计算机等信息设备所在地，侵权结果发生地包括被侵权人住所地。

第二十六条　因产品、服务质量不合格造成他人财产、人身损害提起的诉讼，产品制造地、产品销售地、服务提供地、侵权行为地和被告住所地人民法院都有管辖权。

第二十七条　当事人申请诉前保全后没有在法定期间起诉或者申请仲裁，给被申请人、利害关系人造成损失引起的诉讼，由采取保全措施的人民法院管辖。

当事人申请诉前保全后在法定期间内起诉或者申请仲裁，被申请人、利害关系人因保全受到损失提起的诉讼，由受理起诉的人民法院或者采取保全措施的人民法院管辖。

第二十八条　民事诉讼法第三十四条第一项规定的不动产纠纷是指因不动产的权利确认、分割、相邻关系等引起的物权纠纷。

农村土地承包经营合同纠纷、房屋租赁合同纠纷、建设工程施工合同纠纷、政策性房屋买卖合同纠纷，按照不动产纠纷确定管辖。

不动产已登记的，以不动产登记簿记载的所在地为不动产所在地；不动产未登记的，以不动产实际所在地为不动产所在地。

第二十九条　民事诉讼法第三十五条规定的书面协议，包括书面合同中的协议管辖条款或者诉讼前以书面形式达成的选择管辖的协议。

第三十条　根据管辖协议，起诉时能够确定管辖法院的，从其约定；不能确定的，依照民事诉讼法的相关规定确定管辖。

管辖协议约定两个以上与争议有实际联系的地点的人民法院管辖，原告可以向其中一个人民法院起诉。

第三十一条　经营者使用格式条款与消费者订立管辖协议，未采取合理方式提请消费者注意，消费者主张管辖协议无效的，人民法院应予支持。

第三十二条　管辖协议约定由一方当事人住所地人民法院管辖，协议签订后当事人住所地变更的，由签订管辖协议时的住所地人民法院管辖，但当事人另有约定的除外。

第三十三条　合同转让的，合同的管辖协议对合同受让人有效，但转让时受让人不知道有管辖协议，或者转让协议另有约定且原合同相对人同意的除外。

第三十四条　当事人因同居或者在解除婚姻、收养关系后发生财产争议，约定管辖的，可以适用民事诉讼法第三十五条规定确定管辖。

第三十五条　当事人在答辩期间届满后未应诉答辩，人民法院在一审开庭前，发现案件不属于本院管辖的，应当裁定移送有管辖权的人民法院。

第三十六条　两个以上人民法院都有管辖权的诉讼，先立案的人民法院不得将案件移送给另一个有管辖权的人民法院。人民法院在立案前发现其他有管辖权的人民法院已先立案的，不得重复立案；立案后发现其他有管辖权的人民法院已先立案的，裁定将案件移送给先立案的人民法院。

第三十七条　案件受理后，受诉人民法院的管辖权不受当事人住所地、经常居住地变更的影响。

第三十八条 有管辖权的人民法院受理案件后，不得以行政区域变更为由，将案件移送给变更后有管辖权的人民法院。判决后的上诉案件和依审判监督程序提审的案件，由原审人民法院的上级人民法院进行审判；上级人民法院指令再审、发回重审的案件，由原审人民法院再审或者重审。

第三十九条 人民法院对管辖异议审查后确定有管辖权的，不因当事人提起反诉、增加或者变更诉讼请求等改变管辖，但违反级别管辖、专属管辖规定的除外。

人民法院发回重审或者按第一审程序再审的案件，当事人提出管辖异议的，人民法院不予审查。

第四十条 依照民事诉讼法第三十八条第二款规定，发生管辖权争议的两个人民法院因协商不成报请它们的共同上级人民法院指定管辖时，双方为同属一个地、市辖区的基层人民法院的，由该地、市的中级人民法院及时指定管辖；同属一个省、自治区、直辖市的两个人民法院的，由该省、自治区、直辖市的高级人民法院及时指定管辖；双方为跨省、自治区、直辖市的人民法院，高级人民法院协商不成的，由最高人民法院及时指定管辖。

依照前款规定报请上级人民法院指定管辖时，应当逐级进行。

第四十一条 人民法院依照民事诉讼法第三十八条第二款规定指定管辖的，应当作出裁定。

对报请上级人民法院指定管辖的案件，下级人民法院应当中止审理。指定管辖裁定作出前，下级人民法院对案件作出判决、裁定的，上级人民法院应当在裁定指定管辖的同时，一并撤销下级人民法院的判决、裁定。

第四十二条 下列第一审民事案件，人民法院依照民事诉讼法第三十九条第一款规定，可以在开庭前交下级人民法院审理：

（一）破产程序中有关债务人的诉讼案件；

（二）当事人人数众多且不方便诉讼的案件；

（三）最高人民法院确定的其他类型案件。

人民法院交下级人民法院审理前，应当报请其上级人民法院批准。上级人民法院批准后，人民法院应当裁定将案件交下级人民法院审理。

二、回 避

第四十三条 审判人员有下列情形之一的，应当自行回避，当事人有权申请其回避：

（一）是本案当事人或者当事人近亲属的；

（二）本人或者其近亲属与本案有利害关系的；

（三）担任过本案的证人、鉴定人、辩护人、诉讼代理人、翻译人员的；

（四）是本案诉讼代理人近亲属的；

（五）本人或者其近亲属持有本案非上市公司当事人的股份或者股权的；

（六）与本案当事人或者诉讼代理人有其他利害关系，可能影响公正审理的。

第四十四条 审判人员有下列情形之一的，当事人有权申请其回避：

（一）接受本案当事人及其受托人宴请，或者参加由其支付费用的活动的；

（二）索取、接受本案当事人及其受托人财物或者其他利益的；

（三）违反规定会见本案当事人、诉讼代理人的；

（四）为本案当事人推荐、介绍诉讼代理人，或者为律师、其他人员介绍代理本案的；

（五）向本案当事人及其受托人借用款物的；

（六）有其他不正当行为，可能影响公正审理的。

第四十五条 在一个审判程序中参与过本案审判工作的审判人员，不得再参与该案其他程序的审判。

发回重审的案件，在一审法院作出裁判后又进入第二审程序的，原第二审程序中审判人员不受前款规定的限制。

第四十六条 审判人员有应当回避的情形，没有自行回避，当事人也没有申请其回避的，由院长或者审判委员会决定其回避。

第四十七条 人民法院应当依法告知当事人对合议庭组成人员、独任审判员和书记员等人员有申请回避的权利。

第四十八条 民事诉讼法第四十七条所称的审判人员，包括参与本案审理的人民法院院长、副院长、审判委员会委员、庭长、副庭长、审判员和人民陪审员。

第四十九条 书记员和执行员适用审判人员回避的有关规定。

三、诉讼参加人

第五十条 法人的法定代表人以依法登记的为准，但法律另有规定的除外。依法不需要办理登记的法人，以其正职负责人为法定代表人；没有正职负责人的，以其主持工作的副职负责人为法定代表人。

法定代表人已经变更，但未完成登记，变更后的法定代表人要求代表法人参加诉讼的，人民法院可以准许。

其他组织，以其主要负责人为代表人。

第五十一条 在诉讼中，法人的法定代表人变更的，由新的法定代表人继续进行诉讼，并应向人民法院提交新的法定代表人身份证明书。原法定代表人进行的诉讼行为有效。

前款规定，适用于其他组织参加的诉讼。

第五十二条 民事诉讼法第五十一条规定的其他组织是指合法成立、有一定的组织机构和财产，但又不具备法人资格的组织，包括：

（一）依法登记领取营业执照的个人独资企业；

（二）依法登记领取营业执照的合伙企业；

（三）依法登记领取我国营业执照的中外合作经营企业、外资企业；

（四）依法成立的社会团体的分支机构、代表机构；

（五）依法设立并领取营业执照的法人的分支机构；

（六）依法设立并领取营业执照的商业银行、政策性银行和非银行金融机构的分支机构；

（七）经依法登记领取营业执照的乡镇企业、街道企业；

（八）其他符合本条规定条件的组织。

第五十三条 法人非依法设立的分支机构，或者虽依法设立，但没有领取营业执照的分支机构，以设立该分支机构的法人为当事人。

第五十四条 以挂靠形式从事民事活动，当事人请求由挂靠人和被挂靠人依法承担民事责任的，该挂靠人和被挂靠人为共同诉讼人。

第五十五条 在诉讼中，一方当事人死亡，需要等待继承人表明是否参加诉讼的，裁定中止诉讼。人民法院应当及时通知继承人作为当事人承担诉讼，被继承人已经进行的诉讼行为对承担诉讼的继承人有效。

第五十六条 法人或者其他组织的工作人员执行工作任务造成他人损害的，该法人或者其他组织为当事人。

第五十七条 提供劳务一方因劳务造成他人损害，受害人提起诉讼的，以接受劳务一方为被告。

第五十八条 在劳务派遣期间，被派遣的工作人员因执行工作任务造成他人损害的，以接受劳务派遣的用工单位为当事人。当事人主张劳务派遣单位承担责任的，该劳务派遣单位为共同被告。

第五十九条 在诉讼中，个体工商户以营业执照上登记的经营者为当事人。有字号的，以营业执照上登记的字号为当事人，但应同时注明该字号经营者的基本信息。

营业执照上登记的经营者与实际经营者不一致的，以登记的经营者和实际经营者为共同诉讼人。

第六十条 在诉讼中，未依法登记领取营业执照的个人合伙的全体合伙人为共同诉讼人。个人合伙有依法核准登记的字号的，应在法律文书中注明登记的字号。全体合伙人可以推选代表人；被推选的代表人，应由全体合伙人出具推选书。

第六十一条 当事人之间的纠纷经人民调解委员会或者其他依法设立的调解组织调解达成协议后，一方当事人不履行调解协议，另一方当事人向人民法院提起诉讼的，应以对方当事人为被告。

第六十二条 下列情形，以行为人为当事人：

（一）法人或者其他组织应登记而未登记，行为人即以该法人或者其他组织名义进行民事活动的；

（二）行为人没有代理权、超越代理权或者代理权终止后以被代理人名义进行民事活动的，但相对人有理由相信行为人有代理权的除外；

（三）法人或者其他组织依法终止后，行为人仍以其名义进行民事活动的。

第六十三条 企业法人合并的，因合并前的民事活动发生的纠纷，以合并后的企业为当事人；企业法人分立的，因分立前的民事活动发生的纠纷，以分立后的企业为共同诉讼人。

第六十四条 企业法人解散的，依法清算并注销前，以该企业法人为当事人；未依法清算即被注销的，以该企业法人的股东、发起人或者出资人为当事人。

第六十五条 借用业务介绍信、合同专用章、盖章的空白合同书或者银行账户的，出借单位和借用人为共同诉讼人。

第六十六条 因保证合同纠纷提起的诉讼，债权人向保证人和被保证人一并主张权利的，人民法院应当将保证人和被保证人列为共同被告。保证合同约定为一般保证，债权人仅起诉保证人的，人民法院应当通知被保证人作为共同被告参加诉讼；债权人仅起诉被保证人的，可以只列被保证人为被告。

第六十七条 无民事行为能力人、限制民事行为能力人造成他人损害的，无民事行为能力人、限制民事行为能力人和其监护人为共同被告。

第六十八条 居民委员会、村民委员会或者村民小组与他人发生民事纠纷的，居民委员会、村民委员会或者有独立财产的村民小组为当事人。

第六十九条 对侵害死者遗体、遗骨以及姓名、肖像、名誉、荣誉、隐私等行为提起诉讼的，死者的近亲属为当事人。

第七十条 在继承遗产的诉讼中，部分继承人起诉的，人民法院应通知其他继承人作为共同原告参加诉讼；被通知的继承人不愿意参加诉讼又未明确表示放弃实体权利的，人民法院仍应将其列为共同原告。

第七十一条 原告起诉被代理人和代理人，要求承担连带责任的，被代理人和代理人为共同被告。

原告起诉代理人和相对人，要求承担连带责任的，代理人和相对人为共同被告。

第七十二条 共有财产权受到他人侵害，部分共有权人起诉的，其他共有权人为共同诉讼人。

第七十三条 必须共同进行诉讼的当事人没有参加诉讼的，人民法院应当依照民事诉讼法第一百三十五条的规定，通知其参加；当事人也可以向人民法院申请追加。人民法院对当事人提出的申请，应当进行审查，申请理由不成立的，裁定驳回；申请理由成立的，书面通知被追加的当事人参加诉讼。

第七十四条 人民法院追加共同诉讼的当事人时，应当通知其他当事人。应当追加的原告，已明确表示放弃实体权利的，可不予追加；既不愿意参加诉讼，又不放弃实体权利的，仍应追加为共同原告，其不参加诉讼，不影响人民法院对案件的审理和依法作出判决。

第七十五条 民事诉讼法第五十六条、第五十七条和第二百零六条规定的人数众多，一般指十人以上。

第七十六条 依照民事诉讼法第五十六条规定，当事人一方人数众多在起诉时确定的，可以由全体当事人推选共同的代表人，也可以由部分当事人推选自己的代表人；推选不出代表人的当事人，在必要的共同诉讼中可以自己参加诉讼，在普通的共同诉讼中可以另行起诉。

第七十七条　根据民事诉讼法第五十七条规定，当事人一方人数众多在起诉时不确定的，由当事人推选代表人。当事人推选不出的，可以由人民法院提出人选与当事人协商；协商不成的，也可以由人民法院在起诉的当事人中指定代表人。

第七十八条　民事诉讼法第五十六条和第五十七条规定的代表人为二至五人，每位代表人可以委托一至二人作为诉讼代理人。

第七十九条　依照民事诉讼法第五十七条规定受理的案件，人民法院可以发出公告，通知权利人向人民法院登记。公告期间根据案件的具体情况确定，但不得少于三十日。

第八十条　根据民事诉讼法第五十七条规定向人民法院登记的权利人，应当证明其与对方当事人的法律关系和所受到的损害。证明不了的，不予登记，权利人可以另行起诉。人民法院的裁判在登记的范围内执行。未参加登记的权利人提起诉讼，人民法院认定其请求成立的，裁定适用人民法院已作出的判决、裁定。

第八十一条　根据民事诉讼法第五十九条的规定，有独立请求权的第三人有权向人民法院提出诉讼请求和事实、理由，成为当事人；无独立请求权的第三人，可以申请或者由人民法院通知参加诉讼。

第一审程序中未参加诉讼的第三人，申请参加第二审程序的，人民法院可以准许。

第八十二条　在一审诉讼中，无独立请求权的第三人无权提出管辖异议，无权放弃、变更诉讼请求或者申请撤诉，被判决承担民事责任的，有权提起上诉。

第八十三条　在诉讼中，无民事行为能力人、限制民事行为能力人的监护人是他的法定代理人。事先没有确定监护人的，可以由有监护资格的人协商确定；协商不成的，由人民法院在他们之中指定诉讼中的法定代理人。当事人没有民法典第二十七条、第二十八条规定的监护人的，可以指定民法典第三十二条规定的有关组织担任诉讼中的法定代理人。

第八十四条　无民事行为能力人、限制民事行为能力人以及其他依法不能作为诉讼代理人的，当事人不得委托其作为诉讼代理人。

第八十五条　根据民事诉讼法第六十一条第二款第二项规定，与当事人有夫妻、直系血亲、三代以内旁系血亲、近姻亲关系以及其他有抚养、赡养关系的亲属，可以当事人近亲属的名义作为诉讼代理人。

第八十六条　根据民事诉讼法第六十一条第二款第二项规定，与当事人有合法劳动人事关系的职工，可以当事人工作人员的名义作为诉讼代理人。

第八十七条　根据民事诉讼法第六十一条第二款第三项规定，有关社会团体推荐公民担任诉讼代理人的，应当符合下列条件：

（一）社会团体属于依法登记设立或者依法免予登记设立的非营利性法人组织；

（二）被代理人属于该社会团体的成员，或者当事人一方住所地位于该社会团体的活动地域；

（三）代理事务属于该社会团体章程载明的业务范围；

（四）被推荐的公民是该社会团体的负责人或者与该社会团体有合法劳动人事关

系的工作人员。

专利代理人经中华全国专利代理人协会推荐，可以在专利纠纷案件中担任诉讼代理人。

第八十八条 诉讼代理人除根据民事诉讼法第六十二条规定提交授权委托书外，还应当按照下列规定向人民法院提交相关材料：

（一）律师应当提交律师执业证、律师事务所证明材料；

（二）基层法律服务工作者应当提交法律服务工作者执业证、基层法律服务所出具的介绍信以及当事人一方位于本辖区内的证明材料；

（三）当事人的近亲属应当提交身份证件和与委托人有近亲属关系的证明材料；

（四）当事人的工作人员应当提交身份证件和与当事人有合法劳动人事关系的证明材料；

（五）当事人所在社区、单位推荐的公民应当提交身份证件、推荐材料和当事人属于该社区、单位的证明材料；

（六）有关社会团体推荐的公民应当提交身份证件和符合本解释第八十七条规定条件的证明材料。

第八十九条 当事人向人民法院提交的授权委托书，应当在开庭审理前送交人民法院。授权委托书仅写"全权代理"而无具体授权的，诉讼代理人无权代为承认、放弃、变更诉讼请求，进行和解，提出反诉或者提起上诉。

适用简易程序审理的案件，双方当事人同时到庭并径行开庭审理的，可以当场口头委托诉讼代理人，由人民法院记入笔录。

四、证　据

第九十条 当事人对自己提出的诉讼请求所依据的事实或者反驳对方诉讼请求所依据的事实，应当提供证据加以证明，但法律另有规定的除外。

在作出判决前，当事人未能提供证据或者证据不足以证明其事实主张的，由负有举证证明责任的当事人承担不利的后果。

第九十一条 人民法院应当依照下列原则确定举证证明责任的承担，但法律另有规定的除外：

（一）主张法律关系存在的当事人，应当对产生该法律关系的基本事实承担举证证明责任；

（二）主张法律关系变更、消灭或者权利受到妨害的当事人，应当对该法律关系变更、消灭或者权利受到妨害的基本事实承担举证证明责任。

第九十二条 一方当事人在法庭审理中，或者在起诉状、答辩状、代理词等书面材料中，对于己不利的事实明确表示承认的，另一方当事人无需举证证明。

对于涉及身份关系、国家利益、社会公共利益等应当由人民法院依职权调查的事实，不适用前款自认的规定。

自认的事实与查明的事实不符的，人民法院不予确认。

第九十三条　下列事实，当事人无须举证证明：

（一）自然规律以及定理、定律；

（二）众所周知的事实；

（三）根据法律规定推定的事实；

（四）根据已知的事实和日常生活经验法则推定出的另一事实；

（五）已为人民法院发生法律效力的裁判所确认的事实；

（六）已为仲裁机构生效裁决所确认的事实；

（七）已为有效公证文书所证明的事实。

前款第二项至第四项规定的事实，当事人有相反证据足以反驳的除外；第五项至第七项规定的事实，当事人有相反证据足以推翻的除外。

第九十四条　民事诉讼法第六十七条第二款规定的当事人及其诉讼代理人因客观原因不能自行收集的证据包括：

（一）证据由国家有关部门保存，当事人及其诉讼代理人无权查阅调取的；

（二）涉及国家秘密、商业秘密或者个人隐私的；

（三）当事人及其诉讼代理人因客观原因不能自行收集的其他证据。

当事人及其诉讼代理人因客观原因不能自行收集的证据，可以在举证期限届满前书面申请人民法院调查收集。

第九十五条　当事人申请调查收集的证据，与待证事实无关联、对证明待证事实无意义或者其他无调查收集必要的，人民法院不予准许。

第九十六条　民事诉讼法第六十七条第二款规定的人民法院认为审理案件需要的证据包括：

（一）涉及可能损害国家利益、社会公共利益的；

（二）涉及身份关系的；

（三）涉及民事诉讼法第五十八条规定诉讼的；

（四）当事人有恶意串通损害他人合法权益可能的；

（五）涉及依职权追加当事人、中止诉讼、终结诉讼、回避等程序性事项的。

除前款规定外，人民法院调查收集证据，应当依照当事人的申请进行。

第九十七条　人民法院调查收集证据，应当由两人以上共同进行。调查材料要由调查人、被调查人、记录人签名、捺印或者盖章。

第九十八条　当事人根据民事诉讼法第八十四条第一款规定申请证据保全的，可以在举证期限届满前书面提出。

证据保全可能对他人造成损失的，人民法院应当责令申请人提供相应的担保。

第九十九条　人民法院应当在审理前的准备阶段确定当事人的举证期限。举证期限可以由当事人协商，并经人民法院准许。

人民法院确定举证期限，第一审普通程序案件不得少于十五日，当事人提供新的证据的第二审案件不得少于十日。

举证期限届满后，当事人对已经提供的证据，申请提供反驳证据或者对证据来源、形式等方面的瑕疵进行补正的，人民法院可以酌情再次确定举证期限，该期限不受前款规定的限制。

第一百条　当事人申请延长举证期限的，应当在举证期限届满前向人民法院提出书面申请。

申请理由成立的，人民法院应当准许，适当延长举证期限，并通知其他当事人。延长的举证期限适用于其他当事人。

申请理由不成立的，人民法院不予准许，并通知申请人。

第一百零一条　当事人逾期提供证据的，人民法院应当责令其说明理由，必要时可以要求其提供相应的证据。

当事人因客观原因逾期提供证据，或者对方当事人对逾期提供证据未提出异议的，视为未逾期。

第一百零二条　当事人因故意或者重大过失逾期提供的证据，人民法院不予采纳。但该证据与案件基本事实有关的，人民法院应当采纳，并依照民事诉讼法第六十八条、第一百一十八条第一款的规定予以训诫、罚款。

当事人非因故意或者重大过失逾期提供的证据，人民法院应当采纳，并对当事人予以训诫。

当事人一方要求另一方赔偿因逾期提供证据致使其增加的交通、住宿、就餐、误工、证人出庭作证等必要费用的，人民法院可予支持。

第一百零三条　证据应当在法庭上出示，由当事人互相质证。未经当事人质证的证据，不得作为认定案件事实的根据。

当事人在审理前的准备阶段认可的证据，经审判人员在庭审中说明后，视为质证过的证据。

涉及国家秘密、商业秘密、个人隐私或者法律规定应当保密的证据，不得公开质证。

第一百零四条　人民法院应当组织当事人围绕证据的真实性、合法性以及与待证事实的关联性进行质证，并针对证据有无证明力和证明力大小进行说明和辩论。

能够反映案件真实情况、与待证事实相关联、来源和形式符合法律规定的证据，应当作为认定案件事实的根据。

第一百零五条　人民法院应当按照法定程序，全面、客观地审核证据，依照法律规定，运用逻辑推理和日常生活经验法则，对证据有无证明力和证明力大小进行判断，并公开判断的理由和结果。

第一百零六条　对以严重侵害他人合法权益、违反法律禁止性规定或者严重违背公序良俗的方法形成或者获取的证据，不得作为认定案件事实的根据。

第一百零七条　在诉讼中，当事人为达成调解协议或者和解协议作出妥协而认可的事实，不得在后续的诉讼中作为对其不利的根据，但法律另有规定或者当事人均同意的除外。

第一百零八条　对负有举证证明责任的当事人提供的证据，人民法院经审查并结合相关事实，确信待证事实的存在具有高度可能性的，应当认定该事实存在。

对一方当事人为反驳负有举证证明责任的当事人所主张事实而提供的证据，人民法院经审查并结合相关事实，认为待证事实真伪不明的，应当认定该事实不存在。

法律对于待证事实所应达到的证明标准另有规定的，从其规定。

第一百零九条 当事人对欺诈、胁迫、恶意串通事实的证明，以及对口头遗嘱或者赠与事实的证明，人民法院确信该待证事实存在的可能性能够排除合理怀疑的，应当认定该事实存在。

第一百一十条 人民法院认为有必要的，可以要求当事人本人到庭，就案件有关事实接受询问。在询问当事人之前，可以要求其签署保证书。

保证书应当载明据实陈述、如有虚假陈述愿意接受处罚等内容。当事人应当在保证书上签名或者捺印。

负有举证证明责任的当事人拒绝到庭、拒绝接受询问或者拒绝签署保证书，待证事实又欠缺其他证据证明的，人民法院对其主张的事实不予认定。

第一百一十一条 民事诉讼法第七十三条规定的提交书证原件确有困难，包括下列情形：

（一）书证原件遗失、灭失或者毁损的；

（二）原件在对方当事人控制之下，经合法通知提交而拒不提交的；

（三）原件在他人控制之下，而其有权不提交的；

（四）原件因篇幅或者体积过大而不便提交的；

（五）承担举证证明责任的当事人通过申请人民法院调查收集或者其他方式无法获得书证原件的。

前款规定情形，人民法院应当结合其他证据和案件具体情况，审查判断书证复制品等能否作为认定案件事实的根据。

第一百一十二条 书证在对方当事人控制之下的，承担举证证明责任的当事人可以在举证期限届满前书面申请人民法院责令对方当事人提交。

申请理由成立的，人民法院应当责令对方当事人提交，因提交书证所产生的费用，由申请人负担。对方当事人无正当理由拒不提交的，人民法院可以认定申请人所主张的书证内容为真实。

第一百一十三条 持有书证的当事人以妨碍对方当事人使用为目的，毁灭有关书证或者实施其他致使书证不能使用行为的，人民法院可以依照民事诉讼法第一百一十四条规定，对其处以罚款、拘留。

第一百一十四条 国家机关或者其他依法具有社会管理职能的组织，在其职权范围内制作的文书所记载的事项推定为真实，但有相反证据足以推翻的除外。必要时，人民法院可以要求制作文书的机关或者组织对文书的真实性予以说明。

第一百一十五条 单位向人民法院提出的证明材料，应当由单位负责人及制作证明材料的人员签名或者盖章，并加盖单位印章。人民法院就单位出具的证明材料，可以向单位及制作证明材料的人员进行调查核实。必要时，可以要求制作证明材料的人员出庭作证。

单位及制作证明材料的人员拒绝人民法院调查核实，或者制作证明材料的人员无正当理由拒绝出庭作证的，该证明材料不得作为认定案件事实的根据。

第一百一十六条　视听资料包括录音资料和影像资料。

电子数据是指通过电子邮件、电子数据交换、网上聊天记录、博客、微博客、手机短信、电子签名、域名等形成或者存储在电子介质中的信息。

存储在电子介质中的录音资料和影像资料，适用电子数据的规定。

第一百一十七条　当事人申请证人出庭作证的，应当在举证期限届满前提出。

符合本解释第九十六条第一款规定情形的，人民法院可以依职权通知证人出庭作证。

未经人民法院通知，证人不得出庭作证，但双方当事人同意并经人民法院准许的除外。

第一百一十八条　民事诉讼法第七十七条规定的证人因履行出庭作证义务而支出的交通、住宿、就餐等必要费用，按照机关事业单位工作人员差旅费用和补贴标准计算；误工损失按照国家上年度职工日平均工资标准计算。

人民法院准许证人出庭作证申请的，应当通知申请人预缴证人出庭作证费用。

第一百一十九条　人民法院在证人出庭作证前应当告知其如实作证的义务以及作伪证的法律后果，并责令其签署保证书，但无民事行为能力人和限制民事行为能力人除外。

证人签署保证书适用本解释关于当事人签署保证书的规定。

第一百二十条　证人拒绝签署保证书的，不得作证，并自行承担相关费用。

第一百二十一条　当事人申请鉴定，可以在举证期限届满前提出。申请鉴定的事项与待证事实无关联，或者对证明待证事实无意义的，人民法院不予准许。

人民法院准许当事人鉴定申请的，应当组织双方当事人协商确定具备相应资格的鉴定人。当事人协商不成的，由人民法院指定。

符合依职权调查收集证据条件的，人民法院应当依职权委托鉴定，在询问当事人的意见后，指定具备相应资格的鉴定人。

第一百二十二条　当事人可以依照民事诉讼法第八十二条的规定，在举证期限届满前申请一至二名具有专门知识的人出庭，代表当事人对鉴定意见进行质证，或者对案件事实所涉及的专业问题提出意见。

具有专门知识的人在法庭上就专业问题提出的意见，视为当事人的陈述。

人民法院准许当事人申请的，相关费用由提出申请的当事人负担。

第一百二十三条　人民法院可以对出庭的具有专门知识的人进行询问。经法庭准许，当事人可以对出庭的具有专门知识的人进行询问，当事人各自申请的具有专门知识的人可以就案件中的有关问题进行对质。

具有专门知识的人不得参与专业问题之外的法庭审理活动。

第一百二十四条　人民法院认为有必要的，可以根据当事人的申请或者依职权对物证或者现场进行勘验。勘验时应当保护他人的隐私和尊严。

人民法院可以要求鉴定人参与勘验。必要时，可以要求鉴定人在勘验中进行鉴定。

五、期间和送达

第一百二十五条 依照民事诉讼法第八十五条第二款规定，民事诉讼中以时起算的期间从次时起算；以日、月、年计算的期间从次日起算。

第一百二十六条 民事诉讼法第一百二十六条规定的立案期限，因起诉状内容欠缺通知原告补正的，从补正后交人民法院的次日起算。由上级人民法院转交下级人民法院立案的案件，从受诉人民法院收到起诉状的次日起算。

第一百二十七条 民事诉讼法第五十九条第三款、第二百一十二条以及本解释第三百七十二条、第三百八十二条、第三百九十九条、第四百二十条、第四百二十一条规定的六个月，民事诉讼法第二百三十条规定的一年，为不变期间，不适用诉讼时效中止、中断、延长的规定。

第一百二十八条 再审案件按照第一审程序或者第二审程序审理的，适用民事诉讼法第一百五十二条、第一百八十三条规定的审限。审限自再审立案的次日起算。

第一百二十九条 对申请再审案件，人民法院应当自受理之日起三个月内审查完毕，但公告期间、当事人和解期间等不计入审查期限。有特殊情况需要延长的，由本院院长批准。

第一百三十条 向法人或者其他组织送达诉讼文书，应当由法人的法定代表人、该组织的主要负责人或者办公室、收发室、值班室等负责收件的人签收或者盖章，拒绝签收或者盖章的，适用留置送达。

民事诉讼法第八十九条规定的有关基层组织和所在单位的代表，可以是受送达人住所地的居民委员会、村民委员会的工作人员以及受送达人所在单位的工作人员。

第一百三十一条 人民法院直接送达诉讼文书的，可以通知当事人到人民法院领取。当事人到达人民法院，拒绝签署送达回证的，视为送达。审判人员、书记员应当在送达回证上注明送达情况并签名。

人民法院可以在当事人住所地以外向当事人直接送达诉讼文书。当事人拒绝签署送达回证的，采用拍照、录像等方式记录送达过程即视为送达。审判人员、书记员应当在送达回证上注明送达情况并签名。

第一百三十二条 受送达人有诉讼代理人的，人民法院既可以向受送达人送达，也可以向其诉讼代理人送达。受送达人指定诉讼代理人为代收人的，向诉讼代理人送达时，适用留置送达。

第一百三十三条 调解书应当直接送达当事人本人，不适用留置送达。当事人本人因故不能签收的，可由其指定的代收人签收。

第一百三十四条 依照民事诉讼法第九十一条规定，委托其他人民法院代为送达的，委托法院应当出具委托函，并附需要送达的诉讼文书和送达回证，以受送达人在送达回证上签收的日期为送达日期。

委托送达的，受委托人民法院应当自收到委托函及相关诉讼文书之日起十日内代为送达。

第一百三十五条　电子送达可以采用传真、电子邮件、移动通信等即时收悉的特定系统作为送达媒介。

民事诉讼法第九十条第二款规定的到达受送达人特定系统的日期，为人民法院对应系统显示发送成功的日期，但受送达人证明到达其特定系统的日期与人民法院对应系统显示发送成功的日期不一致的，以受送达人证明到达其特定系统的日期为准。

第一百三十六条　受送达人同意采用电子方式送达的，应当在送达地址确认书中予以确认。

第一百三十七条　当事人在提起上诉、申请再审、申请执行时未书面变更送达地址的，其在第一审程序中确认的送达地址可以作为第二审程序、审判监督程序、执行程序的送达地址。

第一百三十八条　公告送达可以在法院的公告栏和受送达人住所地张贴公告，也可以在报纸、信息网络等媒体上刊登公告，发出公告日期以最后张贴或者刊登的日期为准。对公告送达方式有特殊要求的，应当按要求的方式进行。公告期满，即视为送达。

人民法院在受送达人住所地张贴公告的，应当采取拍照、录像等方式记录张贴过程。

第一百三十九条　公告送达应当说明公告送达的原因；公告送达起诉状或者上诉状副本的，应当说明起诉或者上诉要点，受送达人答辩期限及逾期不答辩的法律后果；公告送达传票，应当说明出庭的时间和地点及逾期不出庭的法律后果；公告送达判决书、裁定书的，应当说明裁判主要内容，当事人有权上诉的，还应当说明上诉权利、上诉期限和上诉的人民法院。

第一百四十条　适用简易程序的案件，不适用公告送达。

第一百四十一条　人民法院在定期宣判时，当事人拒不签收判决书、裁定书的，应视为送达，并在宣判笔录中记明。

六、调　解

第一百四十二条　人民法院受理案件后，经审查，认为法律关系明确、事实清楚，在征得当事人双方同意后，可以径行调解。

第一百四十三条　适用特别程序、督促程序、公示催告程序的案件，婚姻等身份关系确认案件以及其他根据案件性质不能进行调解的案件，不得调解。

第一百四十四条　人民法院审理民事案件，发现当事人之间恶意串通，企图通过和解、调解方式侵害他人合法权益的，应当依照民事诉讼法第一百一十五条的规定处理。

第一百四十五条　人民法院审理民事案件，应当根据自愿、合法的原则进行调解。当事人一方或者双方坚持不愿调解的，应当及时裁判。

人民法院审理离婚案件，应当进行调解，但不应久调不决。

第一百四十六条　人民法院审理民事案件,调解过程不公开,但当事人同意公开的除外。

调解协议内容不公开,但为保护国家利益、社会公共利益、他人合法权益,人民法院认为确有必要公开的除外。

主持调解以及参与调解的人员,对调解过程以及调解过程中获悉的国家秘密、商业秘密、个人隐私和其他不宜公开的信息,应当保守秘密,但为保护国家利益、社会公共利益、他人合法权益的除外。

第一百四十七条　人民法院调解案件时,当事人不能出庭的,经其特别授权,可由其委托代理人参加调解,达成的调解协议,可由委托代理人签名。

离婚案件当事人确因特殊情况无法出庭参加调解的,除本人不能表达意志的以外,应当出具书面意见。

第一百四十八条　当事人自行和解或者调解达成协议后,请求人民法院按照和解协议或者调解协议的内容制作判决书的,人民法院不予准许。

无民事行为能力人的离婚案件,由其法定代理人进行诉讼。法定代理人与对方达成协议要求发给判决书的,可根据协议内容制作判决书。

第一百四十九条　调解书需经当事人签收后才发生法律效力的,应当以最后收到调解书的当事人签收的日期为调解书生效日期。

第一百五十条　人民法院调解民事案件,需由无独立请求权的第三人承担责任的,应当经其同意。该第三人在调解书送达前反悔的,人民法院应当及时裁判。

第一百五十一条　根据民事诉讼法第一百零一条第一款第四项规定,当事人各方同意在调解协议上签名或者盖章后即发生法律效力的,经人民法院审查确认后,应当记入笔录或者将调解协议附卷,并由当事人、审判人员、书记员签名或者盖章后即具有法律效力。

前款规定情形,当事人请求制作调解书的,人民法院审查确认后可以制作调解书送交当事人。当事人拒收调解书的,不影响调解协议的效力。

七、保全和先予执行

第一百五十二条　人民法院依照民事诉讼法第一百零三条、第一百零四条规定,在采取诉前保全、诉讼保全措施时,责令利害关系人或者当事人提供担保的,应当书面通知。

利害关系人申请诉前保全的,应当提供担保。申请诉前财产保全的,应当提供相当于请求保全数额的担保;情况特殊的,人民法院可以酌情处理。申请诉前行为保全的,担保的数额由人民法院根据案件的具体情况决定。

在诉讼中,人民法院依申请或者依职权采取保全措施的,应当根据案件的具体情况,决定当事人是否应当提供担保以及担保的数额。

第一百五十三条　人民法院对季节性商品、鲜活、易腐烂变质以及其他不宜长期保存的物品采取保全措施时,可以责令当事人及时处理,由人民法院保存价款;

必要时，人民法院可予以变卖，保存价款。

第一百五十四条 人民法院在财产保全中采取查封、扣押、冻结财产措施时，应当妥善保管被查封、扣押、冻结的财产。不宜由人民法院保管的，人民法院可以指定被保全人负责保管；不宜由被保全人保管的，可以委托他人或者申请保全人保管。

查封、扣押、冻结担保物权人占有的担保财产，一般由担保物权人保管；由人民法院保管的，质权、留置权不因采取保全措施而消灭。

第一百五十五条 由人民法院指定被保全人保管的财产，如果继续使用对该财产的价值无重大影响，可以允许被保全人继续使用；由人民法院保管或者委托他人、申请保全人保管的财产，人民法院和其他保管人不得使用。

第一百五十六条 人民法院采取财产保全的方法和措施，依照执行程序相关规定办理。

第一百五十七条 人民法院对抵押物、质押物、留置物可以采取财产保全措施，但不影响抵押权人、质权人、留置权人的优先受偿权。

第一百五十八条 人民法院对债务人到期应得的收益，可以采取财产保全措施，限制其支取，通知有关单位协助执行。

第一百五十九条 债务人的财产不能满足保全请求，但对他人有到期债权的，人民法院可以依债权人的申请裁定该他人不得对本案债务人清偿。该他人要求偿付的，由人民法院提存财物或者价款。

第一百六十条 当事人向采取诉前保全措施以外的其他有管辖权的人民法院起诉的，采取诉前保全措施的人民法院应当将保全手续移送受理案件的人民法院。诉前保全的裁定视为受移送人民法院作出的裁定。

第一百六十一条 对当事人不服一审判决提起上诉的案件，在第二审人民法院接到报送的案件之前，当事人有转移、隐匿、出卖或者毁损财产等行为，必须采取保全措施的，由第一审人民法院依当事人申请或者依职权采取。第一审人民法院的保全裁定，应当及时报送第二审人民法院。

第一百六十二条 第二审人民法院裁定对第一审人民法院采取的保全措施予以续保或者采取新的保全措施的，可以自行实施，也可以委托第一审人民法院实施。

再审人民法院裁定对原保全措施予以续保或者采取新的保全措施的，可以自行实施，也可以委托原审人民法院或者执行法院实施。

第一百六十三条 法律文书生效后，进入执行程序前，债权人因对方当事人转移财产等紧急情况，不申请保全将可能导致生效法律文书不能执行或者难以执行的，可以向执行法院申请采取保全措施。债权人在法律文书指定的履行期间届满后五日内不申请执行的，人民法院应当解除保全。

第一百六十四条 对申请保全人或者他人提供的担保财产，人民法院应当依法办理查封、扣押、冻结等手续。

第一百六十五条 人民法院裁定采取保全措施后，除作出保全裁定的人民法院自行解除或者其上级人民法院决定解除外，在保全期限内，任何单位不得解除保全措施。

第一百六十六条 裁定采取保全措施后，有下列情形之一的，人民法院应当作出解除保全裁定：

（一）保全错误的；

（二）申请人撤回保全申请的；

（三）申请人的起诉或者诉讼请求被生效裁判驳回的；

（四）人民法院认为应当解除保全的其他情形。

解除以登记方式实施的保全措施的，应当向登记机关发出协助执行通知书。

第一百六十七条 财产保全的被保全人提供其他等值担保财产且有利于执行的，人民法院可以裁定变更保全标的物为被保全人提供的担保财产。

第一百六十八条 保全裁定未经人民法院依法撤销或者解除，进入执行程序后，自动转为执行中的查封、扣押、冻结措施，期限连续计算，执行法院无需重新制作裁定书，但查封、扣押、冻结期限届满的除外。

第一百六十九条 民事诉讼法规定的先予执行，人民法院应当在受理案件后终审判决作出前采取。先予执行应当限于当事人诉讼请求的范围，并以当事人的生活、生产经营的急需为限。

第一百七十条 民事诉讼法第一百零九条第三项规定的情况紧急，包括：

（一）需要立即停止侵害、排除妨碍的；

（二）需要立即制止某项行为的；

（三）追索恢复生产、经营急需的保险理赔费的；

（四）需要立即返还社会保险金、社会救助资金的；

（五）不立即返还款项，将严重影响权利人生活和生产经营的。

第一百七十一条 当事人对保全或者先予执行裁定不服的，可以自收到裁定书之日起五日内向作出裁定的人民法院申请复议。人民法院应当在收到复议申请后十日内审查。裁定正确的，驳回当事人的申请；裁定不当的，变更或者撤销原裁定。

第一百七十二条 利害关系人对保全或者先予执行的裁定不服申请复议的，由作出裁定的人民法院依照民事诉讼法第一百一十一条规定处理。

第一百七十三条 人民法院先予执行后，根据发生法律效力的判决，申请人应当返还因先予执行所取得的利益的，适用民事诉讼法第二百四十条的规定。

八、对妨害民事诉讼的强制措施

第一百七十四条 民事诉讼法第一百一十二条规定的必须到庭的被告，是指负有赡养、抚育、扶养义务和不到庭就无法查清案情的被告。

人民法院对必须到庭才能查清案件基本事实的原告，经两次传票传唤，无正当理由拒不到庭的，可以拘传。

第一百七十五条 拘传必须用拘传票，并直接送达被拘传人；在拘传前，应当向被拘传人说明拒不到庭的后果，经批评教育仍拒不到庭的，可以拘传其到庭。

第一百七十六条　诉讼参与人或者其他人有下列行为之一的，人民法院可以适用民事诉讼法第一百一十三条规定处理：

（一）未经准许进行录音、录像、摄影的；

（二）未经准许以移动通信等方式现场传播审判活动的；

（三）其他扰乱法庭秩序，妨害审判活动进行的。

有前款规定情形的，人民法院可以暂扣诉讼参与人或者其他人进行录音、录像、摄影、传播审判活动的器材，并责令其删除有关内容；拒不删除的，人民法院可以采取必要手段强制删除。

第一百七十七条　训诫、责令退出法庭由合议庭或者独任审判员决定。训诫的内容、被责令退出法庭者的违法事实应当记入庭审笔录。

第一百七十八条　人民法院依照民事诉讼法第一百一十三条至第一百一十七条的规定采取拘留措施的，应经院长批准，作出拘留决定书，由司法警察将被拘留人送交当地公安机关看管。

第一百七十九条　被拘留人不在本辖区的，作出拘留决定的人民法院应当派员到被拘留人所在地的人民法院，请该院协助执行，受委托的人民法院应当及时派员协助执行。被拘留人申请复议或者在拘留期间承认并改正错误，需要提前解除拘留的，受委托人民法院应当向委托人民法院转达或者提出建议，由委托人民法院审查决定。

第一百八十条　人民法院对被拘留人采取拘留措施后，应当在二十四小时内通知其家属；确实无法按时通知或者通知不到的，应当记录在案。

第一百八十一条　因哄闹、冲击法庭，用暴力、威胁等方法抗拒执行公务等紧急情况，必须立即采取拘留措施的，可在拘留后，立即报告院长补办批准手续。院长认为拘留不当的，应当解除拘留。

第一百八十二条　被拘留人在拘留期间认错悔改的，可以责令其具结悔过，提前解除拘留。提前解除拘留，应报经院长批准，并作出提前解除拘留决定书，交负责看管的公安机关执行。

第一百八十三条　民事诉讼法第一百一十三条至第一百一十六条规定的罚款、拘留可以单独适用，也可以合并适用。

第一百八十四条　对同一妨害民事诉讼行为的罚款、拘留不得连续适用。发生新的妨害民事诉讼行为的，人民法院可以重新予以罚款、拘留。

第一百八十五条　被罚款、拘留的人不服罚款、拘留决定申请复议的，应当自收到决定书之日起三日内提出。上级人民法院应当在收到复议申请后五日内作出决定，并将复议结果通知下级人民法院和当事人。

第一百八十六条　上级人民法院复议时认为强制措施不当的，应当制作决定书，撤销或者变更下级人民法院作出的拘留、罚款决定。情况紧急的，可以在口头通知后三日内发出决定书。

第一百八十七条　民事诉讼法第一百一十四条第一款第五项规定的以暴力、威胁或者其他方法阻碍司法工作人员执行职务的行为，包括：

（一）在人民法院哄闹、滞留，不听从司法工作人员劝阻的；

（二）故意毁损、抢夺人民法院法律文书、查封标志的；

（三）哄闹、冲击执行公务现场，围困、扣押执行或者协助执行公务人员的；

（四）毁损、抢夺、扣留案件材料、执行公务车辆、其他执行公务器械、执行公务人员服装和执行公务证件的；

（五）以暴力、威胁或者其他方法阻碍司法工作人员查询、查封、扣押、冻结、划拨、拍卖、变卖财产的；

（六）以暴力、威胁或者其他方法阻碍司法工作人员执行职务的其他行为。

第一百八十八条 民事诉讼法第一百一十四条第一款第六项规定的拒不履行人民法院已经发生法律效力的判决、裁定的行为，包括：

（一）在法律文书发生法律效力后隐藏、转移、变卖、毁损财产或者无偿转让财产、以明显不合理的价格交易财产、放弃到期债权、无偿为他人提供担保等，致使人民法院无法执行的；

（二）隐藏、转移、毁损或者未经人民法院允许处分已向人民法院提供担保的财产的；

（三）违反人民法院限制高消费令进行消费的；

（四）有履行能力而拒不按照人民法院执行通知履行生效法律文书确定的义务的；

（五）有义务协助执行的个人接到人民法院协助执行通知书后，拒不协助执行的。

第一百八十九条 诉讼参与人或者其他人有下列行为之一的，人民法院可以适用民事诉讼法第一百一十四条的规定处理：

（一）冒充他人提起诉讼或者参加诉讼的；

（二）证人签署保证书后作虚假证言，妨碍人民法院审理案件的；

（三）伪造、隐藏、毁灭或者拒绝交出有关被执行人履行能力的重要证据，妨碍人民法院查明被执行人财产状况的；

（四）擅自解冻已被人民法院冻结的财产的；

（五）接到人民法院协助执行通知书后，给当事人通风报信，协助其转移、隐匿财产的。

第一百九十条 民事诉讼法第一百一十五条规定的他人合法权益，包括案外人的合法权益、国家利益、社会公共利益。

第三人根据民事诉讼法第五十九条第三款规定提起撤销之诉，经审查，原案当事人之间恶意串通进行虚假诉讼的，适用民事诉讼法第一百一十五条规定处理。

第一百九十一条 单位有民事诉讼法第一百一十五条或者第一百一十六条规定行为的，人民法院应当对该单位进行罚款，并可以对其主要负责人或者直接责任人员予以罚款、拘留；构成犯罪的，依法追究刑事责任。

第一百九十二条 有关单位接到人民法院协助执行通知书后，有下列行为之一的，人民法院可以适用民事诉讼法第一百一十七条规定处理：

（一）允许被执行人高消费的；

（二）允许被执行人出境的；

（三）拒不停止办理有关财产权证照转移手续、权属变更登记、规划审批等手续的；

（四）以需要内部请示、内部审批，有内部规定等为由拖延办理的。

第一百九十三条 人民法院对个人或者单位采取罚款措施时，应当根据其实施妨害民事诉讼行为的性质、情节、后果，当地的经济发展水平，以及诉讼标的额等因素，在民事诉讼法第一百一十八条第一款规定的限额内确定相应的罚款金额。

九、诉讼费用

第一百九十四条 依照民事诉讼法第五十七条审理的案件不预交案件受理费，结案后按照诉讼标的额由败诉方交纳。

第一百九十五条 支付令失效后转入诉讼程序的，债权人应当按照《诉讼费用交纳办法》补交案件受理费。

支付令被撤销后，债权人另行起诉的，按照《诉讼费用交纳办法》交纳诉讼费用。

第一百九十六条 人民法院改变原判决、裁定、调解结果的，应当在裁判文书中对原审诉讼费用的负担一并作出处理。

第一百九十七条 诉讼标的物是证券的，按照证券交易规则并根据当事人起诉之日前最后一个交易日的收盘价、当日的市场价或者其载明的金额计算诉讼标的金额。

第一百九十八条 诉讼标的物是房屋、土地、林木、车辆、船舶、文物等特定物或者知识产权，起诉时价值难以确定的，人民法院应当向原告释明主张过高或者过低的诉讼风险，以原告主张的价值确定诉讼标的金额。

第一百九十九条 适用简易程序审理的案件转为普通程序的，原告自接到人民法院交纳诉讼费用通知之日起七日内补交案件受理费。

原告无正当理由未按期足额补交的，按撤诉处理，已经收取的诉讼费用退还一半。

第二百条 破产程序中有关债务人的民事诉讼案件，按照财产案件标准交纳诉讼费，但劳动争议案件除外。

第二百零一条 既有财产性诉讼请求，又有非财产性诉讼请求的，按照财产性诉讼请求的标准交纳诉讼费。

有多个财产性诉讼请求的，合并计算交纳诉讼费；诉讼请求中有多个非财产性诉讼请求的，按一件交纳诉讼费。

第二百零二条 原告、被告、第三人分别上诉的，按照上诉请求分别预交二审案件受理费。

同一方多人共同上诉的，只预交一份二审案件受理费；分别上诉的，按照上诉请求分别预交二审案件受理费。

　　第二百零三条　承担连带责任的当事人败诉的，应当共同负担诉讼费用。

　　第二百零四条　实现担保物权案件，人民法院裁定拍卖、变卖担保财产的，申请费由债务人、担保人负担；人民法院裁定驳回申请的，申请费由申请人负担。

　　申请人另行起诉的，其已经交纳的申请费可以从案件受理费中扣除。

　　第二百零五条　拍卖、变卖担保财产的裁定作出后，人民法院强制执行的，按照执行金额收取执行申请费。

　　第二百零六条　人民法院决定减半收取案件受理费的，只能减半一次。

　　第二百零七条　判决生效后，胜诉方预交但不应负担的诉讼费用，人民法院应当退还，由败诉方向人民法院交纳，但胜诉方自愿承担或者同意败诉方直接向其支付的除外。

　　当事人拒不交纳诉讼费用的，人民法院可以强制执行。

十、第一审普通程序

　　第二百零八条　人民法院接到当事人提交的民事起诉状时，对符合民事诉讼法第一百二十二条的规定，且不属于第一百二十七条规定情形的，应当登记立案；对当场不能判定是否符合起诉条件的，应当接收起诉材料，并出具注明收到日期的书面凭证。

　　需要补充必要相关材料的，人民法院应当及时告知当事人。在补齐相关材料后，应当在七日内决定是否立案。

　　立案后发现不符合起诉条件或者属于民事诉讼法第一百二十七条规定情形的，裁定驳回起诉。

　　第二百零九条　原告提供被告的姓名或者名称、住所等信息具体明确，足以使被告与他人相区别的，可以认定为有明确的被告。

　　起诉状列写被告信息不足以认定明确的被告的，人民法院可以告知原告补正。原告补正后仍不能确定明确的被告的，人民法院裁定不予受理。

　　第二百一十条　原告在起诉状中有谩骂和人身攻击之辞的，人民法院应当告知其修改后提起诉讼。

　　第二百一十一条　对本院没有管辖权的案件，告知原告向有管辖权的人民法院起诉；原告坚持起诉的，裁定不予受理；立案后发现本院没有管辖权的，应当将案件移送有管辖权的人民法院。

　　第二百一十二条　裁定不予受理、驳回起诉的案件，原告再次起诉，符合起诉条件且不属于民事诉讼法第一百二十七条规定情形的，人民法院应予受理。

　　第二百一十三条　原告应当预交而未预交案件受理费，人民法院应当通知其预交，通知后仍不预交或者申请减、缓、免未获批准而仍不预交的，裁定按撤诉处理。

　　第二百一十四条　原告撤诉或者人民法院按撤诉处理后，原告以同一诉讼请求再次起诉的，人民法院应予受理。

原告撤诉或者按撤诉处理的离婚案件，没有新情况、新理由，六个月内又起诉的，比照民事诉讼法第一百二十七条第七项的规定不予受理。

第二百一十五条 依照民事诉讼法第一百二十七条第二项的规定，当事人在书面合同中订有仲裁条款，或者在发生纠纷后达成书面仲裁协议，一方向人民法院起诉的，人民法院应当告知原告向仲裁机构申请仲裁，其坚持起诉的，裁定不予受理，但仲裁条款或者仲裁协议不成立、无效、失效、内容不明确无法执行的除外。

第二百一十六条 在人民法院首次开庭前，被告以有书面仲裁协议为由对受理民事案件提出异议的，人民法院应当进行审查。

经审查符合下列情形之一的，人民法院应当裁定驳回起诉：

（一）仲裁机构或者人民法院已经确认仲裁协议有效的；

（二）当事人没有在仲裁庭首次开庭前对仲裁协议的效力提出异议的；

（三）仲裁协议符合仲裁法第十六条规定且不具有仲裁法第十七条规定情形的。

第二百一十七条 夫妻一方下落不明，另一方诉至人民法院，只要求离婚，不申请宣告下落不明人失踪或者死亡的案件，人民法院应当受理，对下落不明人公告送达诉讼文书。

第二百一十八条 赡养费、扶养费、抚养费案件，裁判发生法律效力后，因新情况、新理由，一方当事人再行起诉要求增加或者减少费用的，人民法院应作为新案受理。

第二百一十九条 当事人超过诉讼时效期间起诉的，人民法院应予受理。受理后对方当事人提出诉讼时效抗辩，人民法院经审理认为抗辩事由成立的，判决驳回原告的诉讼请求。

第二百二十条 民事诉讼法第七十一条、第一百三十七条、第一百五十九条规定的商业秘密，是指生产工艺、配方、贸易联系、购销渠道等当事人不愿公开的技术秘密、商业情报及信息。

第二百二十一条 基于同一事实发生的纠纷，当事人分别向同一人民法院起诉的，人民法院可以合并审理。

第二百二十二条 原告在起诉状中直接列写第三人的，视为其申请人民法院追加该第三人参加诉讼。是否通知第三人参加诉讼，由人民法院审查决定。

第二百二十三条 当事人在提交答辩状期间提出管辖异议，又针对起诉状的内容进行答辩的，人民法院应当依照民事诉讼法第一百三十条第一款的规定，对管辖异议进行审查。

当事人未提出管辖异议，就案件实体内容进行答辩、陈述或者反诉的，可以认定为民事诉讼法第一百三十条第二款规定的应诉答辩。

第二百二十四条 依照民事诉讼法第一百三十六条第四项规定，人民法院可以在答辩期届满后，通过组织证据交换、召集庭前会议等方式，作好审理前的准备。

第二百二十五条 根据案件具体情况，庭前会议可以包括下列内容：

（一）明确原告的诉讼请求和被告的答辩意见；

（二）审查处理当事人增加、变更诉讼请求的申请和提出的反诉，以及第三人提出的与本案有关的诉讼请求；

（三）根据当事人的申请决定调查收集证据，委托鉴定，要求当事人提供证据，进行勘验，进行证据保全；

（四）组织交换证据；

（五）归纳争议焦点；

（六）进行调解。

第二百二十六条　人民法院应当根据当事人的诉讼请求、答辩意见以及证据交换的情况，归纳争议焦点，并就归纳的争议焦点征求当事人的意见。

第二百二十七条　人民法院适用普通程序审理案件，应当在开庭三日前用传票传唤当事人。对诉讼代理人、证人、鉴定人、勘验人、翻译人员应当用通知书通知其到庭。当事人或者其他诉讼参与人在外地的，应当留有必要的在途时间。

第二百二十八条　法庭审理应当围绕当事人争议的事实、证据和法律适用等焦点问题进行。

第二百二十九条　当事人在庭审中对其在审理前的准备阶段认可的事实和证据提出不同意见的，人民法院应当责令其说明理由。必要时，可以责令其提供相应证据。人民法院应当结合当事人的诉讼能力、证据和案件的具体情况进行审查。理由成立的，可以列入争议焦点进行审理。

第二百三十条　人民法院根据案件具体情况并征得当事人同意，可以将法庭调查和法庭辩论合并进行。

第二百三十一条　当事人在法庭上提出新的证据的，人民法院应当依照民事诉讼法第六十八条第二款规定和本解释相关规定处理。

第二百三十二条　在案件受理后，法庭辩论结束前，原告增加诉讼请求，被告提出反诉，第三人提出与本案有关的诉讼请求，可以合并审理的，人民法院应当合并审理。

第二百三十三条　反诉的当事人应当限于本诉的当事人的范围。

反诉与本诉的诉讼请求基于相同法律关系、诉讼请求之间具有因果关系，或者反诉与本诉的诉讼请求基于相同事实的，人民法院应当合并审理。

反诉应由其他人民法院专属管辖，或者与本诉的诉讼标的及诉讼请求所依据的事实、理由无关联的，裁定不予受理，告知另行起诉。

第二百三十四条　无民事行为能力人的离婚诉讼，当事人的法定代理人应当到庭；法定代理人不能到庭的，人民法院应当在查清事实的基础上，依法作出判决。

第二百三十五条　无民事行为能力的当事人的法定代理人，经传票传唤无正当理由拒不到庭，属于原告方的，比照民事诉讼法第一百四十六条的规定，按撤诉处理；属于被告方的，比照民事诉讼法第一百四十七条的规定，缺席判决。必要时，人民法院可以拘传其到庭。

第二百三十六条　有独立请求权的第三人经人民法院传票传唤，无正当理由拒不到庭的，或者未经法庭许可中途退庭的，比照民事诉讼法第一百四十六条的规定，按撤诉处理。

第二百三十七条　有独立请求权的第三人参加诉讼后，原告申请撤诉，人民法院在准许原告撤诉后，有独立请求权的第三人作为另案原告，原案原告、被告作为另案被告，诉讼继续进行。

第二百三十八条　当事人申请撤诉或者依法可以按撤诉处理的案件，如果当事人有违反法律的行为需要依法处理的，人民法院可以不准许撤诉或者不按撤诉处理。

法庭辩论终结后原告申请撤诉，被告不同意的，人民法院可以不予准许。

第二百三十九条　人民法院准许本诉原告撤诉的，应当对反诉继续审理；被告申请撤回反诉的，人民法院应予准许。

第二百四十条　无独立请求权的第三人经人民法院传票传唤，无正当理由拒不到庭，或者未经法庭许可中途退庭的，不影响案件的审理。

第二百四十一条　被告经传票传唤无正当理由拒不到庭，或者未经法庭许可中途退庭的，人民法院应当按期开庭或者继续开庭审理，对到庭的当事人诉讼请求、双方的诉辩理由以及已经提交的证据及其他诉讼材料进行审理后，可以依法缺席判决。

第二百四十二条　一审宣判后，原审人民法院发现判决有错误，当事人在上诉期内提出上诉的，原审人民法院可以提出原判决有错误的意见，报送第二审人民法院，由第二审人民法院按照第二审程序进行审理；当事人不上诉的，按照审判监督程序处理。

第二百四十三条　民事诉讼法第一百五十二条规定的审限，是指从立案之日起至裁判宣告、调解书送达之日止的期间，但公告期间、鉴定期间、双方当事人和解期间、审理当事人提出的管辖异议以及处理人民法院之间的管辖争议期间不应计算在内。

第二百四十四条　可以上诉的判决书、裁定书不能同时送达双方当事人的，上诉期从各自收到判决书、裁定书之日计算。

第二百四十五条　民事诉讼法第一百五十七条第一款第七项规定的笔误是指法律文书误写、误算，诉讼费用漏写、误算和其他笔误。

第二百四十六条　裁定中止诉讼的原因消除，恢复诉讼程序时，不必撤销原裁定，从人民法院通知或者准许当事人双方继续进行诉讼时起，中止诉讼的裁定即失去效力。

第二百四十七条　当事人就已经提起诉讼的事项在诉讼过程中或者裁判生效后再次起诉，同时符合下列条件的，构成重复起诉：

（一）后诉与前诉的当事人相同；

（二）后诉与前诉的诉讼标的相同；

（三）后诉与前诉的诉讼请求相同，或者后诉的诉讼请求实质上否定前诉裁判结果。

当事人重复起诉的，裁定不予受理；已经受理的，裁定驳回起诉，但法律、司法解释另有规定的除外。

第二百四十八条　裁判发生法律效力后，发生新的事实，当事人再次提起诉讼的，人民法院应当依法受理。

第二百四十九条　在诉讼中，争议的民事权利义务转移的，不影响当事人的诉讼主体资格和诉讼地位。人民法院作出的发生法律效力的判决、裁定对受让人具有拘束力。

受让人申请以无独立请求权的第三人身份参加诉讼的，人民法院可予准许。受让人申请替代当事人承担诉讼的，人民法院可以根据案件的具体情况决定是否准许；不予准许的，可以追加其为无独立请求权的第三人。

第二百五十条　依照本解释第二百四十九条规定，人民法院准许受让人替代当事人承担诉讼的，裁定变更当事人。

变更当事人后，诉讼程序以受让人为当事人继续进行，原当事人应当退出诉讼。原当事人已经完成的诉讼行为对受让人具有拘束力。

第二百五十一条　二审裁定撤销一审判决发回重审的案件，当事人申请变更、增加诉讼请求或者提出反诉，第三人提出与本案有关的诉讼请求的，依照民事诉讼法第一百四十三条规定处理。

第二百五十二条　再审裁定撤销原判决、裁定发回重审的案件，当事人申请变更、增加诉讼请求或者提出反诉，符合下列情形之一的，人民法院应当准许：

（一）原审未合法传唤缺席判决，影响当事人行使诉讼权利的；

（二）追加新的诉讼当事人的；

（三）诉讼标的物灭失或者发生变化致使原诉讼请求无法实现的；

（四）当事人申请变更、增加的诉讼请求或者提出的反诉，无法通过另诉解决的。

第二百五十三条　当庭宣判的案件，除当事人当庭要求邮寄发送裁判文书的外，人民法院应当告知当事人或者诉讼代理人领取裁判文书的时间和地点以及逾期不领取的法律后果。上述情况，应当记入笔录。

第二百五十四条　公民、法人或者其他组织申请查阅发生法律效力的判决书、裁定书的，应当向作出该生效裁判的人民法院提出。申请应当以书面形式提出，并提供具体的案号或者当事人姓名、名称。

第二百五十五条　对于查阅判决书、裁定书的申请，人民法院根据下列情形分别处理：

（一）判决书、裁定书已经通过信息网络向社会公开的，应当引导申请人自行查阅；

（二）判决书、裁定书未通过信息网络向社会公开，且申请符合要求的，应当及时提供便捷的查阅服务；

（三）判决书、裁定书尚未发生法律效力，或者已失去法律效力的，不提供查阅并告知申请人；

（四）发生法律效力的判决书、裁定书不是本院作出的，应当告知申请人向作出生效裁判的人民法院申请查阅；

（五）申请查阅的内容涉及国家秘密、商业秘密、个人隐私的，不予准许并告知申请人。

十一、简易程序

第二百五十六条　民事诉讼法第一百六十条规定的简单民事案件中的事实清楚，是指当事人对争议的事实陈述基本一致，并能提供相应的证据，无须人民法院调查收集证据即可查明事实；权利义务关系明确是指能明确区分谁是责任的承担者，谁是权利的享有者；争议不大是指当事人对案件的是非、责任承担以及诉讼标的争执无原则分歧。

第二百五十七条　下列案件，不适用简易程序：

（一）起诉时被告下落不明的；

（二）发回重审的；

（三）当事人一方人数众多的；

（四）适用审判监督程序的；

（五）涉及国家利益、社会公共利益的；

（六）第三人起诉请求改变或者撤销生效判决、裁定、调解书的；

（七）其他不宜适用简易程序的案件。

第二百五十八条　适用简易程序审理的案件，审理期限到期后，有特殊情况需要延长的，经本院院长批准，可以延长审理期限。延长后的审理期限累计不得超过四个月。

人民法院发现案件不宜适用简易程序，需要转为普通程序审理的，应当在审理期限届满前作出裁定并将审判人员及相关事项书面通知双方当事人。

案件转为普通程序审理的，审理期限自人民法院立案之日计算。

第二百五十九条　当事人双方可就开庭方式向人民法院提出申请，由人民法院决定是否准许。经当事人双方同意，可以采用视听传输技术等方式开庭。

第二百六十条　已经按照普通程序审理的案件，在开庭后不得转为简易程序审理。

第二百六十一条　适用简易程序审理案件，人民法院可以依照民事诉讼法第九十条、第一百六十二条的规定采取捎口信、电话、短信、传真、电子邮件等简便方式传唤双方当事人、通知证人和送达诉讼文书。

以简便方式送达的开庭通知，未经当事人确认或者没有其他证据证明当事人已经收到的，人民法院不得缺席判决。

适用简易程序审理案件，由审判员独任审判，书记员担任记录。

第二百六十二条　人民法庭制作的判决书、裁定书、调解书，必须加盖基层人民法院印章，不得用人民法庭的印章代替基层人民法院的印章。

第二百六十三条　适用简易程序审理案件，卷宗中应当具备以下材料：

（一）起诉状或者口头起诉笔录；

（二）答辩状或者口头答辩笔录；

（三）当事人身份证明材料；

（四）委托他人代理诉讼的授权委托书或者口头委托笔录；

（五）证据；

（六）询问当事人笔录；

（七）审理（包括调解）笔录；

（八）判决书、裁定书、调解书或者调解协议；

（九）送达和宣判笔录；

（十）执行情况；

（十一）诉讼费收据；

（十二）适用民事诉讼法第一百六十五条规定审理的，有关程序适用的书面告知。

第二百六十四条　当事人双方根据民事诉讼法第一百六十条第二款规定约定适用简易程序的，应当在开庭前提出。口头提出的，记入笔录，由双方当事人签名或者捺印确认。

本解释第二百五十七条规定的案件，当事人约定适用简易程序的，人民法院不予准许。

第二百六十五条　原告口头起诉的，人民法院应当将当事人的姓名、性别、工作单位、住所、联系方式等基本信息，诉讼请求，事实及理由等准确记入笔录，由原告核对无误后签名或者捺印。对当事人提交的证据材料，应当出具收据。

第二百六十六条　适用简易程序案件的举证期限由人民法院确定，也可以由当事人协商一致并经人民法院准许，但不得超过十五日。被告要求书面答辩的，人民法院可在征得其同意的基础上，合理确定答辩期间。

人民法院应当将举证期限和开庭日期告知双方当事人，并向当事人说明逾期举证以及拒不到庭的法律后果，由双方当事人在笔录和开庭传票的送达回证上签名或者捺印。

当事人双方均表示不需要举证期限、答辩期间的，人民法院可以立即开庭审理或者确定开庭日期。

第二百六十七条　适用简易程序审理案件，可以简便方式进行审理前的准备。

第二百六十八条　对没有委托律师、基层法律服务工作者代理诉讼的当事人，人民法院在庭审过程中可以对回避、自认、举证证明责任等相关内容向其作必要的解释或者说明，并在庭审过程中适当提示当事人正确行使诉讼权利、履行诉讼义务。

第二百六十九条　当事人就案件适用简易程序提出异议，人民法院经审查，异议成立的，裁定转为普通程序；异议不成立的，裁定驳回。裁定以口头方式作出的，应当记入笔录。

转为普通程序的，人民法院应当将审判人员及相关事项以书面形式通知双方当事人。

转为普通程序前，双方当事人已确认的事实，可以不再进行举证、质证。

第二百七十条　适用简易程序审理的案件，有下列情形之一的，人民法院在制作判决书、裁定书、调解书时，对认定事实或者裁判理由部分可以适当简化：

（一）当事人达成调解协议并需要制作民事调解书的；

（二）一方当事人明确表示承认对方全部或者部分诉讼请求的；

（三）涉及商业秘密、个人隐私的案件，当事人一方要求简化裁判文书中的相关内容，人民法院认为理由正当的；

（四）当事人双方同意简化的。

十二、简易程序中的小额诉讼

第二百七十一条　人民法院审理小额诉讼案件，适用民事诉讼法第一百六十五条的规定，实行一审终审。

第二百七十二条　民事诉讼法第一百六十五条规定的各省、自治区、直辖市上年度就业人员年平均工资，是指已经公布的各省、自治区、直辖市上一年度就业人员年平均工资。在上一年度就业人员年平均工资公布前，以已经公布的最近年度就业人员年平均工资为准。

第二百七十三条　海事法院可以适用小额诉讼的程序审理海事、海商案件。案件标的额应当以实际受理案件的海事法院或者其派出法庭所在的省、自治区、直辖市上年度就业人员年平均工资为基数计算。

第二百七十四条　人民法院受理小额诉讼案件，应当向当事人告知该类案件的审判组织、一审终审、审理期限、诉讼费用交纳标准等相关事项。

第二百七十五条　小额诉讼案件的举证期限由人民法院确定，也可以由当事人协商一致并经人民法院准许，但一般不超过七日。

被告要求书面答辩的，人民法院可以在征得其同意的基础上合理确定答辩期间，但最长不得超过十五日。

当事人到庭后表示不需要举证期限和答辩期间的，人民法院可立即开庭审理。

第二百七十六条　当事人对小额诉讼案件提出管辖异议的，人民法院应当作出裁定。裁定一经作出即生效。

第二百七十七条　人民法院受理小额诉讼案件后，发现起诉不符合民事诉讼法第一百二十二条规定的起诉条件的，裁定驳回起诉。裁定一经作出即生效。

第二百七十八条　因当事人申请增加或者变更诉讼请求、提出反诉、追加当事人等，致使案件不符合小额诉讼案件条件的，应当适用简易程序的其他规定审理。

前款规定案件，应当适用普通程序审理的，裁定转为普通程序。

适用简易程序的其他规定或者普通程序审理前，双方当事人已确认的事实，可以不再进行举证、质证。

第二百七十九条　当事人对按照小额诉讼案件审理有异议的，应当在开庭前提出。人民法院经审查，异议成立的，适用简易程序的其他规定审理或者裁定转为普通程序；异议不成立的，裁定驳回。裁定以口头方式作出的，应当记入笔录。

第二百八十条　小额诉讼案件的裁判文书可以简化，主要记载当事人基本信息、诉讼请求、裁判主文等内容。

第二百八十一条 人民法院审理小额诉讼案件，本解释没有规定的，适用简易程序的其他规定。

十三、公益诉讼

第二百八十二条 环境保护法、消费者权益保护法等法律规定的机关和有关组织对污染环境、侵害众多消费者合法权益等损害社会公共利益的行为，根据民事诉讼法第五十八条规定提起公益诉讼，符合下列条件的，人民法院应当受理：

（一）有明确的被告；

（二）有具体的诉讼请求；

（三）有社会公共利益受到损害的初步证据；

（四）属于人民法院受理民事诉讼的范围和受诉人民法院管辖。

第二百八十三条 公益诉讼案件由侵权行为地或者被告住所地中级人民法院管辖，但法律、司法解释另有规定的除外。

因污染海洋环境提起的公益诉讼，由污染发生地、损害结果地或者采取预防污染措施地海事法院管辖。

对同一侵权行为分别向两个以上人民法院提起公益诉讼的，由最先立案的人民法院管辖，必要时由它们的共同上级人民法院指定管辖。

第二百八十四条 人民法院受理公益诉讼案件后，应当在十日内书面告知相关行政主管部门。

第二百八十五条 人民法院受理公益诉讼案件后，依法可以提起诉讼的其他机关和有关组织，可以在开庭前向人民法院申请参加诉讼。人民法院准许参加诉讼的，列为共同原告。

第二百八十六条 人民法院受理公益诉讼案件，不影响同一侵权行为的受害人根据民事诉讼法第一百二十二条规定提起诉讼。

第二百八十七条 对公益诉讼案件，当事人可以和解，人民法院可以调解。

当事人达成和解或者调解协议后，人民法院应当将和解或者调解协议进行公告。公告期间不得少于三十日。

公告期满后，人民法院经审查，和解或者调解协议不违反社会公共利益的，应当出具调解书；和解或者调解协议违反社会公共利益的，不予出具调解书，继续对案件进行审理并依法作出裁判。

第二百八十八条 公益诉讼案件的原告在法庭辩论终结后申请撤诉的，人民法院不予准许。

第二百八十九条 公益诉讼案件的裁判发生法律效力后，其他依法具有原告资格的机关和有关组织就同一侵权行为另行提起公益诉讼的，人民法院裁定不予受理，但法律、司法解释另有规定的除外。

十四、第三人撤销之诉

第二百九十条　第三人对已经发生法律效力的判决、裁定、调解书提起撤销之诉的，应当自知道或者应当知道其民事权益受到损害之日起六个月内，向作出生效判决、裁定、调解书的人民法院提出，并应当提供存在下列情形的证据材料：

（一）因不能归责于本人的事由未参加诉讼；

（二）发生法律效力的判决、裁定、调解书的全部或者部分内容错误；

（三）发生法律效力的判决、裁定、调解书内容错误损害其民事权益。

第二百九十一条　人民法院应当在收到起诉状和证据材料之日起五日内送交对方当事人，对方当事人可以自收到起诉状之日起十日内提出书面意见。

人民法院应当对第三人提交的起诉状、证据材料以及对方当事人的书面意见进行审查。必要时，可以询问双方当事人。

经审查，符合起诉条件的，人民法院应当在收到起诉状之日起二十日内立案。不符合起诉条件的，应当在收到起诉状之日起二十日内裁定不予受理。

第二百九十二条　人民法院对第三人撤销之诉案件，应当组成合议庭开庭审理。

第二百九十三条　民事诉讼法第五十九条第三款规定的因不能归责于本人的事由未参加诉讼，是指没有被列为生效判决、裁定、调解书当事人，且无过错或者无明显过错的情形。包括：

（一）不知道诉讼而未参加的；

（二）申请参加未获准许的；

（三）知道诉讼，但因客观原因无法参加的；

（四）因其他不能归责于本人的事由未参加诉讼的。

第二百九十四条　民事诉讼法第五十九条第三款规定的判决、裁定、调解书的部分或者全部内容，是指判决、裁定的主文，调解书中处理当事人民事权利义务的结果。

第二百九十五条　对下列情形提起第三人撤销之诉的，人民法院不予受理：

（一）适用特别程序、督促程序、公示催告程序、破产程序等非讼程序处理的案件；

（二）婚姻无效、撤销或者解除婚姻关系等判决、裁定、调解书中涉及身份关系的内容；

（三）民事诉讼法第五十七条规定的未参加登记的权利人对代表人诉讼案件的生效裁判；

（四）民事诉讼法第五十八条规定的损害社会公共利益行为的受害人对公益诉讼案件的生效裁判。

第二百九十六条　第三人提起撤销之诉，人民法院应当将该第三人列为原告，生效判决、裁定、调解书的当事人列为被告，但生效判决、裁定、调解书中没有承担责任的无独立请求权的第三人列为第三人。

第二百九十七条　受理第三人撤销之诉案件后，原告提供相应担保，请求中止执行的，人民法院可以准许。

第二百九十八条　对第三人撤销或者部分撤销发生法律效力的判决、裁定、调解书内容的请求，人民法院经审理，按下列情形分别处理：

（一）请求成立且确认其民事权利的主张全部或部分成立的，改变原判决、裁定、调解书内容的错误部分；

（二）请求成立，但确认其全部或部分民事权利的主张不成立，或者未提出确认其民事权利请求的，撤销原判决、裁定、调解书内容的错误部分；

（三）请求不成立的，驳回诉讼请求。

对前款规定裁判不服的，当事人可以上诉。

原判决、裁定、调解书的内容未改变或者未撤销的部分继续有效。

第二百九十九条　第三人撤销之诉案件审理期间，人民法院对生效判决、裁定、调解书裁定再审的，受理第三人撤销之诉的人民法院应当裁定将第三人的诉讼请求并入再审程序。但有证据证明原审当事人之间恶意串通损害第三人合法权益的，人民法院应当先行审理第三人撤销之诉案件，裁定中止再审诉讼。

第三百条　第三人诉讼请求并入再审程序审理的，按照下列情形分别处理：

（一）按照第一审程序审理的，人民法院应当对第三人的诉讼请求一并审理，所作的判决可以上诉；

（二）按照第二审程序审理的，人民法院可以调解，调解达不成协议的，应当裁定撤销原判决、裁定、调解书，发回一审法院重审，重审时应当列明第三人。

第三百零一条　第三人提起撤销之诉后，未中止生效判决、裁定、调解书执行的，执行法院对第三人依照民事诉讼法第二百三十四条规定提出的执行异议，应予审查。第三人不服驳回执行异议裁定，申请对原判决、裁定、调解书再审的，人民法院不予受理。

案外人对人民法院驳回其执行异议裁定不服，认为原判决、裁定、调解书内容错误损害其合法权益的，应当根据民事诉讼法第二百三十四条规定申请再审，提起第三人撤销之诉的，人民法院不予受理。

十五、执行异议之诉

第三百零二条　根据民事诉讼法第二百三十四条规定，案外人、当事人对执行异议裁定不服，自裁定送达之日起十五日内向人民法院提起执行异议之诉的，由执行法院管辖。

第三百零三条　案外人提起执行异议之诉，除符合民事诉讼法第一百二十二条规定外，还应当具备下列条件：

（一）案外人的执行异议申请已经被人民法院裁定驳回；

（二）有明确的排除对执行标的执行的诉讼请求，且诉讼请求与原判决、裁定无关；

（三）自执行异议裁定送达之日起十五日内提起。

人民法院应当在收到起诉状之日起十五日内决定是否立案。

第三百零四条 申请执行人提起执行异议之诉，除符合民事诉讼法第一百二十二条规定外，还应当具备下列条件：

（一）依案外人执行异议申请，人民法院裁定中止执行；

（二）有明确的对执行标的继续执行的诉讼请求，且诉讼请求与原判决、裁定无关；

（三）自执行异议裁定送达之日起十五日内提起。

人民法院应当在收到起诉状之日起十五日内决定是否立案。

第三百零五条 案外人提起执行异议之诉的，以申请执行人为被告。被执行人反对案外人异议的，被执行人为共同被告；被执行人不反对案外人异议的，可以列被执行人为第三人。

第三百零六条 申请执行人提起执行异议之诉的，以案外人为被告。被执行人反对申请执行人主张的，以案外人和被执行人为共同被告；被执行人不反对申请执行人主张的，可以列被执行人为第三人。

第三百零七条 申请执行人对中止执行裁定未提起执行异议之诉，被执行人提起执行异议之诉的，人民法院告知其另行起诉。

第三百零八条 人民法院审理执行异议之诉案件，适用普通程序。

第三百零九条 案外人或者申请执行人提起执行异议之诉的，案外人应当就其对执行标的享有足以排除强制执行的民事权益承担举证证明责任。

第三百一十条 对案外人提起的执行异议之诉，人民法院经审理，按照下列情形分别处理：

（一）案外人就执行标的享有足以排除强制执行的民事权益的，判决不得执行该执行标的；

（二）案外人就执行标的不享有足以排除强制执行的民事权益的，判决驳回诉讼请求。

案外人同时提出确认其权利的诉讼请求的，人民法院可以在判决中一并作出裁判。

第三百一十一条 对申请执行人提起的执行异议之诉，人民法院经审理，按照下列情形分别处理：

（一）案外人就执行标的不享有足以排除强制执行的民事权益的，判决准许执行该执行标的；

（二）案外人就执行标的享有足以排除强制执行的民事权益的，判决驳回诉讼请求。

第三百一十二条 对案外人执行异议之诉，人民法院判决不得对执行标的执行的，执行异议裁定失效。

对申请执行人执行异议之诉，人民法院判决准许对该执行标的的执行的，执行异议裁定失效，执行法院可以根据申请执行人的申请或者依职权恢复执行。

第三百一十三条　案外人执行异议之诉审理期间，人民法院不得对执行标的进行处分。申请执行人请求人民法院继续执行并提供相应担保的，人民法院可以准许。

被执行人与案外人恶意串通，通过执行异议、执行异议之诉妨害执行的，人民法院应当依照民事诉讼法第一百一十六条规定处理。申请执行人因此受到损害的，可以提起诉讼要求被执行人、案外人赔偿。

第三百一十四条　人民法院对执行标的的裁定中止执行后，申请执行人在法律规定的期间内未提起执行异议之诉的，人民法院应当自起诉期限届满之日起七日内解除对该执行标的采取的执行措施。

十六、第二审程序

第三百一十五条　双方当事人和第三人都提起上诉的，均列为上诉人。人民法院可以依职权确定第二审程序中当事人的诉讼地位。

第三百一十六条　民事诉讼法第一百七十三条、第一百七十四条规定的对方当事人包括被上诉人和原审其他当事人。

第三百一十七条　必要共同诉讼人的一人或者部分人提起上诉的，按下列情形分别处理：

（一）上诉仅对与对方当事人之间权利义务分担有意见，不涉及其他共同诉讼人利益的，对方当事人为被上诉人，未上诉的同一方当事人依原审诉讼地位列明；

（二）上诉仅对共同诉讼人之间权利义务分担有意见，不涉及对方当事人利益的，未上诉的同一方当事人为被上诉人，对方当事人依原审诉讼地位列明；

（三）上诉对双方当事人之间以及共同诉讼人之间权利义务承担有意见的，未提起上诉的其他当事人均为被上诉人。

第三百一十八条　一审宣判时或者判决书、裁定书送达时，当事人口头表示上诉的，人民法院应告知其必须在法定上诉期间内递交上诉状。未在法定上诉期间内递交上诉状的，视为未提起上诉。虽递交上诉状，但未在指定的期限内交纳上诉费的，按自动撤回上诉处理。

第三百一十九条　无民事行为能力人、限制民事行为能力人的法定代理人，可以代理当事人提起上诉。

第三百二十条　上诉案件的当事人死亡或者终止的，人民法院依法通知其权利义务承继者参加诉讼。

需要终结诉讼的，适用民事诉讼法第一百五十四条规定。

第三百二十一条　第二审人民法院应当围绕当事人的上诉请求进行审理。

当事人没有提出请求的，不予审理，但一审判决违反法律禁止性规定，或者损害国家利益、社会公共利益、他人合法权益的除外。

第三百二十二条　开庭审理的上诉案件，第二审人民法院可以依照民事诉讼法第一百三十六条第四项规定进行审理前的准备。

第三百二十三条　下列情形，可以认定为民事诉讼法第一百七十七条第一款第四项规定的严重违反法定程序：

（一）审判组织的组成不合法的；

（二）应当回避的审判人员未回避的；

（三）无诉讼行为能力人未经法定代理人代为诉讼的；

（四）违法剥夺当事人辩论权利的。

第三百二十四条 对当事人在第一审程序中已经提出的诉讼请求，原审人民法院未作审理、判决的，第二审人民法院可以根据当事人自愿的原则进行调解；调解不成的，发回重审。

第三百二十五条 必须参加诉讼的当事人或者有独立请求权的第三人，在第一审程序中未参加诉讼，第二审人民法院可以根据当事人自愿的原则予以调解；调解不成的，发回重审。

第三百二十六条 在第二审程序中，原审原告增加独立的诉讼请求或者原审被告提出反诉的，第二审人民法院可以根据当事人自愿的原则就新增加的诉讼请求或者反诉进行调解；调解不成的，告知当事人另行起诉。

双方当事人同意由第二审人民法院一并审理的，第二审人民法院可以一并裁判。

第三百二十七条 一审判决不准离婚的案件，上诉后，第二审人民法院认为应当判决离婚的，可以根据当事人自愿的原则，与子女抚养、财产问题一并调解；调解不成的，发回重审。

双方当事人同意由第二审人民法院一并审理的，第二审人民法院可以一并裁判。

第三百二十八条 人民法院依照第二审程序审理案件，认为依法不应由人民法院受理的，可以由第二审人民法院直接裁定撤销原裁判，驳回起诉。

第三百二十九条 人民法院依照第二审程序审理案件，认为第一审人民法院受理案件违反专属管辖规定的，应当裁定撤销原裁判并移送有管辖权的人民法院。

第三百三十条 第二审人民法院查明第一审人民法院作出的不予受理裁定有错误的，应当在撤销原裁定的同时，指令第一审人民法院立案受理；查明第一审人民法院作出的驳回起诉裁定有错误的，应当在撤销原裁定的同时，指令第一审人民法院审理。

第三百三十一条 第二审人民法院对下列上诉案件，依照民事诉讼法第一百七十六条规定可以不开庭审理：

（一）不服不予受理、管辖权异议和驳回起诉裁定的；

（二）当事人提出的上诉请求明显不能成立的；

（三）原判决、裁定认定事实清楚，但适用法律错误的；

（四）原判决严重违反法定程序，需要发回重审的。

第三百三十二条 原判决、裁定认定事实或者适用法律虽有瑕疵，但裁判结果正确的，第二审人民法院可以在判决、裁定中纠正瑕疵后，依照民事诉讼法第一百七十七条第一款第一项规定予以维持。

第三百三十三条 民事诉讼法第一百七十七条第一款第三项规定的基本事实，是指用以确定当事人主体资格、案件性质、民事权利义务等对原判决、裁定的结果有实质性影响的事实。

第三百三十四条 在第二审程序中，作为当事人的法人或者其他组织分立的，人民法院可以直接将分立后的法人或者其他组织列为共同诉讼人；合并的，将合并后的法人或者其他组织列为当事人。

第三百三十五条 在第二审程序中，当事人申请撤回上诉，人民法院经审查认为一审判决确有错误，或者当事人之间恶意串通损害国家利益、社会公共利益、他人合法权益的，不应准许。

第三百三十六条 在第二审程序中，原审原告申请撤回起诉，经其他当事人同意，且不损害国家利益、社会公共利益、他人合法权益的，人民法院可以准许。准许撤诉的，应当一并裁定撤销一审裁判。

原审原告在第二审程序中撤回起诉后重复起诉的，人民法院不予受理。

第三百三十七条 当事人在第二审程序中达成和解协议的，人民法院可以根据当事人的请求，对双方达成的和解协议进行审查并制作调解书送达当事人；因和解而申请撤诉，经审查符合撤诉条件的，人民法院应予准许。

第三百三十八条 第二审人民法院宣告判决可以自行宣判，也可以委托原审人民法院或者当事人所在地人民法院代行宣判。

第三百三十九条 人民法院审理对裁定的上诉案件，应当在第二审立案之日起三十日内作出终审裁定。有特殊情况需要延长审限的，由本院院长批准。

第三百四十条 当事人在第一审程序中实施的诉讼行为，在第二审程序中对该当事人仍具有拘束力。

当事人推翻其在第一审程序中实施的诉讼行为时，人民法院应当责令其说明理由。理由不成立的，不予支持。

十七、特别程序

第三百四十一条 宣告失踪或者宣告死亡案件，人民法院可以根据申请人的请求，清理下落不明人的财产，并指定案件审理期间的财产管理人。公告期满后，人民法院判决宣告失踪的，应当同时依照民法典第四十二条的规定指定失踪人的财产代管人。

第三百四十二条 失踪人的财产代管人经人民法院指定后，代管人申请变更代管的，比照民事诉讼法特别程序的有关规定进行审理。申请理由成立的，裁定撤销申请人的代管人身份，同时另行指定财产代管人；申请理由不成立的，裁定驳回申请。

失踪人的其他利害关系人申请变更代管的，人民法院应当告知其以原指定的代管人为被告起诉，并按普通程序进行审理。

第三百四十三条 人民法院判决宣告公民失踪后，利害关系人向人民法院申请宣告失踪人死亡，自失踪之日起满四年的，人民法院应当受理，宣告失踪的判决即是该公民失踪的证明，审理中仍应依照民事诉讼法第一百九十二条规定进行公告。

第三百四十四条　符合法律规定的多个利害关系人提出宣告失踪、宣告死亡申请的，列为共同申请人。

第三百四十五条　寻找下落不明人的公告应当记载下列内容：

（一）被申请人应当在规定期间内向受理法院申报其具体地址及其联系方式。否则，被申请人将被宣告失踪、宣告死亡；

（二）凡知悉被申请人生存现状的人，应当在公告期间内将其所知道情况向受理法院报告。

第三百四十六条　人民法院受理宣告失踪、宣告死亡案件后，作出判决前，申请人撤回申请的，人民法院应当裁定终结案件，但其他符合法律规定的利害关系人加入程序要求继续审理的除外。

第三百四十七条　在诉讼中，当事人的利害关系人或者有关组织提出该当事人不能辨认或者不能完全辨认自己的行为，要求宣告该当事人无民事行为能力或者限制民事行为能力的，应由利害关系人或者有关组织向人民法院提出申请，由受诉人民法院按照特别程序立案审理，原诉讼中止。

第三百四十八条　认定财产无主案件，公告期间有人对财产提出请求的，人民法院应当裁定终结特别程序，告知申请人另行起诉，适用普通程序审理。

第三百四十九条　被指定的监护人不服居民委员会、村民委员会或者民政部门指定，应当自接到通知之日起三十日内向人民法院提出异议。经审理，认为指定并无不当的，裁定驳回异议；指定不当的，判决撤销指定，同时另行指定监护人。判决书应当送达异议人、原指定单位及判决指定的监护人。

有关当事人依照民法典第三十一条第一款规定直接向人民法院申请指定监护人的，适用特别程序审理，判决指定监护人。判决书应当送达申请人、判决指定的监护人。

第三百五十条　申请认定公民无民事行为能力或者限制民事行为能力的案件，被申请人没有近亲属的，人民法院可以指定经被申请人住所地的居民委员会、村民委员会或者民政部门同意，且愿意担任代理人的个人或者组织为代理人。

没有前款规定的代理人的，由被申请人住所地的居民委员会、村民委员会或者民政部门担任代理人。

代理人可以是一人，也可以是同一顺序中的两人。

第三百五十一条　申请司法确认调解协议的，双方当事人应当本人或者由符合民事诉讼法第六十一条规定的代理人依照民事诉讼法第二百零一条的规定提出申请。

第三百五十二条　调解组织自行开展的调解，有两个以上调解组织参与的，符合民事诉讼法第二百零一条规定的各调解组织所在地人民法院均有管辖权。

双方当事人可以共同向符合民事诉讼法第二百零一条规定的其中一个有管辖权的人民法院提出申请；双方当事人共同向两个以上有管辖权的人民法院提出申请的，由最先立案的人民法院管辖。

第三百五十三条　当事人申请司法确认调解协议，可以采用书面形式或者口头形式。当事人口头申请的，人民法院应当记入笔录，并由当事人签名、捺印或者盖章。

第三百五十四条　当事人申请司法确认调解协议，应当向人民法院提交调解协议、调解组织主持调解的证明，以及与调解协议相关的财产权利证明等材料，并提供双方当事人的身份、住所、联系方式等基本信息。

当事人未提交上述材料的，人民法院应当要求当事人限期补交。

第三百五十五条　当事人申请司法确认调解协议，有下列情形之一的，人民法院裁定不予受理：

（一）不属于人民法院受理范围的；

（二）不属于收到申请的人民法院管辖的；

（三）申请确认婚姻关系、亲子关系、收养关系等身份关系无效、有效或者解除的；

（四）涉及适用其他特别程序、公示催告程序、破产程序审理的；

（五）调解协议内容涉及物权、知识产权确权的。

人民法院受理申请后，发现有上述不予受理情形的，应当裁定驳回当事人的申请。

第三百五十六条　人民法院审查相关情况时，应当通知双方当事人共同到场对案件进行核实。

人民法院经审查，认为当事人的陈述或者提供的证明材料不充分、不完备或者有疑义的，可以要求当事人限期补充陈述或者补充证明材料。必要时，人民法院可以向调解组织核实有关情况。

第三百五十七条　确认调解协议的裁定作出前，当事人撤回申请的，人民法院可以裁定准许。

当事人无正当理由未在限期内补充陈述、补充证明材料或者拒不接受询问的，人民法院可以按撤回申请处理。

第三百五十八条　经审查，调解协议有下列情形之一的，人民法院应当裁定驳回申请：

（一）违反法律强制性规定的；

（二）损害国家利益、社会公共利益、他人合法权益的；

（三）违背公序良俗的；

（四）违反自愿原则的；

（五）内容不明确的；

（六）其他不能进行司法确认的情形。

第三百五十九条　民事诉讼法第二百零三条规定的担保物权人，包括抵押权人、质权人、留置权人；其他有权请求实现担保物权的人，包括抵押人、出质人、财产被留置的债务人或者所有权人等。

第三百六十条　实现票据、仓单、提单等有权利凭证的权利质权案件，可以由权利凭证持有人住所地人民法院管辖；无权利凭证的权利质权，由出质登记地人民法院管辖。

第三百六十一条　实现担保物权案件属于海事法院等专门人民法院管辖的，由专门人民法院管辖。

第三百六十二条　同一债权的担保物有多个且所在地不同，申请人分别向有管辖权的人民法院申请实现担保物权的，人民法院应当依法受理。

第三百六十三条　依照民法典第三百九十二条的规定，被担保的债权既有物的担保又有人的担保，当事人对实现担保物权的顺序有约定，实现担保物权的申请违反该约定的，人民法院裁定不予受理；没有约定或者约定不明的，人民法院应当受理。

第三百六十四条　同一财产上设立多个担保物权，登记在先的担保物权尚未实现的，不影响后顺位的担保物权人向人民法院申请实现担保物权。

第三百六十五条　申请实现担保物权，应当提交下列材料：

（一）申请书。申请书应当记明申请人、被申请人的姓名或者名称、联系方式等基本信息，具体的请求和事实、理由；

（二）证明担保物权存在的材料，包括主合同、担保合同、抵押登记证明或者他项权利证书，权利质权的权利凭证或者质权出质登记证明等；

（三）证明实现担保物权条件成就的材料；

（四）担保财产现状的说明；

（五）人民法院认为需要提交的其他材料。

第三百六十六条　人民法院受理申请后，应当在五日内向被申请人送达申请书副本、异议权利告知书等文书。

被申请人有异议的，应当在收到人民法院通知后的五日内向人民法院提出，同时说明理由并提供相应的证据材料。

第三百六十七条　实现担保物权案件可以由审判员一人独任审查。担保财产标的额超过基层人民法院管辖范围的，应当组成合议庭进行审查。

第三百六十八条　人民法院审查实现担保物权案件，可以询问申请人、被申请人、利害关系人，必要时可以依职权调查相关事实。

第三百六十九条　人民法院应当就主合同的效力、期限、履行情况，担保物权是否有效设立、担保财产的范围、被担保的债权范围、被担保的债权是否已届清偿期等担保物权实现的条件，以及是否损害他人合法权益等内容进行审查。

被申请人或者利害关系人提出异议的，人民法院应当一并审查。

第三百七十条　人民法院审查后，按下列情形分别处理：

（一）当事人对实现担保物权无实质性争议且实现担保物权条件成就的，裁定准许拍卖、变卖担保财产；

（二）当事人对实现担保物权有部分实质性争议的，可以就无争议部分裁定准许拍卖、变卖担保财产；

（三）当事人对实现担保物权有实质性争议的，裁定驳回申请，并告知申请人向人民法院提起诉讼。

第三百七十一条　人民法院受理申请后，申请人对担保财产提出保全申请的，可以按照民事诉讼法关于诉讼保全的规定办理。

第三百七十二条　适用特别程序作出的判决、裁定，当事人、利害关系人认为有错误的，可以向作出该判决、裁定的人民法院提出异议。人民法院经审查，异议成立或者部分成立的，作出新的判决、裁定撤销或者改变原判决、裁定；异议不成立的，裁定驳回。

对人民法院作出的确认调解协议、准许实现担保物权的裁定，当事人有异议的，应当自收到裁定之日起十五日内提出；利害关系人有异议的，自知道或者应当知道其民事权益受到侵害之日起六个月内提出。

十八、审判监督程序

第三百七十三条　当事人死亡或者终止的，其权利义务承继者可以根据民事诉讼法第二百零六条、第二百零八条的规定申请再审。

判决、调解书生效后，当事人将判决、调解书确认的债权转让，债权受让人对该判决、调解书不服申请再审的，人民法院不予受理。

第三百七十四条　民事诉讼法第二百零六条规定的人数众多的一方当事人，包括公民、法人和其他组织。

民事诉讼法第二百零六条规定的当事人双方为公民的案件，是指原告和被告均为公民的案件。

第三百七十五条　当事人申请再审，应当提交下列材料：

（一）再审申请书，并按照被申请人和原审其他当事人的人数提交副本；

（二）再审申请人是自然人的，应当提交身份证明；再审申请人是法人或者其他组织的，应当提交营业执照、组织机构代码证书、法定代表人或者主要负责人身份证明书。委托他人代为申请的，应当提交授权委托书和代理人身份证明；

（三）原审判决书、裁定书、调解书；

（四）反映案件基本事实的主要证据及其他材料。

前款第二项、第三项、第四项规定的材料可以是与原件核对无异的复印件。

第三百七十六条　再审申请书应当记明下列事项：

（一）再审申请人与被申请人及原审其他当事人的基本信息；

（二）原审人民法院的名称，原审裁判文书案号；

（三）具体的再审请求；

（四）申请再审的法定情形及具体事实、理由。

再审申请书应当明确申请再审的人民法院，并由再审申请人签名、捺印或者盖章。

第三百七十七条　当事人一方人数众多或者当事人双方为公民的案件，当事人分别向原审人民法院和上一级人民法院申请再审且不能协商一致的，由原审人民法院受理。

第三百七十八条　适用特别程序、督促程序、公示催告程序、破产程序等非讼程序审理的案件，当事人不得申请再审。

第三百七十九条　当事人认为发生法律效力的不予受理、驳回起诉的裁定错误的，可以申请再审。

第三百八十条　当事人就离婚案件中的财产分割问题申请再审，如涉及判决中已分割的财产，人民法院应当依照民事诉讼法第二百零七条的规定进行审查，符合再审条件的，应当裁定再审；如涉及判决中未作处理的夫妻共同财产，应当告知当事人另行起诉。

第三百八十一条　当事人申请再审，有下列情形之一的，人民法院不予受理：

（一）再审申请被驳回后再次提出申请的；

（二）对再审判决、裁定提出申请的；

（三）在人民检察院对当事人的申请作出不予提出再审检察建议或者抗诉决定后又提出申请的。

前款第一项、第二项规定情形，人民法院应当告知当事人可以向人民检察院申请再审检察建议或者抗诉，但因人民检察院提出再审检察建议或者抗诉而再审作出的判决、裁定除外。

第三百八十二条　当事人对已经发生法律效力的调解书申请再审，应当在调解书发生法律效力后六个月内提出。

第三百八十三条　人民法院应当自收到符合条件的再审申请书等材料之日起五日内向再审申请人发送受理通知书，并向被申请人及原审其他当事人发送应诉通知书、再审申请书副本等材料。

第三百八十四条　人民法院受理申请再审案件后，应当依照民事诉讼法第二百零七条、第二百零八条、第二百一十一条等规定，对当事人主张的再审事由进行审查。

第三百八十五条　再审申请人提供的新的证据，能够证明原判决、裁定认定基本事实或者裁判结果错误的，应当认定为民事诉讼法第二百零七条第一项规定的情形。

对于符合前款规定的证据，人民法院应当责令再审申请人说明其逾期提供该证据的理由；拒不说明理由或者理由不成立的，依照民事诉讼法第六十八条第二款和本解释第一百零二条的规定处理。

第三百八十六条　再审申请人证明其提交的新的证据符合下列情形之一的，可以认定逾期提供证据的理由成立：

（一）在原审庭审结束前已经存在，因客观原因于庭审结束后才发现的；

（二）在原审庭审结束前已经发现，但因客观原因无法取得或者在规定的期限内不能提供的；

（三）在原审庭审结束后形成，无法据此另行提起诉讼的。

再审申请人提交的证据在原审中已经提供，原审人民法院未组织质证且未作为裁判根据的，视为逾期提供证据的理由成立，但原审人民法院依照民事诉讼法第六十八条规定不予采纳的除外。

第三百八十七条　当事人对原判决、裁定认定事实的主要证据在原审中拒绝发表质证意见或者质证中未对证据发表质证意见的，不属于民事诉讼法第二百零七条第四项规定的未经质证的情形。

第三百八十八条 有下列情形之一，导致判决、裁定结果错误的，应当认定为民事诉讼法第二百零七条第六项规定的原判决、裁定适用法律确有错误：

（一）适用的法律与案件性质明显不符的；

（二）确定民事责任明显违背当事人约定或者法律规定的；

（三）适用已经失效或者尚未施行的法律的；

（四）违反法律溯及力规定的；

（五）违反法律适用规则的；

（六）明显违背立法原意的。

第三百八十九条 原审开庭过程中有下列情形之一的，应当认定为民事诉讼法第二百零七条第九项规定的剥夺当事人辩论权利：

（一）不允许当事人发表辩论意见的；

（二）应当开庭审理而未开庭审理的；

（三）违反法律规定送达起诉状副本或者上诉状副本，致使当事人无法行使辩论权利的；

（四）违法剥夺当事人辩论权利的其他情形。

第三百九十条 民事诉讼法第二百零七条第十一项规定的诉讼请求，包括一审诉讼请求、二审上诉请求，但当事人未对一审判决、裁定遗漏或者超出诉讼请求提起上诉的除外。

第三百九十一条 民事诉讼法第二百零七条第十二项规定的法律文书包括：

（一）发生法律效力的判决书、裁定书、调解书；

（二）发生法律效力的仲裁裁决书；

（三）具有强制执行效力的公证债权文书。

第三百九十二条 民事诉讼法第二百零七条第十三项规定的审判人员审理该案件时有贪污受贿、徇私舞弊、枉法裁判行为，是指已经由生效刑事法律文书或者纪律处分决定所确认的行为。

第三百九十三条 当事人主张的再审事由成立，且符合民事诉讼法和本解释规定的申请再审条件的，人民法院应当裁定再审。

当事人主张的再审事由不成立，或者当事人申请再审超过法定申请再审期限、超出法定再审事由范围等不符合民事诉讼法和本解释规定的申请再审条件的，人民法院应当裁定驳回再审申请。

第三百九十四条 人民法院对已经发生法律效力的判决、裁定、调解书依法决定再审，依照民事诉讼法第二百一十三条规定，需要中止执行的，应当在再审裁定中同时写明中止原判决、裁定、调解书的执行；情况紧急的，可以将中止执行裁定口头通知负责执行的人民法院，并在通知后十日内发出裁定书。

第三百九十五条 人民法院根据审查案件的需要决定是否询问当事人。新的证据可能推翻原判决、裁定的，人民法院应当询问当事人。

第三百九十六条 审查再审申请期间，被申请人及原审其他当事人依法提出再审申请的，人民法院应当将其列为再审申请人，对其再审事由一并审查，审查期限重新计算。经审查，其中一方再审申请人主张的再审事由成立的，应当裁定再审。各方再审申请人主张的再审事由均不成立的，一并裁定驳回再审申请。

第三百九十七条 审查再审申请期间，再审申请人申请人民法院委托鉴定、勘验的，人民法院不予准许。

第三百九十八条 审查再审申请期间，再审申请人撤回再审申请的，是否准许，由人民法院裁定。

再审申请人经传票传唤，无正当理由拒不接受询问的，可以按撤回再审申请处理。

第三百九十九条 人民法院准许撤回再审申请或者按撤回再审申请处理后，再审申请人再次申请再审的，不予受理，但有民事诉讼法第二百零七条第一项、第三项、第十二项、第十三项规定情形，自知道或者应当知道之日起六个月内提出的除外。

第四百条 再审申请审查期间，有下列情形之一的，裁定终结审查：

（一）再审申请人死亡或者终止，无权利义务承继者或者权利义务承继者声明放弃再审申请的；

（二）在给付之诉中，负有给付义务的被申请人死亡或者终止，无可供执行的财产，也没有应当承担义务的人的；

（三）当事人达成和解协议且已履行完毕的，但当事人在和解协议中声明不放弃申请再审权利的除外；

（四）他人未经授权以当事人名义申请再审的；

（五）原审或者上一级人民法院已经裁定再审的；

（六）有本解释第三百八十一条第一款规定情形的。

第四百零一条 人民法院审理再审案件应当组成合议庭开庭审理，但按照第二审程序审理，有特殊情况或者双方当事人已经通过其他方式充分表达意见，且书面同意不开庭审理的除外。

符合缺席判决条件的，可以缺席判决。

第四百零二条 人民法院开庭审理再审案件，应当按照下列情形分别进行：

（一）因当事人申请再审的，先由再审申请人陈述再审请求及理由，后由被申请人答辩、其他原审当事人发表意见；

（二）因抗诉再审的，先由抗诉机关宣读抗诉书，再由申请抗诉的当事人陈述，后由被申请人答辩、其他原审当事人发表意见；

（三）人民法院依职权再审，有申诉人的，先由申诉人陈述再审请求及理由，后由被申诉人答辩、其他原审当事人发表意见；

（四）人民法院依职权再审，没有申诉人的，先由原审原告或者原审上诉人陈述，后由原审其他当事人发表意见。

对前款第一项至第三项规定的情形，人民法院应当要求当事人明确其再审请求。

第四百零三条 人民法院审理再审案件应当围绕再审请求进行。当事人的再审请求超出原审诉讼请求的，不予审理；符合另案诉讼条件的，告知当事人可以另行起诉。

被申请人及原审其他当事人在庭审辩论结束前提出的再审请求，符合民事诉讼法第二百一十二条规定的，人民法院应当一并审理。

人民法院经再审，发现已经发生法律效力的判决、裁定损害国家利益、社会公共利益、他人合法权益的，应当一并审理。

第四百零四条 再审审理期间，有下列情形之一的，可以裁定终结再审程序：

（一）再审申请人在再审期间撤回再审请求，人民法院准许的；

（二）再审申请人经传票传唤，无正当理由拒不到庭的，或者未经法庭许可中途退庭，按撤回再审请求处理的；

（三）人民检察院撤回抗诉的；

（四）有本解释第四百条第一项至第四项规定情形的。

因人民检察院提出抗诉裁定再审的案件，申请抗诉的当事人有前款规定的情形，且不损害国家利益、社会公共利益或者他人合法权益的，人民法院应当裁定终结再审程序。

再审程序终结后，人民法院裁定中止执行的原生效判决自动恢复执行。

第四百零五条 人民法院经再审审理认为，原判决、裁定认定事实清楚、适用法律正确的，应予维持；原判决、裁定认定事实、适用法律虽有瑕疵，但裁判结果正确的，应当在再审判决、裁定中纠正瑕疵后予以维持。

原判决、裁定认定事实、适用法律错误，导致裁判结果错误的，应当依法改判、撤销或者变更。

第四百零六条 按照第二审程序再审的案件，人民法院经审理认为不符合民事诉讼法规定的起诉条件或者符合民事诉讼法第一百二十七条规定不予受理情形的，应当裁定撤销一、二审判决，驳回起诉。

第四百零七条 人民法院对调解书裁定再审后，按照下列情形分别处理：

（一）当事人提出的调解违反自愿原则的事由不成立，且调解书的内容不违反法律强制性规定的，裁定驳回再审申请；

（二）人民检察院抗诉或者再审检察建议所主张的损害国家利益、社会公共利益的理由不成立的，裁定终结再审程序。

前款规定情形，人民法院裁定中止执行的调解书需要继续执行的，自动恢复执行。

第四百零八条 一审原告在再审审理程序中申请撤回起诉，经其他当事人同意，且不损害国家利益、社会公共利益、他人合法权益的，人民法院可以准许。裁定准许撤诉的，应当一并撤销原判决。

一审原告在再审审理程序中撤回起诉后重复起诉的，人民法院不予受理。

第四百零九条 当事人提交新的证据致使再审改判，因再审申请人或者申请检察监督当事人的过错未能在原程序中及时举证，被申请人等当事人请求补偿其增加的交通、住宿、就餐、误工等必要费用的，人民法院应予支持。

第四百一十条　部分当事人到庭并达成调解协议，其他当事人未作出书面表示的，人民法院应当在判决中对该事实作出表述；调解协议内容不违反法律规定，且不损害其他当事人合法权益的，可以在判决主文中予以确认。

第四百一十一条　人民检察院依法对损害国家利益、社会公共利益的发生法律效力的判决、裁定、调解书提出抗诉，或者经人民检察院检察委员会讨论决定提出再审检察建议的，人民法院应予受理。

第四百一十二条　人民检察院对已经发生法律效力的判决以及不予受理、驳回起诉的裁定依法提出抗诉的，人民法院应予受理，但适用特别程序、督促程序、公示催告程序、破产程序以及解除婚姻关系的判决、裁定等不适用审判监督程序的判决、裁定除外。

第四百一十三条　人民检察院依照民事诉讼法第二百一十六条第一款第三项规定对有明显错误的再审判决、裁定提出抗诉或者再审检察建议的，人民法院应予受理。

第四百一十四条　地方各级人民检察院依当事人的申请对生效判决、裁定向同级人民法院提出再审检察建议，符合下列条件的，应予受理：

（一）再审检察建议书和原审当事人申请书及相关证据材料已经提交；

（二）建议再审的对象为依照民事诉讼法和本解释规定可以进行再审的判决、裁定；

（三）再审检察建议书列明该判决、裁定有民事诉讼法第二百一十五条第二款规定情形；

（四）符合民事诉讼法第二百一十六条第一款第一项、第二项规定情形；

（五）再审检察建议经该人民检察院检察委员会讨论决定。

不符合前款规定的，人民法院可以建议人民检察院予以补正或者撤回；不予补正或者撤回的，应当函告人民检察院不予受理。

第四百一十五条　人民检察院依当事人的申请对生效判决、裁定提出抗诉，符合下列条件的，人民法院应当在三十日内裁定再审：

（一）抗诉书和原审当事人申请书及相关证据材料已经提交；

（二）抗诉对象为依照民事诉讼法和本解释规定可以进行再审的判决、裁定；

（三）抗诉书列明该判决、裁定有民事诉讼法第二百一十五条第一款规定情形；

（四）符合民事诉讼法第二百一十六条第一款第一项、第二项规定情形。

不符合前款规定的，人民法院可以建议人民检察院予以补正或者撤回；不予补正或者撤回的，人民法院可以裁定不予受理。

第四百一十六条　当事人的再审申请被上级人民法院裁定驳回后，人民检察院对原判决、裁定、调解书提出抗诉，抗诉事由符合民事诉讼法第二百零七条第一项至第五项规定情形之一的，受理抗诉的人民法院可以交由下一级人民法院再审。

第四百一十七条　人民法院收到再审检察建议后，应当组成合议庭，在三个月内进行审查，发现原判决、裁定、调解书确有错误，需要再审的，依照民事诉讼法第二百零五条规定裁定再审，并通知当事人；经审查，决定不予再审的，应当书面回复人民检察院。

第四百一十八条　人民法院审理因人民检察院抗诉或者检察建议裁定再审的案件，不受此前已经作出的驳回当事人再审申请裁定的影响。

第四百一十九条　人民法院开庭审理抗诉案件，应当在开庭三日前通知人民检察院、当事人和其他诉讼参与人。同级人民检察院或者提出抗诉的人民检察院应当派员出庭。

人民检察院因履行法律监督职责向当事人或者案外人调查核实的情况，应当向法庭提交并予以说明，由双方当事人进行质证。

第四百二十条　必须共同进行诉讼的当事人因不能归责于本人或者其诉讼代理人的事由未参加诉讼的，可以根据民事诉讼法第二百零七条第八项规定，自知道或者应当知道之日起六个月内申请再审，但符合本解释第四百二十一条规定情形的除外。

人民法院因前款规定的当事人申请而裁定再审，按照第一审程序再审的，应当追加其为当事人，作出新的判决、裁定；按照第二审程序再审，经调解不能达成协议的，应当撤销原判决、裁定，发回重审，重审时应追加其为当事人。

第四百二十一条　根据民事诉讼法第二百三十四条规定，案外人对驳回其执行异议的裁定不服，认为原判决、裁定、调解书内容错误损害其民事权益的，可以自执行异议裁定送达之日起六个月内，向作出原判决、裁定、调解书的人民法院申请再审。

第四百二十二条　根据民事诉讼法第二百三十四条规定，人民法院裁定再审后，案外人属于必要的共同诉讼当事人的，依照本解释第四百二十条第二款规定处理。

案外人不是必要的共同诉讼当事人的，人民法院仅审理原判决、裁定、调解书对其民事权益造成损害的内容。经审理，再审请求成立的，撤销或者改变原判决、裁定、调解书；再审请求不成立的，维持原判决、裁定、调解书。

第四百二十三条　本解释第三百三十八条规定适用于审判监督程序。

第四百二十四条　对小额诉讼案件的判决、裁定，当事人以民事诉讼法第二百零七条规定的事由向原审人民法院申请再审的，人民法院应当受理。申请再审事由成立的，应当裁定再审，组成合议庭进行审理。作出的再审判决、裁定，当事人不得上诉。

当事人以不应按小额诉讼案件审理为由向原审人民法院申请再审的，人民法院应当受理。理由成立的，应当裁定再审，组成合议庭审理。作出的再审判决、裁定，当事人可以上诉。

十九、督促程序

第四百二十五条　两个以上人民法院都有管辖权的，债权人可以向其中一个基层人民法院申请支付令。

债权人向两个以上有管辖权的基层人民法院申请支付令的，由最先立案的人民法院管辖。

第四百二十六条　人民法院收到债权人的支付令申请书后，认为申请书不符合要求的，可以通知债权人限期补正。人民法院应当自收到补正材料之日起五日内通知债权人是否受理。

第四百二十七条　债权人申请支付令，符合下列条件的，基层人民法院应当受理，并在收到支付令申请书后五日内通知债权人：

（一）请求给付金钱或者汇票、本票、支票、股票、债券、国库券、可转让的存款单等有价证券；

（二）请求给付的金钱或者有价证券已到期且数额确定，并写明了请求所根据的事实、证据；

（三）债权人没有对待给付义务；

（四）债务人在我国境内且未下落不明；

（五）支付令能够送达债务人；

（六）收到申请书的人民法院有管辖权；

（七）债权人未向人民法院申请诉前保全。

不符合前款规定的，人民法院应当自收到支付令申请书后五日内通知债权人不予受理。

基层人民法院受理申请支付令案件，不受债权金额的限制。

第四百二十八条　人民法院受理申请后，由审判员一人进行审查。经审查，有下列情形之一的，裁定驳回申请：

（一）申请人不具备当事人资格的；

（二）给付金钱或者有价证券的证明文件没有约定逾期给付利息或者违约金、赔偿金，债权人坚持要求给付利息或者违约金、赔偿金的；

（三）要求给付的金钱或者有价证券属于违法所得的；

（四）要求给付的金钱或者有价证券尚未到期或者数额不确定的。

人民法院受理支付令申请后，发现不符合本解释规定的受理条件的，应当在受理之日起十五日内裁定驳回申请。

第四百二十九条　向债务人本人送达支付令，债务人拒绝接收的，人民法院可以留置送达。

第四百三十条　有下列情形之一的，人民法院应当裁定终结督促程序，已发出支付令的，支付令自行失效：

（一）人民法院受理支付令申请后，债权人就同一债权债务关系又提起诉讼的；

（二）人民法院发出支付令之日起三十日内无法送达债务人的；

（三）债务人收到支付令前，债权人撤回申请的。

第四百三十一条　债务人在收到支付令后，未在法定期间提出书面异议，而向其他人民法院起诉的，不影响支付令的效力。

债务人超过法定期间提出异议的，视为未提出异议。

第四百三十二条　债权人基于同一债权债务关系，在同一支付令申请中向债务人提出多项支付请求，债务人仅就其中一项或者几项请求提出异议的，不影响其他各项请求的效力。

第四百三十三条　债权人基于同一债权债务关系，就可分之债向多个债务人提出支付请求，多个债务人中的一人或者几人提出异议的，不影响其他请求的效力。

第四百三十四条　对设有担保的债务的主债务人发出的支付令，对担保人没有拘束力。

债权人就担保关系单独提起诉讼的，支付令自人民法院受理案件之日起失效。

第四百三十五条　经形式审查，债务人提出的书面异议有下列情形之一的，应当认定异议成立，裁定终结督促程序，支付令自行失效：

（一）本解释规定的不予受理申请情形的；

（二）本解释规定的裁定驳回申请情形的；

（三）本解释规定的应当裁定终结督促程序情形的；

（四）人民法院对是否符合发出支付令条件产生合理怀疑的。

第四百三十六条　债务人对债务本身没有异议，只是提出缺乏清偿能力、延缓债务清偿期限、变更债务清偿方式等异议的，不影响支付令的效力。

人民法院经审查认为异议不成立的，裁定驳回。

债务人的口头异议无效。

第四百三十七条　人民法院作出终结督促程序或者驳回异议裁定前，债务人请求撤回异议的，应当裁定准许。

债务人对撤回异议反悔的，人民法院不予支持。

第四百三十八条　支付令失效后，申请支付令的一方当事人不同意提起诉讼的，应当自收到终结督促程序裁定之日起七日内向受理申请的人民法院提出。

申请支付令的一方当事人不同意提起诉讼的，不影响其向其他有管辖权的人民法院提起诉讼。

第四百三十九条　支付令失效后，申请支付令的一方当事人自收到终结督促程序裁定之日起七日内未向受理申请的人民法院表明不同意提起诉讼的，视为向受理申请的人民法院起诉。

债权人提出支付令申请的时间，即为向人民法院起诉的时间。

第四百四十条　债权人向人民法院申请执行支付令的期间，适用民事诉讼法第二百四十六条的规定。

第四百四十一条　人民法院院长发现本院已经发生法律效力的支付令确有错误，认为需要撤销的，应当提交本院审判委员会讨论决定后，裁定撤销支付令，驳回债权人的申请。

二十、公示催告程序

第四百四十二条　民事诉讼法第二百二十五条规定的票据持有人，是指票据被盗、遗失或者灭失前的最后持有人。

第四百四十三条　人民法院收到公示催告的申请后，应当立即审查，并决定是否受理。经审查认为符合受理条件的，通知予以受理，并同时通知支付人停止支付；认为不符合受理条件的，七日内裁定驳回申请。

第四百四十四条　因票据丧失，申请公示催告的，人民法院应结合票据存根、丧失票据的复印件、出票人关于签发票据的证明、申请人合法取得票据的证明、银行挂失止付通知书、报案证明等证据，决定是否受理。

第四百四十五条　人民法院依照民事诉讼法第二百二十六条规定发出的受理申请的公告，应当写明下列内容：

（一）公示催告申请人的姓名或者名称；

（二）票据的种类、号码、票面金额、出票人、背书人、持票人、付款期限等事项以及其他可以申请公示催告的权利凭证的种类、号码、权利范围、权利人、义务人、行权日期等事项；

（三）申报权利的期间；

（四）在公示催告期间转让票据等权利凭证，利害关系人不申报的法律后果。

第四百四十六条　公告应当在有关报纸或者其他媒体上刊登，并于同日公布于人民法院公告栏内。人民法院所在地有证券交易所的，还应当同日在该交易所公布。

第四百四十七条　公告期间不得少于六十日，且公示催告期间届满日不得早于票据付款日后十五日。

第四百四十八条　在申报期届满后、判决作出之前，利害关系人申报权利的，应当适用民事诉讼法第二百二十八条第二款、第三款规定处理。

第四百四十九条　利害关系人申报权利，人民法院应当通知其向法院出示票据，并通知公示催告申请人在指定的期间查看该票据。公示催告申请人申请公示催告的票据与利害关系人出示的票据不一致的，应当裁定驳回利害关系人的申报。

第四百五十条　在申报权利的期间无人申报权利，或者申报被驳回的，申请人应当自公示催告期间届满之日起一个月内申请作出判决。逾期不申请判决的，终结公示催告程序。

裁定终结公示催告程序的，应当通知申请人和支付人。

第四百五十一条　判决公告之日起，公示催告申请人有权依据判决向付款人请求付款。

付款人拒绝付款，申请人向人民法院起诉，符合民事诉讼法第一百二十二条规定的起诉条件的，人民法院应予受理。

第四百五十二条　适用公示催告程序审理案件，可由审判员一人独任审理；判决宣告票据无效的，应当组成合议庭审理。

第四百五十三条　公示催告申请人撤回申请，应在公示催告前提出；公示催告期间申请撤回的，人民法院可以径行裁定终结公示催告程序。

第四百五十四条　人民法院依照民事诉讼法第二百二十七条规定通知支付人停止支付，应当符合有关财产保全的规定。支付人收到停止支付通知后拒不止付的，除可依照民事诉讼法第一百一十四条、第一百一十七条规定采取强制措施外，在判决后，支付人仍应承担付款义务。

第四百五十五条 人民法院依照民事诉讼法第二百二十八条规定终结公示催告程序后，公示催告申请人或者申报人向人民法院提起诉讼，因票据权利纠纷提起的，由票据支付地或者被告住所地人民法院管辖；因非票据权利纠纷提起的，由被告住所地人民法院管辖。

第四百五十六条 依照民事诉讼法第二百二十八条规定制作的终结公示催告程序的裁定书，由审判员、书记员署名，加盖人民法院印章。

第四百五十七条 依照民事诉讼法第二百三十条的规定，利害关系人向人民法院起诉的，人民法院可按票据纠纷适用普通程序审理。

第四百五十八条 民事诉讼法第二百三十条规定的正当理由，包括：

（一）因发生意外事件或者不可抗力致使利害关系人无法知道公告事实的；

（二）利害关系人因被限制人身自由而无法知道公告事实，或者虽然知道公告事实，但无法自己或者委托他人代为申报权利的；

（三）不属于法定申请公示催告情形的；

（四）未予公告或者未按法定方式公告的；

（五）其他导致利害关系人在判决作出前未能向人民法院申报权利的客观事由。

第四百五十九条 根据民事诉讼法第二百三十条的规定，利害关系人请求人民法院撤销除权判决的，应当将申请人列为被告。

利害关系人仅诉请确认其为合法持票人的，人民法院应当在裁判文书中写明，确认利害关系人为票据权利人的判决作出后，除权判决即被撤销。

二十一、执行程序

第四百六十条 发生法律效力的实现担保物权裁定、确认调解协议裁定、支付令，由作出裁定、支付令的人民法院或者与其同级的被执行财产所在地的人民法院执行。

认定财产无主的判决，由作出判决的人民法院将无主财产收归国家或者集体所有。

第四百六十一条 当事人申请人民法院执行的生效法律文书应当具备下列条件：

（一）权利义务主体明确；

（二）给付内容明确。

法律文书确定继续履行合同的，应当明确继续履行的具体内容。

第四百六十二条 根据民事诉讼法第二百三十四条规定，案外人对执行标的提出异议的，应当在该执行标的的执行程序终结前提出。

第四百六十三条 案外人对执行标的提出的异议，经审查，按照下列情形分别处理：

（一）案外人对执行标的不享有足以排除强制执行的权益的，裁定驳回其异议；

（二）案外人对执行标的享有足以排除强制执行的权益的，裁定中止执行。

驳回案外人执行异议裁定送达案外人之日起十五日内，人民法院不得对执行标的进行处分。

第四百六十四条　申请执行人与被执行人达成和解协议后请求中止执行或者撤回执行申请的，人民法院可以裁定中止执行或者终结执行。

第四百六十五条　一方当事人不履行或者不完全履行在执行中双方自愿达成的和解协议，对方当事人申请执行原生效法律文书的，人民法院应当恢复执行，但和解协议已履行的部分应当扣除。和解协议已经履行完毕的，人民法院不予恢复执行。

第四百六十六条　申请恢复执行原生效法律文书，适用民事诉讼法第二百四十六条申请执行期间的规定。申请执行期间因达成执行中的和解协议而中断，其期间自和解协议约定履行期限的最后一日起重新计算。

第四百六十七条　人民法院依照民事诉讼法第二百三十八条规定决定暂缓执行的，如果担保是有期限的，暂缓执行的期限应当与担保期限一致，但最长不得超过一年。被执行人或者担保人对担保的财产在暂缓执行期间有转移、隐藏、变卖、毁损等行为的，人民法院可以恢复强制执行。

第四百六十八条　根据民事诉讼法第二百二十八条规定向人民法院提供执行担保的，可以由被执行人或者他人提供财产担保，也可以由他人提供保证。担保人应当具有代为履行或者代为承担赔偿责任的能力。

他人提供执行保证的，应当向执行法院出具保证书，并将保证书副本送交申请执行人。被执行人或者他人提供财产担保的，应当参照民法典的有关规定办理相应手续。

第四百六十九条　被执行人在人民法院决定暂缓执行的期限届满后仍不履行义务的，人民法院可以直接执行担保财产，或者裁定执行担保人的财产，但执行担保人的财产以担保应当履行义务部分的财产为限。

第四百七十条　依照民事诉讼法第二百三十九条规定，执行中作为被执行人的法人或者其他组织分立、合并的，人民法院可以裁定变更后的法人或者其他组织为被执行人；被注销的，如果依照有关实体法的规定有权利义务承受人的，可以裁定该权利义务承受人为被执行人。

第四百七十一条　其他组织在执行中不能履行法律文书确定的义务的，人民法院可以裁定执行对该其他组织依法承担义务的法人或者公民个人的财产。

第四百七十二条　在执行中，作为被执行人的法人或者其他组织名称变更的，人民法院可以裁定变更后的法人或者其他组织为被执行人。

第四百七十三条　作为被执行人的公民死亡，其遗产继承人没有放弃继承的，人民法院可以裁定变更被执行人，由该继承人在遗产的范围内偿还债务。继承人放弃继承的，人民法院可以直接执行被执行人的遗产。

第四百七十四条　法律规定由人民法院执行的其他法律文书执行完毕后，该法律文书被有关机关或者组织依法撤销的，经当事人申请，适用民事诉讼法第二百四十条规定。

第四百七十五条　仲裁机构裁决的事项，部分有民事诉讼法第二百四十四条第二款、第三款规定情形的，人民法院应当裁定对该部分不予执行。

应当不予执行部分与其他部分不可分的，人民法院应当裁定不予执行仲裁裁决。

第四百七十六条 依照民事诉讼法第二百四十四条第二款、第三款规定，人民法院裁定不予执行仲裁裁决后，当事人对该裁定提出执行异议或者复议的，人民法院不予受理。当事人可以就该民事纠纷重新达成书面仲裁协议申请仲裁，也可以向人民法院起诉。

第四百七十七条 在执行中，被执行人通过仲裁程序将人民法院查封、扣押、冻结的财产确权或者分割给案外人的，不影响人民法院执行程序的进行。

案外人不服的，可以根据民事诉讼法第二百三十四条规定提出异议。

第四百七十八条 有下列情形之一的，可以认定为民事诉讼法第二百四十五条第二款规定的公证债权文书确有错误：

（一）公证债权文书属于不得赋予强制执行效力的债权文书的；

（二）被执行人一方未亲自或者未委托代理人到场公证等严重违反法律规定的公证程序的；

（三）公证债权文书的内容与事实不符或者违反法律强制性规定的；

（四）公证债权文书未载明被执行人不履行义务或者不完全履行义务时同意接受强制执行的。

人民法院认定执行该公证债权文书违背社会公共利益的，裁定不予执行。

公证债权文书被裁定不予执行后，当事人、公证事项的利害关系人可以就债权争议提起诉讼。

第四百七十九条 当事人请求不予执行仲裁裁决或者公证债权文书的，应当在执行终结前向执行法院提出。

第四百八十条 人民法院应当在收到申请执行书或者移交执行书后十日内发出执行通知。

执行通知中除应责令被执行人履行法律文书确定的义务外，还应通知其承担民事诉讼法第二百六十条规定的迟延履行利息或者迟延履行金。

第四百八十一条 申请执行人超过申请执行时效期间向人民法院申请强制执行的，人民法院应予受理。被执行人对申请执行时效期间提出异议，人民法院经审查异议成立的，裁定不予执行。

被执行人履行全部或者部分义务后，又以不知道申请执行时效期间届满为由请求执行回转的，人民法院不予支持。

第四百八十二条 对必须接受调查询问的被执行人、被执行人的法定代表人、负责人或者实际控制人，经依法传唤无正当理由拒不到场的，人民法院可以拘传其到场。

人民法院应当及时对被拘传人进行调查询问，调查询问的时间不得超过八小时；情况复杂，依法可能采取拘留措施的，调查询问的时间不得超过二十四小时。

人民法院在本辖区以外采取拘传措施时，可以将被拘传人拘传到当地人民法院，当地人民法院应予协助。

第四百八十三条　人民法院有权查询被执行人的身份信息与财产信息，掌握相关信息的单位和个人必须按照协助执行通知书办理。

第四百八十四条　对被执行的财产，人民法院非经查封、扣押、冻结不得处分。对银行存款等各类可以直接扣划的财产，人民法院的扣划裁定同时具有冻结的法律效力。

第四百八十五条　人民法院冻结被执行人的银行存款的期限不得超过一年，查封、扣押动产的期限不得超过两年，查封不动产、冻结其他财产权的期限不得超过三年。

申请执行人申请延长期限的，人民法院应当在查封、扣押、冻结期限届满前办理续行查封、扣押、冻结手续，续行期限不得超过前款规定的期限。

人民法院也可以依职权办理续行查封、扣押、冻结手续。

第四百八十六条　依照民事诉讼法第二百五十四条规定，人民法院在执行中需要拍卖被执行人财产的，可以由人民法院自行组织拍卖，也可以交由具备相应资质的拍卖机构拍卖。

交拍卖机构拍卖的，人民法院应当对拍卖活动进行监督。

第四百八十七条　拍卖评估需要对现场进行检查、勘验的，人民法院应当责令被执行人、协助义务人予以配合。被执行人、协助义务人不予配合的，人民法院可以强制进行。

第四百八十八条　人民法院在执行中需要变卖被执行人财产的，可以交有关单位变卖，也可以由人民法院直接变卖。

对变卖的财产，人民法院或者其工作人员不得买受。

第四百八十九条　经申请执行人和被执行人同意，且不损害其他债权人合法权益和社会公共利益的，人民法院可以不经拍卖、变卖，直接将被执行人的财产作价交申请执行人抵偿债务。对剩余债务，被执行人应当继续清偿。

第四百九十条　被执行人的财产无法拍卖或者变卖的，经申请执行人同意，且不损害其他债权人合法权益和社会公共利益的，人民法院可以将该项财产作价后交付申请执行人抵偿债务，或者交付申请执行人管理；申请执行人拒绝接收或者管理的，退回被执行人。

第四百九十一条　拍卖成交或者依法定程序裁定以物抵债，标的物所有权自拍卖成交裁定或者抵债裁定送达买受人或者接受抵债物的债权人时转移。

第四百九十二条　执行标的物为特定物的，应当执行原物。原物确已毁损或者灭失的，经双方当事人同意，可以折价赔偿。

双方当事人对折价赔偿不能协商一致的，人民法院应当终结执行程序。申请执行人可以另行起诉。

第四百九十三条　他人持有法律文书指定交付的财物或者票证，人民法院依照民事诉讼法第二百五十六条第二款、第三款规定发出协助执行通知后，拒不转交的，可以强制执行，并可依照民事诉讼法第一百一十七条、第一百一十八条规定处理。

他人持有期间财物或者票证毁损、灭失的，参照本解释第四百九十二条规定处理。

他人主张合法持有财物或者票证的，可以根据民事诉讼法第二百三十四条规定提出执行异议。

第四百九十四条 在执行中，被执行人隐匿财产、会计账簿等资料的，人民法院除可依照民事诉讼法第一百一十四条第一款第六项规定对其处理外，还应责令被执行人交出隐匿的财产、会计账簿等资料。被执行人拒不交出的，人民法院可以采取搜查措施。

第四百九十五条 搜查人员应当按规定着装并出示搜查令和工作证件。

第四百九十六条 人民法院搜查时禁止无关人员进入搜查现场；搜查对象是公民的，应当通知被执行人或者他的成年家属以及基层组织派员到场；搜查对象是法人或者其他组织的，应当通知法定代表人或者主要负责人到场。拒不到场的，不影响搜查。

搜查妇女身体，应当由女执行人员进行。

第四百九十七条 搜查中发现应当依法采取查封、扣押措施的财产，依照民事诉讼法第二百五十二条第二款和第二百五十四条规定办理。

第四百九十八条 搜查应当制作搜查笔录，由搜查人员、被搜查人及其他在场人签名、捺印或者盖章。拒绝签名、捺印或者盖章的，应当记入搜查笔录。

第四百九十九条 人民法院执行被执行人对他人的到期债权，可以作出冻结债权的裁定，并通知该他人向申请执行人履行。

该他人对到期债权有异议，申请执行人请求对异议部分强制执行的，人民法院不予支持。利害关系人对到期债权有异议的，人民法院应当按民事诉讼法第二百三十四条规定处理。

对生效法律文书确定的到期债权，该他人予以否认的，人民法院不予支持。

第五百条 人民法院在执行中需要办理房产证、土地证、林权证、专利证书、商标证书、车船执照等有关财产权证照转移手续的，可以依照民事诉讼法第二百五十八条规定办理。

第五百零一条 被执行人不履行生效法律文书确定的行为义务，该义务可由他人完成的，人民法院可以选定代履行人；法律、行政法规对履行该行为义务有资格限制的，应当从有资格的人中选定。必要时，可以通过招标的方式确定代履行人。

申请执行人可以在符合条件的人中推荐代履行人，也可以申请自己代为履行，是否准许，由人民法院决定。

第五百零二条 代履行费用的数额由人民法院根据案件具体情况确定，并由被执行人在指定期限内预先支付。被执行人未预付的，人民法院可以对该费用强制执行。

代履行结束后，被执行人可以查阅、复制费用清单以及主要凭证。

第五百零三条 被执行人不履行法律文书指定的行为，且该项行为只能由被执行人完成的，人民法院可以依照民事诉讼法第一百一十四条第一款第六项规定处理。

被执行人在人民法院确定的履行期间内仍不履行的，人民法院可以依照民事诉讼法第一百一十四条第一款第六项规定再次处理。

第五百零四条　被执行人迟延履行的，迟延履行期间的利息或者迟延履行金自判决、裁定和其他法律文书指定的履行期间届满之日起计算。

第五百零五条　被执行人未按判决、裁定和其他法律文书指定的期间履行非金钱给付义务的，无论是否已给申请执行人造成损失，都应当支付迟延履行金。已经造成损失的，双倍补偿申请执行人已经受到的损失；没有造成损失的，迟延履行金可以由人民法院根据具体案件情况决定。

第五百零六条　被执行人为公民或者其他组织，在执行程序开始后，被执行人的其他已经取得执行依据的债权人发现被执行人的财产不能清偿所有债权的，可以向人民法院申请参与分配。

对人民法院查封、扣押、冻结的财产有优先权、担保物权的债权人，可以直接申请参与分配，主张优先受偿权。

第五百零七条　申请参与分配，申请人应当提交申请书。申请书应当写明参与分配和被执行人不能清偿所有债权的事实、理由，并附有执行依据。

参与分配申请应当在执行程序开始后，被执行人的财产执行终结前提出。

第五百零八条　参与分配执行中，执行所得价款扣除执行费用，并清偿应当优先受偿的债权后，对于普通债权，原则上按照其占全部申请参与分配债权数额的比例受偿。清偿后的剩余债务，被执行人应当继续清偿。债权人发现被执行人有其他财产的，可以随时请求人民法院执行。

第五百零九条　多个债权人对执行财产申请参与分配的，执行法院应当制作财产分配方案，并送达各债权人和被执行人。债权人或者被执行人对分配方案有异议的，应当自收到分配方案之日起十五日内向执行法院提出书面异议。

第五百一十条　债权人或者被执行人对分配方案提出书面异议的，执行法院应当通知未提出异议的债权人、被执行人。

未提出异议的债权人、被执行人自收到通知之日起十五日内未提出反对意见的，执行法院依异议人的意见对分配方案审查修正后进行分配；提出反对意见的，应当通知异议人。异议人可以自收到通知之日起十五日内，以提出反对意见的债权人、被执行人为被告，向执行法院提起诉讼；异议人逾期未提起诉讼的，执行法院按照原分配方案进行分配。

诉讼期间进行分配的，执行法院应当提存与争议债权数额相应的款项。

第五百一十一条　在执行中，作为被执行人的企业法人符合企业破产法第二条第一款规定情形的，执行法院经申请执行人之一或者被执行人同意，应当裁定中止对该被执行人的执行，将执行案件相关材料移送被执行人住所地人民法院。

第五百一十二条　被执行人住所地人民法院应当自收到执行案件相关材料之日起三十日内，将是否受理破产案件的裁定告知执行法院。不予受理的，应当将相关案件材料退回执行法院。

第五百一十三条　被执行人住所地人民法院裁定受理破产案件的，执行法院应当解除对被执行人财产的保全措施。被执行人住所地人民法院裁定宣告被执行人破产的，执行法院应当裁定终结对该被执行人的执行。

被执行人住所地人民法院不受理破产案件的，执行法院应当恢复执行。

第五百一十四条 当事人不同意移送破产或者被执行人住所地人民法院不受理破产案件的，执行法院就执行变价所得财产，在扣除执行费用及清偿优先受偿的债权后，对于普通债权，按照财产保全和执行中查封、扣押、冻结财产的先后顺序清偿。

第五百一十五条 债权人根据民事诉讼法第二百六十一条规定请求人民法院继续执行的，不受民事诉讼法第二百四十六条规定申请执行时效期间的限制。

第五百一十六条 被执行人不履行法律文书确定的义务的，人民法院除对被执行人予以处罚外，还可以根据情节将其纳入失信被执行人名单，将被执行人不履行或者不完全履行义务的信息向其所在单位、征信机构以及其他相关机构通报。

第五百一十七条 经过财产调查未发现可供执行的财产，在申请执行人签字确认或者执行法院组成合议庭审查核实并经院长批准后，可以裁定终结本次执行程序。

依照前款规定终结执行后，申请执行人发现被执行人有可供执行财产的，可以再次申请执行。再次申请不受申请执行时效期间的限制。

第五百一十八条 因撤销申请而终结执行后，当事人在民事诉讼法第二百四十六条规定的申请执行时效期间内再次申请执行的，人民法院应当受理。

第五百一十九条 在执行终结六个月内，被执行人或者其他人对已执行的标的有妨害行为的，人民法院可以依申请排除妨害，并可以依照民事诉讼法第一百一十四条规定进行处罚。因妨害行为给执行债权人或者其他人造成损失的，受害人可以另行起诉。

二十二、涉外民事诉讼程序的特别规定

第五百二十条 有下列情形之一，人民法院可以认定为涉外民事案件：

（一）当事人一方或者双方是外国人、无国籍人、外国企业或者组织的；

（二）当事人一方或者双方的经常居所地在中华人民共和国领域外的；

（三）标的物在中华人民共和国领域外的；

（四）产生、变更或者消灭民事关系的法律事实发生在中华人民共和国领域外的；

（五）可以认定为涉外民事案件的其他情形。

第五百二十一条 外国人参加诉讼，应当向人民法院提交护照等用以证明自己身份的证件。

外国企业或者组织参加诉讼，向人民法院提交的身份证明文件，应当经所在国公证机关公证，并经中华人民共和国驻该国使领馆认证，或者履行中华人民共和国与该所在国订立的有关条约中规定的证明手续。

代表外国企业或者组织参加诉讼的人，应当向人民法院提交其有权作为代表人参加诉讼的证明，该证明应当经所在国公证机关公证，并经中华人民共和国驻该国使领馆认证，或者履行中华人民共和国与该所在国订立的有关条约中规定的证明手续。

本条所称的"所在国"，是指外国企业或者组织的设立登记地国，也可以是办理了营业登记手续的第三国。

第五百二十二条 依照民事诉讼法第二百七十一条以及本解释第五百二十一条规定，需要办理公证、认证手续，而外国当事人所在国与中华人民共和国没有建立外交关系的，可以经该国公证机关公证，经与中华人民共和国有外交关系的第三国驻该国使领馆认证，再转由中华人民共和国驻该第三国使领馆认证。

第五百二十三条 外国人、外国企业或者组织的代表人在人民法院法官的见证下签署授权委托书，委托代理人进行民事诉讼的，人民法院应予认可。

第五百二十四条 外国人、外国企业或者组织的代表人在中华人民共和国境内签署授权委托书，委托代理人进行民事诉讼，经中华人民共和国公证机构公证的，人民法院应予认可。

第五百二十五条 当事人向人民法院提交的书面材料是外文的，应当同时向人民法院提交中文翻译件。

当事人对中文翻译件有异议的，应当共同委托翻译机构提供翻译文本；当事人对翻译机构的选择不能达成一致的，由人民法院确定。

第五百二十六条 涉外民事诉讼中的外籍当事人，可以委托本国人为诉讼代理人，也可以委托本国律师以非律师身份担任诉讼代理人；外国驻华使领馆官员，受本国公民的委托，可以以个人名义担任诉讼代理人，但在诉讼中不享有外交或者领事特权和豁免。

第五百二十七条 涉外民事诉讼中，外国驻华使领馆授权其本馆官员，在作为当事人的本国国民不在中华人民共和国领域内的情况下，可以以外交代表身份为其本国国民在中华人民共和国聘请中华人民共和国律师或者中华人民共和国公民代理民事诉讼。

第五百二十八条 涉外民事诉讼中，经调解双方达成协议，应当制发调解书。当事人要求发给判决书的，可以依协议的内容制作判决书送达当事人。

第五百二十九条 涉外合同或者其他财产权益纠纷的当事人，可以书面协议选择被告住所地、合同履行地、合同签订地、原告住所地、标的物所在地、侵权行为地等与争议有实际联系地点的外国法院管辖。

根据民事诉讼法第三十四条和第二百七十三条规定，属于中华人民共和国法院专属管辖的案件，当事人不得协议选择外国法院管辖，但协议选择仲裁的除外。

第五百三十条 涉外民事案件同时符合下列情形的，人民法院可以裁定驳回原告的起诉，告知其向更方便的外国法院提起诉讼：

（一）被告提出案件应由更方便外国法院管辖的请求，或者提出管辖异议；

（二）当事人之间不存在选择中华人民共和国法院管辖的协议；

（三）案件不属于中华人民共和国法院专属管辖；

（四）案件不涉及中华人民共和国国家、公民、法人或者其他组织的利益；

（五）案件争议的主要事实不是发生在中华人民共和国境内，且案件不适用中华人民共和国法律，人民法院审理案件在认定事实和适用法律方面存在重大困难；

（六）外国法院对案件享有管辖权，且审理该案件更加方便。

第五百三十一条　中华人民共和国法院和外国法院都有管辖权的案件，一方当事人向外国法院起诉，而另一方当事人向中华人民共和国法院起诉的，人民法院可予受理。判决后，外国法院申请或者当事人请求人民法院承认和执行外国法院对本案作出的判决、裁定的，不予准许；但双方共同缔结或者参加的国际条约另有规定的除外。

外国法院判决、裁定已经被人民法院承认，当事人就同一争议向人民法院起诉的，人民法院不予受理。

第五百三十二条　对在中华人民共和国领域内没有住所的当事人，经用公告方式送达诉讼文书，公告期满不应诉，人民法院缺席判决后，仍应当将裁判文书依照民事诉讼法第二百七十四条第八项规定公告送达。自公告送达裁判文书满三个月之日起，经过三十日的上诉期当事人没有上诉的，一审判决即发生法律效力。

第五百三十三条　外国人或者外国企业、组织的代表人、主要负责人在中华人民共和国领域内的，人民法院可以向该自然人或者外国企业、组织的代表人、主要负责人送达。

外国企业、组织的主要负责人包括该企业、组织的董事、监事、高级管理人员等。

第五百三十四条　受送达人所在国允许邮寄送达的，人民法院可以邮寄送达。

邮寄送达时应当附有送达回证。受送达人未在送达回证上签收但在邮件回执上签收的，视为送达，签收日期为送达日期。

自邮寄之日起满三个月，如果未收到送达的证明文件，且根据各种情况不足以认定已经送达的，视为不能用邮寄方式送达。

第五百三十五条　人民法院一审时采取公告方式向当事人送达诉讼文书的，二审时可径行采取公告方式向其送达诉讼文书，但人民法院能够采取公告方式之外的其他方式送达的除外。

第五百三十六条　不服第一审人民法院判决、裁定的上诉期，对在中华人民共和国领域内有住所的当事人，适用民事诉讼法第一百七十一条规定的期限；对在中华人民共和国领域内没有住所的当事人，适用民事诉讼法第二百七十六条规定的期限。当事人的上诉期均已届满没有上诉的，第一审人民法院的判决、裁定即发生法律效力。

第五百三十七条　人民法院对涉外民事案件的当事人申请再审进行审查的期间，不受民事诉讼法第二百一十一条规定的限制。

第五百三十八条　申请人向人民法院申请执行中华人民共和国涉外仲裁机构的裁决，应当提出书面申请，并附裁决书正本。如申请人为外国当事人，其申请书应当用中文文本提出。

第五百三十九条　人民法院强制执行涉外仲裁机构的仲裁裁决时，被执行人以有民事诉讼法第二百八十一条第一款规定的情形为由提出抗辩的，人民法院应当对被执行人的抗辩进行审查，并根据审查结果裁定执行或者不予执行。

第五百四十条　依照民事诉讼法第二百七十九条规定，中华人民共和国涉外仲裁机构将当事人的保全申请提交人民法院裁定的，人民法院可以进行审查，裁定是否进行保全。裁定保全的，应当责令申请人提供担保，申请人不提供担保的，裁定驳回申请。

当事人申请证据保全，人民法院经审查认为无需提供担保的，申请人可以不提供担保。

第五百四十一条　申请人向人民法院申请承认和执行外国法院作出的发生法律效力的判决、裁定，应当提交申请书，并附外国法院作出的发生法律效力的判决、裁定正本或者经证明无误的副本以及中文译本。外国法院判决、裁定为缺席判决、裁定的，申请人应当同时提交该外国法院已经合法传唤的证明文件，但判决、裁定已经对此予以明确说明的除外。

中华人民共和国缔结或者参加的国际条约对提交文件有规定的，按照规定办理。

第五百四十二条　当事人向中华人民共和国有管辖权的中级人民法院申请承认和执行外国法院作出的发生法律效力的判决、裁定的，如果该法院所在国与中华人民共和国没有缔结或者共同参加国际条约，也没有互惠关系的，裁定驳回申请，但当事人向人民法院申请承认外国法院作出的发生法律效力的离婚判决的除外。

承认和执行申请被裁定驳回的，当事人可以向人民法院起诉。

第五百四十三条　对临时仲裁庭在中华人民共和国领域外作出的仲裁裁决，一方当事人向人民法院申请承认和执行的，人民法院应当依照民事诉讼法第二百九十条规定处理。

第五百四十四条　对外国法院作出的发生法律效力的判决、裁定或者外国仲裁裁决，需要中华人民共和国法院执行的，当事人应当先向人民法院申请承认。人民法院经审查，裁定承认后，再根据民事诉讼法第三编的规定予以执行。

当事人仅申请承认而未同时申请执行的，人民法院仅对应否承认进行审查并作出裁定。

第五百四十五条　当事人申请承认和执行外国法院作出的发生法律效力的判决、裁定或者外国仲裁裁决的期间，适用民事诉讼法第二百四十六条的规定。

当事人仅申请承认而未同时申请执行的，申请执行的期间自人民法院对承认申请作出的裁定生效之日起重新计算。

第五百四十六条　承认和执行外国法院作出的发生法律效力的判决、裁定或者外国仲裁裁决的案件，人民法院应当组成合议庭进行审查。

人民法院应当将申请书送达被申请人。被申请人可以陈述意见。

人民法院经审查作出的裁定，一经送达即发生法律效力。

第五百四十七条　与中华人民共和国没有司法协助条约又无互惠关系的国家的法院，未通过外交途径，直接请求人民法院提供司法协助的，人民法院应予退回，并说明理由。

第五百四十八条　当事人在中华人民共和国领域外使用中华人民共和国法院的判决书、裁定书，要求中华人民共和国法院证明其法律效力的，或者外国法院要求中华人民共和国法院证明判决书、裁定书的法律效力的，作出判决、裁定的中华人民共和国法院，可以本法院的名义出具证明。

第五百四十九条 人民法院审理涉及香港、澳门特别行政区和台湾地区的民事诉讼案件，可以参照适用涉外民事诉讼程序的特别规定。

二十三、附　则

第五百五十条 本解释公布施行后，最高人民法院于 1992 年 7 月 14 日发布的《关于适用〈中华人民共和国民事诉讼法〉若干问题的意见》同时废止；最高人民法院以前发布的司法解释与本解释不一致的，不再适用。

全国法院涉外商事海事审判工作座谈会会议纪要

（2022 年 1 月 24 日）

目　录

涉外商事部分

一、关于案件管辖

1. **【排他性管辖协议的推定】** 涉外合同或者其他财产权益纠纷的当事人签订的管辖协议明确约定由一国法院管辖，但未约定该管辖协议为非排他性管辖协议的，应推定该管辖协议为排他性管辖协议。

2. **【非对称管辖协议的效力认定】** 涉外合同或者其他财产权益纠纷的当事人签订的管辖协议明确约定一方当事人可以从一个以上国家的法院中选择某国法院提起诉讼，而另一方当事人仅能向一个特定国家的法院提起诉讼，当事人以显失公平为由主张该管辖协议无效的，人民法院不予支持；但管辖协议涉及消费者、劳动者权益或者违反民事诉讼法专属管辖规定的除外。

3. **【跨境消费者网购合同管辖协议的效力】** 网络电商平台使用格式条款与消费者订立跨境网购合同，未采取合理方式提示消费者注意合同中包含的管辖条款，消费者根据民法典第四百九十六条的规定主张该管辖条款不成为合同内容的，人民法院应予支持。

网络电商平台虽已尽到合理提示消费者注意的义务，但该管辖条款约定在消费者住所地国以外的国家法院诉讼，不合理加重消费者寻求救济的成本，消费者根据民法典第四百九十七条的规定主张该管辖条款无效的，人民法院应予支持。

4. **【主从合同约定不同管辖法院的处理】** 主合同和担保合同分别约定不同国家或者地区的法院管辖，且约定不违反民事诉讼法专属管辖规定的，应当依据管辖协议的约定分别确定管辖法院。当事人主张根据《最高人民法院关于适用〈中华人民共和国民法典〉有关担保制度的解释》第二十一条第二款的规定，根据主合同确定管辖法院的，人民法院不予支持。

二、关于诉讼当事人

5. **【"有明确被告"的认定】** 原告对住所地在中华人民共和国领域外的被告提起诉讼，能够提供该被告存在的证明的，即符合民事诉讼法第一百二十二条第二项规定的"有明确的被告"。被告存在的证明可以是处于有效期内的被告商业登记证、身份证明、合同书等文件材料，不应强制要求原告就上述证明办理公证认证手续。

6. **【境外公司的诉讼代表人资格认定】** 在中华人民共和国领域外登记设立的公司因出现公司僵局、解散、重整、破产等原因，已经由登记地国法院指定司法管理人、清算管理人、破产管理人的，该管理人可以代表该公司参加诉讼。

管理人应当提交登记地国法院作出的判决、裁定及其公证认证手续等相关文件证明其诉讼代表资格。人民法院应当对上述证据组织质证，另一方当事人仅以登记地国法院作出的判决、裁定未经我国法院承认为由，否认管理人诉讼代表资格的，人民法院不予支持。

7. 【外籍当事人委托公民代理的手续审查】根据民事诉讼法司法解释第五百二十八条、第五百二十九条的规定，涉外民事诉讼中的外籍当事人委托本国人为诉讼代理人或者委托本国律师以非律师身份担任诉讼代理人、外国驻华使领馆官员受本国公民委托担任诉讼代理人的，不适用民事诉讼法第六十一条第二款第三项的规定，无须提交当事人所在社区、单位或者有关社会团体的推荐函。

8. 【外国当事人一次性授权的手续审查】外国当事人一次性授权诉讼代理人代理多个案件或者一个案件的多个程序，该授权办理了公证认证或者司法协助协定规定的相关证明手续，诉讼代理人有权在授权委托书的授权范围和有效期内从事诉讼代理行为。对方当事人以该诉讼代理人的授权未就单个案件或者程序办理公证认证或者证明手续为由提出异议的，人民法院不予支持。

9. 【境外寄交管辖权异议申请的审查】当事人从中华人民共和国领域外寄交或者托交管辖权异议申请的，应当提交其主体资格证明以及有效联系方式；未提交的，人民法院对其提出的管辖权异议不予审查。

三、关于涉外送达

10. 【邮寄送达退件的处理】人民法院向在中华人民共和国领域内没有住所的受送达人邮寄送达司法文书，如邮件被退回，且注明原因为"该地址查无此人""该地址无人居住"等情形的，视为不能用邮寄方式送达。

11. 【电子送达】人民法院向在中华人民共和国领域内没有住所的受送达人送达司法文书，如受送达人所在国法律未禁止电子送达方式的，人民法院可以依据民事诉讼法第二百七十四条的规定采用电子送达方式，但违反我国缔结或参加的国际条约规定的除外。

受送达人所在国系《海牙送达公约》成员国，并在公约项下声明反对邮寄方式送达的，应推定其不允许电子送达方式，人民法院不能采用电子送达方式。

12. 【外国自然人的境内送达】人民法院对外国自然人采用下列方式送达，能够确认受送达人收悉的，为有效送达：

（一）向其在境内设立的外商独资企业转交送达；

（二）向其在境内担任法定代表人、公司董事、监事和高级管理人员的企业转交送达；

（三）向其同住成年家属转交送达；

（四）通过能够确认受送达人收悉的其他方式送达。

13. 【送达地址的认定】在中华人民共和国领域内没有住所的当事人未填写送达地址确认书，但在诉讼过程中提交的书面材料明确载明地址的，可以认定该地址为送达地址。

14. 【管辖权异议文书的送达】对涉外商事案件管辖权异议程序的管辖权异议申请书、答辩书等司法文书，人民法院可以仅在相对方当事人之间进行送达，但管辖权异议裁定书应当列明并送达所有当事人。

四、关于涉外诉讼证据

15. 【外国法院判决、仲裁裁决等作为证据的认定】一方当事人将外国法院作出的发生法律效力的判决、裁定或者外国仲裁机构作出的仲裁裁决作为证据提交，人民法院应当组织双方当事人质证后进行审查认定，但该判决、裁定或者仲裁裁决认定的事实，不属于民事诉讼法司法解释第九十三条第一款规定的当事人无须举证证明的事实。一方当事人仅以该判决、裁定或者仲裁裁决未经人民法院承认为由主张不能作为证据使用的，人民法院不予支持。

16. 【域外公文书证】《最高人民法院关于民事诉讼证据的若干规定》第十六条规定的公文书证包括外国法院作出的判决、裁定，外国行政机关出具的文件，外国公共机构出具的商事登记、出生及死亡证明、婚姻状况证明等文件，但不包括外国鉴定机构等私人机构出具的文件。

公文书证在中华人民共和国领域外形成的，应当经所在国公证机关证明，或者履行相应的证明手续，但是可以通过互联网方式核查公文书证的真实性或者双方当事人对公文书证的真实性均无异议的除外。

17. 【庭审中翻译费用的承担】诉讼过程中翻译人员出庭产生的翻译费用，根据《诉讼费用交纳办法》第十二条第一款的规定，由主张翻译或者负有翻译义务的一方当事人直接预付给翻译机构，人民法院不得代收代付。

人民法院应当在裁判文书中载明翻译费用，并根据《诉讼费用交纳办法》第二十九条的规定确定由败诉方负担。部分胜诉、部分败诉的，人民法院根据案件的具体情况决定当事人各自负担的数额。

五、关于涉外民事关系的法律适用

18. 【国际条约未规定事项和保留事项的法律适用】中华人民共和国缔结或者参加的国际条约对涉外民商事案件中的具体争议没有规定，或者案件的具体争议涉及保留事项的，人民法院根据涉外民事关系法律适用法等法律的规定确定应当适用的法律。

19. 【《联合国国际货物销售合同公约》的适用】营业地位于《联合国国际货物销售合同公约》不同缔约国的当事人缔结的国际货物销售合同应当自动适用该公约的规定，但当事人明确约定排除适用该公约的除外。人民法院应当在法庭辩论终结前向当事人询问关于适用该公约的具体意见。

20.【法律与国际条约的一致解释】人民法院审理涉外商事案件所适用的中华人民共和国法律、行政法规的规定存在两种以上合理解释的，人民法院应当选择与中华人民共和国缔结或者参加的国际条约相一致的解释，但中华人民共和国声明保留的条款除外。

六、关于域外法查明

21.【查明域外法的途径】人民法院审理案件应当适用域外法律时，可以通过下列途径查明：

（1）由当事人提供；

（2）由中外法律专家提供；

（3）由法律查明服务机构提供；

（4）由最高人民法院国际商事专家委员提供；

（5）由与我国订立司法协助协定的缔约相对方的中央机关提供；

（6）由我国驻该国使领馆提供；

（7）由该国驻我国使领馆提供；

（8）其他合理途径。

通过上述途径提供的域外法律资料以及专家意见，应当在法庭上出示，并充分听取各方当事人的意见。

22.【委托国际商事专家委员提供咨询意见】人民法院委托最高人民法院国际商事专家委员就审理案件涉及的国际条约、国际商事规则、域外法律的查明和适用等法律问题提供咨询意见的，应当通过高级人民法院向最高人民法院国际商事法庭协调指导办公室办理寄交书面委托函，写明需提供意见的法律所属国别、法律部门、法律争议等内容，并附相关材料。

23.【域外法专家出庭】当事人可以依据民事诉讼法第八十二条的规定申请域外法专家出庭。

人民法院可以就专家意见书所涉域外法的理解，对出庭的专家进行询问。经法庭准许，当事人可以对出庭的专家进行询问。专家不得参与域外法查明事项之外的法庭审理活动。专家不能现场到庭的，人民法院可以根据案件审理需要采用视频方式询问。

24.【域外法内容的确定】双方当事人提交的域外法内容相同或者当事人对相对方提交的域外法内容无异议的，人民法院可以作为域外法依据予以确定。当事人对相对方提交的域外法内容有异议的，人民法院应当结合质证认证情况进行审查认定。人民法院不得仅以当事人对域外法内容存在争议为由认定不能查明域外法。

25.【域外法查明不能的认定】当事人应当提供域外法的，人民法院可以根据案件具体情况指定查明域外法的期限并可依当事人申请适当延长期限。当事人在延长期限内仍不能提供的，视为域外法查明不能。

26. 【域外法查明费用】对于应当适用的域外法，根据涉外民事关系法律适用法第十条第一款的规定由当事人提供的，查明费用由当事人直接支付给查明方，人民法院不得代收代付。人民法院可以根据当事人的诉讼请求和具体案情，对当事人因查明域外法而发生的合理费用予以支持。

七、关于涉公司纠纷案件的审理

27. 【境外公司内部决议效力的法律适用】在中华人民共和国领域外登记设立的公司作出的内部决议的效力，人民法院应当适用登记地国的法律并结合公司章程的相关规定予以审查认定。

28. 【境外公司意思表示的认定】在中华人民共和国领域外登记设立的公司的董事代表公司在合同书、信件、数据电文等载体上签字订立合同的行为，可以视为该公司作出的意思表示，未加盖该公司的印章不影响代表行为的效力，但当事人另有约定或者登记地国法律另有规定的除外。

公司章程或者公司权力机构对董事代表权的限制，不得对抗善意相对人，但登记地国法律另有规定的除外。

29. 【外商投资企业隐名投资协议纠纷】因外商投资企业隐名投资协议产生的纠纷，实际投资者请求确认其在外商投资企业中的股东身份或者请求变更股东身份，并提供证据证明其已实际投资且名义股东以外的其他股东认可实际投资者的股东身份的，对其诉讼请求按照以下方式处理：

（1）外商投资企业属于外商投资准入负面清单禁止投资领域的，人民法院不予支持；

（2）外商投资企业属于外商投资准入负面清单以外投资领域的，人民法院应当判决由名义股东履行将所持股权转移登记至实际投资者名下的义务，外商投资企业负有协助办理股权转移登记手续的义务；

（3）外商投资企业属于外商投资准入负面清单限制投资领域的，人民法院应当判决由名义股东履行将所持股权转移登记至实际投资者名下的义务，并协助外商投资企业办理报批手续。判决可以同时载明，不履行报批手续的，实际投资者可自行报批。

因相对人已从名义股东处善意取得外商投资企业股权，或者实际投资者依据前款第3项报批后未获外商投资企业主管机关批准，导致股权变更事实上无法实现的，实际投资者可就隐名投资协议另行提起合同损害赔偿之诉。

八、关于涉金融纠纷案件的审理

30. 【独立保函止付申请的初步实体审查】人民法院审理独立保函欺诈纠纷案件时，对当事人提出的独立保函止付申请，应当根据《最高人民法院关于审理独立保函纠纷案件若干问题的规定》第十四条的规定进行审查，并根据第十二条的规定就是否存在欺诈的止付事由进行初步实体审查；应当根据第十六条的规定在裁定中列明初步查明的事实和是否准许止付申请的理由。

31. 【信用证通知行过错及责任认定】通知行在信用证项下的义务为审核确认信用证的表面真实性并予以准确通知。通知行履行通知义务存在过错并致受益人损失的，应当承担相应的侵权责任，但赔偿数额不应超过信用证项下未付款金额及利息。受益人主张通知行赔偿其在基础合同项下所受损失的，人民法院不予支持。

32. 【外币逾期付款利息】外币逾期付款情形下，当事人就逾期付款主张利息损失时，当事人有约定的，按当事人约定处理；当事人未约定的，可以参照中国银行同期同类外币贷款利率计算。

九、关于申请承认和执行外国法院判决案件的审理

33. 【审查标准及适用范围】人民法院在审理申请承认和执行外国法院判决、裁定案件时，应当根据民事诉讼法第二百八十九条以及民事诉讼法司法解释第五百四十四条第一款的规定，首先审查该国与我国是否缔结或者共同参加了国际条约。有国际条约的，依照国际条约办理；没有国际条约，或者虽然有国际条约但国际条约对相关事项未作规定的，具体审查标准可以适用本纪要。

破产案件、知识产权案件、不正当竞争案件以及垄断案件因具有较强的地域性、特殊性，相关判决的承认和执行不适用本纪要。

34. 【申请人住所地法院管辖的情形】申请人申请承认外国法院判决、裁定，但被申请人在我国境内没有住所地，且其财产也不在我国境内的，可以由申请人住所地的中级人民法院管辖。

35. 【申请材料】申请人申请承认和执行外国法院判决、裁定，应当提交申请书并附下列文件：

（1）判决书正本或者经证明无误的副本；

（2）证明判决已经发生法律效力的文件；

（3）缺席判决的，证明外国法院合法传唤缺席方的文件。

判决、裁定对前款第2项、第3项的情形已经予以说明的，无需提交其他证明文件。

申请人提交的判决及其他文件为外文的，应当附有加盖翻译机构印章的中文译本。

申请人提交的文件如果是在我国领域外形成的，应当办理公证认证手续，或者履行中华人民共和国与该所在国订立的有关国际条约规定的证明手续。

36. 【申请书】申请书应当载明下列事项：

（1）申请人、被申请人。申请人或者被申请人为自然人的，应当载明其姓名、性别、出生年月、国籍、住所及身份证件号码；为法人或者非法人组织的，应当载

明其名称、住所地，以及法定代表人或者代表人的姓名和职务；

（2）作出判决的外国法院名称、裁判文书案号、诉讼程序开始日期和判决日期；

（3）具体的请求和理由；

（4）申请执行判决的，应当提供被申请人的财产状况和财产所在地，并说明该判决在我国领域外的执行情况；

（5）其他需要说明的情况。

37.【送达被申请人】当事人申请承认和执行外国法院判决、裁定，人民法院应当在裁判文书中将对方当事人列为被申请人。双方当事人都提出申请的，均列为申请人。

人民法院应当将申请书副本送达被申请人。被申请人应当在收到申请书副本之日起十五日内提交意见；被申请人在中华人民共和国领域内没有住所的，应当在收到申请书副本之日起三十日内提交意见。被申请人在上述期限内不提交意见的，不影响人民法院审查。

38.【管辖权异议的处理】人民法院受理申请承认和执行外国法院判决、裁定案件后，被申请人对管辖权有异议的，应当自收到申请书副本之日起十五日内提出；被申请人在中华人民共和国领域内没有住所的，应当自收到申请书副本之日起三十日内提出。

人民法院对被申请人提出的管辖权异议，应当审查并作出裁定。当事人对管辖权异议裁定不服的，可以提起上诉。

39.【保全措施】当事人向人民法院申请承认和执行外国法院判决、裁定，人民法院受理申请后，当事人申请财产保全的，人民法院可以参照民事诉讼法及相关司法解释的规定执行。申请人应当提供担保，不提供担保的，裁定驳回申请。

40.【立案审查】申请人的申请不符合立案条件的，人民法院应当裁定不予受理，同时说明不予受理的理由。已经受理的，裁定驳回申请。当事人不服的，可以提起上诉。人民法院裁定不予受理或者驳回申请后，申请人再次申请且符合受理条件的，人民法院应予受理。

41.【外国法院判决的认定标准】人民法院应当根据外国法院判决、裁定的实质内容，审查认定该判决、裁定是否属于民事诉讼法第二百八十九条规定的"判决、裁定"。

外国法院对民商事案件实体争议作出的判决、裁定、决定、命令等法律文书，以及在刑事案件中就民事损害赔偿作出的法律文书，应认定属于民事诉讼法第二百八十九条规定的"判决、裁定"，但不包括外国法院作出的保全裁定以及其他程序性法律文书。

42.【判决生效的认定】人民法院应当根据判决作出国的法律审查该判决、裁定是否已经发生法律效力。有待上诉或者处于上诉过程中的判决、裁定不属于民事诉讼法第二百八十九条规定的"发生法律效力的判决、裁定"。

43.【不能确认判决真实性和终局性的情形】人民法院在审理申请承认和执行外

国法院判决、裁定案件时，经审查，不能够确认外国法院判决、裁定的真实性，或者该判决、裁定尚未发生法律效力的，应当裁定驳回申请。驳回申请后，申请人再次申请且符合受理条件的，人民法院应予受理。

44.【互惠关系的认定】人民法院在审理申请承认和执行外国法院判决、裁定案件时，有下列情形之一的，可以认定存在互惠关系：

（1）根据该法院所在国的法律，人民法院作出的民商事判决可以得到该国法院的承认和执行；

（2）我国与该法院所在国达成了互惠的谅解或者共识；

（3）该法院所在国通过外交途径对我国作出互惠承诺或者我国通过外交途径对该法院所在国作出互惠承诺，且没有证据证明该法院所在国曾以不存在互惠关系为由拒绝承认和执行人民法院作出的判决、裁定。

人民法院对于是否存在互惠关系应当逐案审查确定。

45.【惩罚性赔偿判决】外国法院判决的判项为损害赔偿金且明显超出实际损失的，人民法院可以对超出部分裁定不予承认和执行。

46.【不予承认和执行的事由】对外国法院作出的发生法律效力的判决、裁定，人民法院按照互惠原则进行审查后，认定有下列情形之一的，裁定不予承认和执行：

（一）根据中华人民共和国法律，判决作出国法院对案件无管辖权；

（二）被申请人未得到合法传唤或者虽经合法传唤但未获得合理的陈述、辩论机会，或者无诉讼能力的当事人未得到适当代理；

（三）判决通过欺诈方式取得；

（四）人民法院已对同一纠纷作出判决，或者已经承认和执行第三国就同一纠纷做出的判决或者仲裁裁决。

外国法院作出的发生法律效力的判决、裁定违反中华人民共和国法律的基本原则或者国家主权、安全、社会公共利益的，不予承认和执行。

47.【违反仲裁协议作出的外国判决的承认】外国法院作出缺席判决后，当事人向人民法院申请承认和执行该判决，人民法院经审查发现纠纷当事人存在有效仲裁协议，且缺席当事人未明示放弃仲裁协议的，应当裁定不予承认和执行该外国法院判决。

48.【对申请人撤回申请的处理】人民法院受理申请承认和执行外国法院判决、裁定案件后，作出裁定前，申请人请求撤回申请的，可以裁定准许。

人民法院裁定准许撤回申请后，申请人再次申请且符合受理条件的，人民法院应予受理。

申请人无正当理由拒不参加询问程序的，按申请人自动撤回申请处理。

49.【承认和执行外国法院判决的报备及通报机制】各级人民法院审结当事人申请承认和执行外国法院判决案件的，应当在作出裁定后十五日内逐级报至最高人民法院备案。备案材料包括申请人提交的申请书、外国法院判决及其中文译本、人民法院作出的裁定。

人民法院根据互惠原则进行审查的案件，在作出裁定前，应当将拟处理意见报本辖区所属高级人民法院进行审查；高级人民法院同意拟处理意见的，应将其审查意见报最高人民法院审核。待最高人民法院答复后，方可作出裁定。

十、关于限制出境

50.【限制出境的适用条件】《第二次全国涉外商事海事审判工作会议纪要》第93条规定的"逃避诉讼或者逃避履行法定义务的可能"是指申请人提起的民事诉讼有较高的胜诉可能性，而被申请人存在利用出境逃避诉讼、逃避履行法定义务的可能。申请人提出限制出境申请的，人民法院可以要求申请人提供担保，担保数额一般应当相当于诉讼请求的数额。

被申请人在中华人民共和国领域内有足额可供扣押的财产的，不得对其采取限制出境措施。被限制出境的被申请人或其法定代表人、负责人提供有效担保或者履行法定义务的，人民法院应当立即作出解除限制的决定并通知公安机关。

海事部分

十一、关于运输合同纠纷案件的审理

（一）海上货物运输合同

51.【托运人的识别】提单或者其他运输单证记载的托运人与向承运人或其代理人订舱的人不一致的，提单或者其他运输单证的记载对于承托双方仅具有初步的证明效力，人民法院应当结合运输合同的订立及履行情况准确认定托运人；有证据证明订舱人系接受他人委托并以他人名义或为他人订舱的，人民法院应当根据海商法第四十二条第三项第1点的规定，认定该"他人"为托运人。

52.【实际承运人责任的法律适用】海商法是调整海上运输关系的特别法律规定，应当优先于一般法律规定适用。就海上货物运输合同所涉及的货物灭失或者损坏，提单持有人选择仅向实际承运人主张赔偿的，人民法院应当优先适用海商法有关实际承运人的规定；海商法没有规定的，适用其他法律规定。

53.【承运人提供集装箱的适货义务】根据海商法第四十七条有关适货义务的规定，承运人提供的集装箱应符合安全收受、载运和保管所装载货物的要求。

因集装箱存在缺陷造成箱内货物灭失或者损坏的，承运人应当承担相应赔偿责任。承运人的前述义务不因海上货物运输合同中的不同约定而免除。

54.【"货物的自然特性或者固有缺陷"的认定】海商法第五十一条第一款第九项规定的"货物的自然特性或者固有缺陷"是指货物具有的本质的、固有的特性或者缺陷，表现为同类货物在同等正常运输条件下，即使承运人已经尽到海商法第四十八条规定的管货义务，采取了合理的谨慎措施仍无法防止损坏的发生。

55.【货损发生期间的举证】根据海商法第四十六条的规定，承运人对其责任期间发生的货物灭失或者损坏负赔偿责任。请求人在货物交付时没有根据海商法第八十一条的规定提出异议，之后又向承运人主张货损赔偿，如果可能发生货损的原因和区间存在多个，请求人仅举证证明货损可能发生在承运人责任期间，而不能排除货损发生于非承运人责任期间的，人民法院不予支持。

56.【承运人对大宗散装货物短少的责任承担】根据航运实践和航运惯例，大宗散装货物运输过程中，因自然损耗、装卸过程中的散落残漏以及水尺计重等的计量允差等原因，往往会造成合理范围内的短少。如果卸货后货物出现短少，承运人主张免责并举证证明该短少属于合理损耗、计量允差以及相关行业标准或惯例的，人民法院原则上应当予以支持，除非有证据证明承运人对货物短少有不能免责的过失；如果卸货后货物短少超出相关行业标准或惯例，承运人又不能举证区分合理因素与不合理因素各自造成的损失，请求人要求承运人承担全部货物短少赔偿责任的，人民法院原则上应当予以支持。

57.【"不知条款"的适用规则】提单是承运人保证据以交付货物的单证，承运人应当在提单上如实记载货物状况，并按照记载向提单持有人交付货物。根据海商法第七十五条的规定，承运人或者代其签发提单的人，在签发已装船提单的情况下没有适当方法核对提单记载的，可以在提单上批注，说明无法核对。运输货物发生损坏，承运人依据提单记载的"不知条款"主张免除赔偿责任的，应当对其批注符合海商法第七十五条规定情形承担举证责任；有证据证明货物损坏原因是承运人违反海商法第四十七、第四十八条规定的义务，承运人援引"不知条款"主张免除其赔偿责任的，人民法院不予支持。

58.【承运人交付货物的依据】承运人没有签发正本提单，或者虽签发正本提单但已收回正本提单并约定采用电放交付货物的，承运人应当根据运输合同约定、托运人电放指示或者托运人以其他方式作出的指示交付货物。收货人仅凭提单样稿、提单副本等要求承运人交付货物的，人民法院不予支持。

59.【承运人凭指示提单交付时应合理谨慎审单】正本指示提单的持有人请求承运人向其交付货物，承运人应当合理谨慎地审查提单。承运人凭背书不连续的正本指示提单交付货物，请求人要求承运人承担因此造成损失的，人民法院应予支持，但承运人举证证明提单持有人通过背书之外其他合法方式取得提单权利的除外。

60.【承运人对货物留置权的行使】提单或者运输合同载明"运费预付"或者类似性质说明，承运人以运费尚未支付为由，根据海商法第八十七条对提单持有人的货物主张留置权的，人民法院不予支持，提单持有人与托运人相同的除外。

61.【目的港无人提货的费用承担】提单持有人在目的港没有向承运人主张提货或者行使其他权利的，因无人提取货物而产生的费用和风险由托运人承担。承运人依据运输合同关系向托运人主张运费、堆存费、集装箱超期使用费或者其他因无人提取货物而产生费用的，人民法院应予支持。

62.【无单放货纠纷的举证责任】托运人或者提单持有人向承运人主张无单放货

损失赔偿的，应当提供初步证据证明其为合法的正本提单持有人、承运人未凭正本提单交付货物以及因此遭受的损失。承运人抗辩货物并未被交付的，应当举证证明货物仍然在其控制之下。

63. 【承运人免除无单放货责任的举证】承运人援引《最高人民法院关于审理无正本提单交付货物案件适用法律若干问题的规定》第七条规定，主张不承担无单放货的民事责任的，应当提供该条规定的卸货港所在地法律，并举证证明其按照卸货港所在地法律规定，将承运到港的货物交付给当地海关或者港口当局后已经丧失对货物的控制权。

64. 【无单放货诉讼时效的起算点】根据《最高人民法院关于审理无正本提单交付货物案件适用法律若干问题的规定》第十四条第一款的规定，正本提单持有人以无单放货为由向承运人提起的诉讼，时效期间为一年，从承运人应当向提单持有人交付之日起计算，即从该航次将货物运抵目的港并具备交付条件的合理日期起算。

65. 【集装箱超期使用费标准的认定】承运人依据海上货物运输合同主张集装箱超期使用费，运输合同对集装箱超期使用费有约定标准的，人民法院可以按照该约定确定费用；没有约定标准，但承运人举证证明集装箱提供者网站公布的标准或者同类集装箱经营者网站公布的同期同地的市场标准的，人民法院可以予以采信。

根据民法典第五百八十四条规定的可合理预见规则和第五百九十一条规定的减损规则，承运人应当及时采取措施减少因集装箱超期使用对其造成的损失，故集装箱超期使用费赔偿额应在合理限度之内。人民法院原则上以同类新集装箱市价 1 倍为基准确定赔偿额，同时可以根据具体案情适当浮动或者调整。

66. 【请求集装箱超期使用费的诉讼时效】承运人在履行海上货物运输合同过程中将集装箱作为运输工具提供给货方使用的，应当根据海上货物运输合同法律关系确定诉讼时效；承运人请求集装箱超期使用费的诉讼时效期间为一年，自集装箱免费使用期届满次日起开始计算。

67. 【港口经营人不能主张承运人的免责或者责任限制抗辩】根据海商法第五十八条、第六十一条的规定，就海上货物运输合同所涉及的货物灭失、损坏或者迟延交付提起的诉讼，有权适用关于承运人的抗辩理由和限制赔偿责任规定的为承运人、实际承运人、承运人和实际承运人的受雇人或者代理人。在现有法律规定下，港口经营人并不属于上述范围，其在港口作业中造成货物损失，托运人或者收货人直接以侵权起诉港口经营人，港口经营人援用海商法第五十八条、第六十一条的规定主张免责或者限制赔偿责任的，人民法院不予支持。

（二）多式联运合同

68. 【涉外多式联运合同经营人的"网状责任制"】具有涉外因素的多式联运合同，当事人可以协议选择多式联运合同适用的法律；当事人没有选择的，适用最密切联系原则确定适用法律。

当事人就多式联运合同协议选择适用或者根据最密切联系原则适用中华人民共和国法律，但货物灭失或者损坏发生在国外某一运输区段的，人民法院应当根据海商法第一百零五条的规定，适用该国调整该区段运输方式的有关法律规定，确定多式联运经营人的赔偿责任和责任限额，不能直接根据中华人民共和国有关调整该区段运输方式的法律予以确定；有关诉讼时效的认定，仍应当适用中华人民共和国相关法律规定。

（三）国内水路货物运输合同

69.【收货人的诉权】运输合同当事人约定收货人可直接向承运人请求交付货物，承运人未向收货人交付货物或者交付货物不符合合同约定，收货人请求承运人承担赔偿责任的，人民法院应予受理；承运人对托运人的抗辩，可以向收货人主张。

70.【合同无效的后果】没有取得国内水路运输经营资质的承运人签订的国内水路货物运输合同无效，承运人请求托运人或者收货人参照合同约定支付违约金的，人民法院不予支持。

没有取得国内水路运输经营资质的出租人签订的航次租船合同无效，出租人请求承租人或者收货人参照合同约定支付滞期费的，人民法院不予支持。

71.【内河船舶不得享受海事赔偿责任限制】海商法第十一章关于海事赔偿责任限制规定适用的船舶应当为海商法第三条规定的海船，不适用于内河船舶。海船的认定应当根据船舶检验证书记载的航行能力和准予航行航区予以确认，内河船舶的船舶性质及其准予航行航区不因船舶实际航行区域而改变。

十二、关于保险合同纠纷案件的审理

72.【不定值保险的认定及保险价值的举证责任】海上保险合同仅约定保险金额，未约定保险价值的，为不定值保险。保险事故发生后，应当根据海商法第二百一十九条第二款的规定确定保险价值。

海上保险合同没有约定保险价值，被保险人请求保险人按照损失金额或者保险金额承担保险赔偿责任，保险人以保险价值高于保险合同约定的保险金额为由，主张根据海商法第二百三十八条的规定承担比例赔偿责任的，应当就保险价值承担举证责任。保险人举证不能的，人民法院可以认定保险金额与保险价值一致。

73.【超额保险的认定及举证责任】海上保险合同明确约定了保险价值，保险事故发生后，保险人以保险合同中约定的保险金额明显高于保险标的的实际价值为由，主张根据海商法第二百一十九条第二款的规定确定保险价值，就超出该保险价值部分免除赔偿责任的，人民法院不予支持；但保险人提供证据证明，被保险人在签订保险合同时存在故意隐瞒或者虚报保险价值的除外。

海上保险合同没有约定保险价值，保险事故发生后，保险人主张根据海商法第二百一十九条第二款的规定确定保险价值，并以保险合同中约定的保险金额明显高于保险价值为由，主张对超过保险价值部分免除保险赔偿责任的，人民法院应予支持。但被保险人提供证据证明，保险人在签订保险合同时明知保险金额明显超过根据海商法第二百一十九条第二款确定的保险价值的除外。

74. 【与共同海损分摊相关的海上保险赔偿请求权的诉讼时效】因分摊共同海损而遭受损失的被保险人依据保险合同向保险人请求赔偿的诉讼时效，应当适用海商法第二百六十四条的规定，诉讼时效的起算点为保险事故（共同海损事故）发生之日。

涉及海上保险合同的共同海损分摊，被保险人已经申请进行共同海损理算，但是在诉讼时效期间的最后六个月内，因理算报告尚未作出，被保险人无法向保险人主张权利，属于被保险人主观意志不能控制的客观情形，可以认定构成诉讼时效中止。中止时效的原因消除之日，即理算报告作出之日起，时效期间继续计算。

75. 【沿海、内河保险合同保险人代位求偿权诉讼时效起算点】沿海、内河保险合同保险人代位求偿权的诉讼时效起算日应当根据法释（2001）18 号《最高人民法院关于如何确定沿海、内河货物运输赔偿请求权时效期间问题的批复》规定的诉讼时效起算时间确定。

十三、关于船舶物权纠纷案件的审理

76. 【就海上货物运输合同产生的财产损失主张船舶优先权的法律适用】承运人履行海上货物运输合同过程中，造成货物灭失或者损坏的，船载货物权利人对本船提起的财产赔偿请求不具有船舶优先权。碰撞船舶互有过失造成船载货物灭失或者损坏的，船载货物权利人可以根据海商法第二十二条第一款第五项的规定向对方船舶主张船舶优先权。

77. 【就海上旅客运输合同产生的财产损失主张船舶优先权的法律适用】承运人履行海上旅客运输合同过程中，造成旅客行李灭失或者损坏的，旅客对本船提起的财产赔偿请求不具有船舶优先权。碰撞船舶互有过失造成旅客行李灭失或者损坏的，旅客可以根据海商法第二十二条第一款第五项的规定向对方船舶主张船舶优先权。

78. 【挂靠船舶的扣押】挂靠船舶登记所有人的一般债权人，不属于民法典第二百二十五条规定的"善意第三人"，其债权请求权不能对抗挂靠船舶实际所有人的物权。一般债权人申请扣押挂靠船舶后，挂靠船舶实际所有人主张解除扣押的，人民法院应予支持。

对挂靠船舶享有抵押权、留置权和船舶优先权等担保物权的债权人申请扣押挂靠船舶，挂靠船舶实际所有人主张解除扣押的，人民法院不予支持，有证据证明债权人非善意第三人的除外。

十四、关于海事侵权纠纷案件的审理

79. 【同一事故中当事船舶适用同一赔偿限额】同一事故中的当事船舶的海事赔偿限额，有适用海商法第二百一十条第一款规定的，无论其是否申请设立海事赔偿责任限制基金或者主张海事赔偿责任限制，其他从事中华人民共和国港口之间货物运输或者沿海作业的当事船舶的海事赔偿责任限额也应适用该条规定。

80.【单一责任限制制度的适用规则】海商法第二百一十五条关于"先抵销,后限制"的规定适用于同类海事请求。若双方存在非人身伤亡和人身伤亡的两类赔偿请求,不同性质的赔偿请求应当分别抵销,分别限制。

81.【养殖损害赔偿的责任承担】因船舶碰撞或者触碰、环境污染造成海上及通海可航水域养殖设施、养殖物受到损害的,被侵权人可以请求侵权人赔偿其由此造成的养殖设施损失、养殖物损失、恢复生产期间减少的收入损失,以及为排除妨害、消除危险、确定损失支出的合理费用。养殖设施损失和收入损失的计算标准可以依照或者参照《最高人民法院关于审理船舶油污损害赔偿纠纷案件若干问题的规定》的相关规定。

被侵权人就养殖损害主张赔偿时,应当提交证据证明其在事故发生时已经依法取得海域使用权证和养殖许可证;养殖未经相关行政主管部门许可的,人民法院对收入损失请求不予支持,但被侵权人举证证明其无需取得使用权及养殖许可的除外。

被侵权人擅自在港区、航道进行养殖,或者未依法采取安全措施,对养殖损害的发生有过错的,可以减轻或者免除侵权人的赔偿责任。

十五、关于其他海事案件的审理

82.【清污单位就清污费用提起民事诉讼的诉权】清污单位受海事行政机关指派完成清污作业后,清污单位就清污费用直接向污染责任人提起民事诉讼的,人民法院应予受理。

83.【用人单位为船员购买工伤保险的法定义务】与船员具有劳动合同关系的用人单位为船员购买商业保险的,并不因此免除其为船员购买工伤保险的法定义务。船员获得用人单位为其购买的商业保险赔付后,仍然可以依法请求工伤保险待遇。

84.【同一船舶所有人的船舶相互救助情况下的救助款项请求权】同一船舶所有人的船舶之间进行救助,救助方的救助款项不应被取消或者减少,除非其存在海商法第一百八十七条规定的情形。

85.【船员劳务纠纷的举证责任】船员因劳务受到损害,向船舶所有人主张赔偿责任,船舶所有人不能举证证明船员自身存在过错,人民法院对船员关于损害赔偿责任的诉讼请求应予支持;船舶所有人举证证明船员自身存在过错,并请求判令船员自担相应责任的,人民法院对船舶所有人的抗辩予以支持。

86.【基金设立程序中的管辖权异议】利害关系人对受理设立海事赔偿责任限制基金申请法院的管辖权有异议的,应当适用海事诉讼特别程序法第一百零六条有关期间的规定。

87.【光船承租人因经营光租船舶产生债务在光船承租人或者船舶所有人破产时的受偿问题】因光船承租人而非船舶所有人应负责任的海事请求,对光租船舶申请扣押、拍卖,如果光船承租人进入破产程序,虽然该海事请求属于破产债权,但光租船舶并非光船承租人的财产,不属于破产财产,债权人可以通过海事诉讼程序而非破产程序清偿债务。

因光船承租人应负责任的海事请求而对光租船舶申请扣押、拍卖，且该海事请求具有船舶优先权、抵押权、留置权时，如果船舶所有人进入破产程序，请求人在破产程序开始后可直接向破产管理人请求从船舶价款中行使优先受偿权，并在无担保的破产债权人按照破产财产方案受偿之前进行清偿。

88. 【船舶所有人破产程序对船舶扣押与拍卖的影响】海事法院无论基于海事请求保全还是执行生效裁判文书等原因扣押、拍卖船舶，均应当在知悉针对船舶所有人的破产申请被受理后及时解除扣押、中止拍卖程序。

破产程序之前当事人已经申请扣押船舶，后又基于破产程序而解除扣押的，有关船舶优先权已经行使的法律效果不受影响。船舶所有人进入破产程序后，当事人不能申请扣押船舶，属于法定不能通过扣押行使船舶优先权的情形，该类期间可以不计入法定行使船舶优先权的一年期间内。船舶优先权人在船舶所有人进入破产程序后直接申报要求从产生优先权船舶的拍卖价款中优先受偿，且该申报没有超过法定行使船舶优先权一年期间的，该船舶优先权所担保的债权应当在一般破产债权之前优先清偿。

因扣押、拍卖船舶产生的评估、看管费用等支出，根据法发〔2017〕2 号《最高人民法院关于执行案件移送破产审查若干问题的指导意见》第 15 条的规定，可以从债务人财产中随时清偿。

89. 【海上交通事故责任认定书的不可诉性】根据《中华人民共和国海上交通安全法》第八十五条第二款"海事管理机构应当自收到海上交通事故调查报告之日起十五个工作日内作出事故责任认定书，作为处理海上交通事故的证据"的规定，海上交通事故责任认定行为不属于行政行为，海上交通事故责任认定书不宜纳入行政诉讼受案范围。海上交通事故责任认定书可以作为船舶碰撞纠纷等海事案件的证据，人民法院通过举证、质证程序对该责任认定书的证明力进行认定。

仲裁司法审查部分

十六、关于申请确认仲裁协议效力案件的审查

90. 【申请确认仲裁协议效力之诉案件的范围】当事人之间就仲裁协议是否成立、生效、失效以及是否约束特定当事人等产生争议，当事人申请人民法院予以确认，人民法院应当作为申请确认仲裁协议效力案件予以受理，并针对当事人的请求作出裁定。

91. 【申请确认仲裁协议效力之诉与仲裁管辖权决定的冲突】根据《最高人民法院关于确认仲裁协议效力几个问题的批复》第三条的规定，仲裁机构先于人民法院受理当事人请求确认仲裁协议效力的申请并已经作出决定，当事人向人民法院提起申请确认仲裁协议效力之诉的，人民法院不予受理。

92. 【放弃仲裁协议的认定】原告向人民法院起诉时未声明有仲裁协议，被告在首次开庭前未以存在仲裁协议为由提出异议的，视为其放弃仲裁协议。原告其后撤回起诉，不影响人民法院认定双方当事人已经通过诉讼行为放弃了仲裁协议。

被告未应诉答辩且缺席审理的，不应视为其放弃仲裁协议。人民法院在审理过程中发现存在有效仲裁协议的，应当裁定驳回原告起诉。

93. 【仲裁协议效力的认定】根据仲裁法司法解释第三条的规定，人民法院在审查仲裁协议是否约定了明确的仲裁机构时，应当按照有利于仲裁协议有效的原则予以认定。

94. 【"先裁后诉"争议解决条款的效力认定】当事人在仲裁协议中约定争议发生后"先仲裁、后诉讼"的，不属于仲裁法司法解释第七条规定的仲裁协议无效的情形。根据仲裁法第九条第一款关于仲裁裁决作出后当事人不得就同一纠纷向人民法院起诉的规定，"先仲裁、后诉讼"关于诉讼的约定无效，但不影响仲裁协议的效力。

95. 【仅约定仲裁规则时仲裁协议效力的认定】当事人在仲裁协议中未约定明确的仲裁机构，但约定了适用某仲裁机构的仲裁规则，视为当事人约定该仲裁机构仲裁，但仲裁规则有相反规定的除外。

96. 【约定的仲裁机构和仲裁规则不一致时的仲裁协议效力认定】当事人在仲裁协议中约定内地仲裁机构适用《联合国国际贸易法委员会仲裁规则》仲裁的，一方当事人以该约定系关于临时仲裁的约定为由主张仲裁协议无效的，人民法院不予支持。

97. 【主合同与从合同争议解决方式的认定】当事人在主合同和从合同中分别约定诉讼和仲裁两种不同的争议解决方式，应当分别按照主从合同的约定确定争议解决方式。

当事人在主合同中约定争议解决方式为仲裁，从合同未约定争议解决方式的，主合同中的仲裁协议不能约束从合同的当事人，但主从合同当事人相同的除外。

十七、关于申请撤销或不予执行仲裁裁决案件的审查

98. 【申请执行仲裁裁决案件的审查依据】人民法院对申请执行我国内地仲裁机构作出的非涉外仲裁裁决案件的审查，适用民事诉讼法第二百四十四条的规定。人民法院对申请执行我国内地仲裁机构作出的涉外仲裁裁决案件的审查，适用民事诉讼法第二百八十一条的规定。

人民法院根据前款规定，对被申请人主张的不予执行仲裁裁决事由进行审查。对被申请人未主张的事由或其主张事由超出民事诉讼法第二百四十四条第二款、第二百八十一条第一款规定的法定事由范围的，人民法院不予审查。

人民法院应当根据民事诉讼法第二百四十四条第三款、第二百八十一条第二款的规定，依职权审查执行裁决是否违反社会公共利益。

99. 【申请撤销仲裁调解书】仲裁调解书与仲裁裁决书具有同等法律效力。当事人申请撤销仲裁调解书的，人民法院应予受理。人民法院应当根据仲裁法第五十八条的规定，对当事人提出的撤销仲裁调解书的申请进行审查。当事人申请撤销涉外仲裁调解书的，根据仲裁法第七十条的规定进行审查。

100. 【境外仲裁机构在我国内地作出的裁决的执行】境外仲裁机构以我国内地为仲裁地作出的仲裁裁决，应当视为我国内地的涉外仲裁裁决。当事人向仲裁地中级人民法院申请撤销仲裁裁决的，人民法院应当根据仲裁法第七十条的规定进行审查；当事人申请执行的，根据民事诉讼法第二百八十一条的规定进行审查。

101. 【违反法定程序的认定】违反仲裁法规定的仲裁程序、当事人选择的仲裁规则或者当事人对仲裁程序的特别约定，可能影响案件公正裁决，经人民法院审查属实的，应当认定为仲裁法第五十八条第一款第三项规定的情形。

102. 【超裁的认定】仲裁裁决的事项超出当事人仲裁请求或者仲裁协议约定的范围，经人民法院审查属实的，应当认定构成仲裁法第五十八条第一款第二项、民事诉讼法第二百四十四条第二款第二项规定的"裁决的事项不属于仲裁协议的范围"的情形。

仲裁裁决在查明事实和说理部分涉及仲裁请求或者仲裁协议约定的仲裁事项范围以外的内容，但裁决项未超出仲裁请求或者仲裁协议约定的仲裁事项范围，当事人以构成仲裁法第五十八条第一款第二项、民事诉讼法第二百四十四条第二款第二项规定的情形为由，请求撤销或者不予执行仲裁裁决的，人民法院不予支持。

103. 【无权仲裁的认定】作出仲裁裁决的仲裁机构非仲裁协议约定的仲裁机构、裁决事项系法律规定或者当事人选择的仲裁规则规定的不可仲裁事项，经人民法院审查属实的，应当认定构成仲裁法第五十八条第一款第二项、民事诉讼法第二百四十四条第二款第二项规定的"仲裁机构无权仲裁"的情形。

104. 【重新仲裁的适用】申请人申请撤销仲裁裁决，人民法院经审查认为存在应予撤销的情形，但可以通过重新仲裁予以弥补的，人民法院可以通知仲裁庭重新仲裁。

人民法院决定由仲裁庭重新仲裁的，通知仲裁庭在一定期限内重新仲裁并在通知中说明要求重新仲裁的具体理由，同时裁定中止撤销程序。仲裁庭在人民法院指定的期限内开始重新仲裁的，人民法院应当裁定终结撤销程序。

仲裁庭拒绝重新仲裁或者在人民法院指定期限内未开始重新仲裁的，人民法院应当裁定恢复撤销程序。

十八、关于申请承认和执行外国仲裁裁决案件的审查

105. 【《纽约公约》第四条的理解】申请人向人民法院申请承认和执行外国仲裁裁决，应当根据《纽约公约》第四条的规定提交相应的材料，提交的材料不符合《纽约公约》第四条规定的，人民法院应当认定其申请不符合受理条件，裁定不予受

理。已经受理的，裁定驳回申请。

106. 【《纽约公约》第五条的理解】人民法院适用《纽约公约》审理申请承认和执行外国仲裁裁决案件时，应当根据《纽约公约》第五条的规定，对被申请人主张的不予承认和执行仲裁裁决事由进行审查。对被申请人未主张的事由或者其主张事由超出《纽约公约》第五条第一款规定的法定事由范围的，人民法院不予审查。

人民法院应当根据《纽约公约》第五条第二款的规定，依职权审查仲裁裁决是否存在裁决事项依我国法律不可仲裁，以及承认和执行仲裁裁决是否违反我国公共政策。

107. 【未履行协商前置程序不违反约定程序】人民法院适用《纽约公约》审理申请承认和执行外国仲裁裁决案件时，当事人在仲裁协议中约定"先协商解决，协商不成再提请仲裁"的，一方当事人未经协商即申请仲裁，另一方当事人以对方违反协商前置程序的行为构成《纽约公约》第五条第一款丁项规定的仲裁程序与各方之间的协议不符为由主张不予承认和执行仲裁裁决的，人民法院不予支持。

108. 【违反公共政策的情形】人民法院根据《纽约公约》审理承认和执行外国仲裁裁决案件时，如人民法院生效裁定已经认定当事人之间的仲裁协议不成立、无效、失效或者不可执行，承认和执行该裁决将与人民法院生效裁定相冲突的，应当认定构成《纽约公约》第五条第二款乙项规定的违反我国公共政策的情形。

109. 【承认和执行程序中的仲裁保全】当事人向人民法院申请承认和执行外国仲裁裁决，人民法院受理申请后，当事人申请财产保全的，人民法院可以参照民事诉讼法及相关司法解释的规定执行。申请人应当提供担保，不提供担保的，裁定驳回申请。

十九、仲裁司法审查程序的其他问题

110. 【仲裁司法审查裁定的上诉和再审申请】人民法院根据《最高人民法院关于仲裁司法审查若干问题的规定》第七条、第八条、第十条的规定，因申请人的申请不符合受理条件作出的不予受理裁定、立案后发现不符合受理条件作出的驳回申请裁定、对管辖权异议作出的裁定，当事人不服的，可以提出上诉。对不予受理、驳回起诉的裁定，当事人可以依法申请再审。

除上述三类裁定外，人民法院在审理仲裁司法审查案件中作出的其他裁定，一经送达即发生法律效力。当事人申请复议、提出上诉或者申请再审的，人民法院不予受理，但法律、司法解释另有规定的除外。

二十、关于涉港澳台商事海事案件的参照适用

111. 【涉港澳台案件参照适用本纪要】涉及香港特别行政区、澳门特别行政区和台湾地区的商事海事纠纷案件，相关司法解释未作规定的，参照本纪要关于涉外商事海事纠纷案件的规定处理。

凡例：

1. 法律文件名称中的"中华人民共和国"省略，如《中华人民共和国民法典》简称民法典；

2. 《中华人民共和国仲裁法》，简称仲裁法；

3. 《中华人民共和国海商法》，简称海商法；

4. 《中华人民共和国涉外民事关系法律适用法》，简称涉外民事关系法律适用法；

5. 《关于向国外送达民事或商事诉讼文书和非诉讼文书海牙公约》，简称《海牙送达公约》；

6. 《承认及执行外国仲裁裁决公约》，简称《纽约公约》；

7. 《中华人民共和国民事诉讼法》（2021修正），简称民事诉讼法；

8. 《中华人民共和国海事诉讼特别程序法》，简称海事诉讼特别程序法，

9. 《最高人民法院关于适用〈中华人民共和国民事诉讼法〉的解释》，简称民事诉讼法司法解释；

10. 《最高人民法院关于适用〈中华人民共和国仲裁法〉若干问题的解释》，简称仲裁法司法解释。

图书在版编目（CIP）数据

民事诉讼法修改条文理解与适用／徐卉著 . —北京：
中国法制出版社，2023.12
ISBN 978-7-5216-1206-6

Ⅰ . ①民… Ⅱ . ①徐… Ⅲ . ①民事诉讼法–法律解释
–中国②民事诉讼法–法律适用–中国 Ⅳ .
①D925.105

中国国家版本馆 CIP 数据核字（2023）第 242534 号

责任编辑：王熹 　　　　　　　　　　　　　　　　封面设计：李宁

民事诉讼法修改条文理解与适用
MINSHI SUSONGFA XIUGAI TIAOWEN LIJIE YU SHIYONG

著者/徐卉
经销/新华书店
印刷/保定市中画美凯印刷有限公司
开本/730 毫米×1030 毫米　16 开　　　　　　　　印张 / 15.75　字数 / 235 千
版次/2023 年 12 月第 1 版　　　　　　　　　　　2023 年 12 月第 1 次印刷

中国法制出版社出版
书号 ISBN 978-7-5216-1206-6　　　　　　　　　　　　定价 . 59.00 元

北京市西城区西便门西里甲 16 号西便门办公区
邮政编码：100053　　　　　　　　　　　　　　　传真：010-63141600
网址：http：//www.zgfzs.com　　　　　　　　编辑部电话：010-63141833
市场营销部电话：010-63141612　　　　　　　印务部电话：010-63141606

（如有印装质量问题，请与本社印务部联系。）